权威·前沿·原创

皮书系列为
"十二五"国家重点图书出版规划项目

广东省普通高校人文社会科学重点研究基地广州大学广州发展研究院研究成果
广东省教育厅"广州学"协同创新发展中心、广州市教育局"广州学"协同创新重大项目研究成果

丛书主持/涂成林

中国广州文化发展报告（2015）

ANNUAL REPORT ON CULTURE DEVELOPMENT
OF GUANGZHOU IN CHINA (2015)

主　编／徐俊忠　陆志强　顾涧清
副主编／涂成林　刘炬培　张其学

社会科学文献出版社
SOCIAL SCIENCES ACADEMIC PRESS (CHINA)

图书在版编目(CIP)数据

中国广州文化发展报告.2015/徐俊忠,陆志强,顾涧清主编.—北京:社会科学文献出版社,2015.7
（广州蓝皮书）
ISBN 978-7-5097-7543-1

Ⅰ.①中… Ⅱ.①徐… ②陆… ③顾… Ⅲ.①文化事业-发展-研究报告-广州市-2015　Ⅳ.①G127.651

中国版本图书馆CIP数据核字（2015）第107633号

广州蓝皮书
中国广州文化发展报告（2015）

主　　编／徐俊忠　陆志强　顾涧清
副 主 编／涂成林　刘炬培　张其学

出 版 人／谢寿光
项目统筹／任文武
责任编辑／高　启　王　颉

| 出　　版 / 社会科学文献出版社·皮书出版分社 （010）59367127
地址：北京市北三环中路甲29号院华龙大厦　邮编：100029
网址：www.ssap.com.cn
| 发　　行 / 市场营销中心 （010）59367081　59367090
读者服务中心 （010）59367028
| 印　　装 / 北京季蜂印刷有限公司
| 规　　格 / 开　本：787mm×1092mm　1/16
　　　　　　印　张：19　字　数：287千字
| 版　　次 / 2015年7月第1版　2015年7月第1次印刷
| 书　　号 / ISBN 978-7-5097-7543-1
| 定　　价 / 69.00元

皮书序列号／B-2009-111

本书如有破损、缺页、装订错误，请与本社读者服务中心联系更换

▲ 版权所有 翻印必究

广州蓝皮书系列编辑委员会

丛书编委（以姓氏笔画为序）

丁旭光　马正勇　王旭东　王宏伟　王福军
邓成明　邓佑满　卢一先　冯　元　朱名宏
刘保春　孙　玥　李文新　李　明　杨　秦
肖振宇　邹采荣　沈　奎　张　强　陆志强
陈小钢　陈怡霓　陈浩钿　屈哨兵　贺　忠
袁锦霞　顾涧清　徐俊忠　郭　凡　郭志勇
涂成林　桑晓龙　庾建设　董　晔　傅继阳
魏国华

《中国广州文化发展报告（2015）》编辑部

主　　编	徐俊忠　陆志强　顾涧清
副 主 编	涂成林　刘炬培　张其学
本 书 编 委	（以姓氏笔画为序）

丁艳华　马　达　王卫国　王　朋　文远竹
卢庆明　吕慧敏　刘晓明　刘　峰　纪德君
杨宇斌　李江涛　肖坤学　吴开俊　何晓晴
邹崎发　汪晓曙　张其学　林清才　罗交晚
周林生　周凌霄　胡　潇　姚华松　秦　春
聂衍刚　黄　旭　彭小群　葛　华　蒋年云
蒋晓萍　蔡兴勇　谭苑芳　魏云龙

编辑部成员　梁华秀　高旭红　倪天龙　关树峰　梁柠欣
陈逸青　李　文　戴荔珠　栾俪云　冯卓记
宁超乔　艾尚乐　曾恒皋　谢意浓　易卫华
徐阳生　徐晓娟　魏高强

主要编撰者简介

徐俊忠 男，现任广州大学副校长，哲学博士，教授、博士生导师，享受国务院特殊津贴专家。历任中山大学哲学系副主任、中山大学研究生院副院长、常务副院长。多年兼任中山大学学科建设与学位办公室主任、中山大学211工程建设办公室主任等。学术兼职有中国人权研究会理事、中国马克思主义哲学史学会常务理事、中国人学学会常务理事、《现代哲学》主编等。2005~2009年任教育部人文社会科学重点研究基地——中山大学马克思主义哲学与中国现代化研究所所长。2008年12月起任现职。已出版《道德理想国的解构与重建——自由、人权与价值观念研究》、《历史、价值、人权——重读马克思》（合著）两本著作；发表论文80多篇，其中《恩格斯与跨越"卡夫丁峡谷"问题》《马克思视野中的人权》《人权理想国的解构》《政治自由的意义及其限度》等刊于《哲学研究》，《毛泽东社会主义建设道路几个问题再探讨》刊于《中国社会科学内部文稿》及《马克思主义与现实》。主持国家社会科学基金项目、教育部人文社会科学重点研究项目以及教育部人文社会科学重点研究基地重大项目多项。2005年获得广东首届人文社会科学研究政府奖论文一等奖一项。

陆志强 男，现任广州市文化广电新闻出版局（版权局）局长。1983年8月参加工作，1990年7月加入中国共产党，大学学历。1991年7月任共青团广州市东山区委副书记，1993年2月任共青团广州市东山区委副书记、华南实业总公司副总经理、云南省瑞丽市星火总公司副总经理兼星火木地板厂厂长，1995年7月任广州市东山区芳草工商联合公司经理，1997年6月任广州市东山区芳草街党委副书记、办事处主任，1998年6月任广州市东山区大塘街党委书记，2003年2月任广州市天河区委常委、宣传部部长，2008年12月任中共广州市委宣传部副部长。2009年10月起任现职。

顾涧清 男，现任广州日报社社长，高级编辑，编审。兼任广州大学、广西大学等高校客座教授，曾任广州市社会科学院城市研究所所长、中共广州市委宣传部理论处处长，广州日报报业集团副总编辑，曾获得"广州市优秀中青年社会科学工作者""广州市优秀专家"称号，有关图书和理论文章获第七届、第八届全国精神文明"五个一"工程奖。获得国家有关部门和省、市颁发的优秀成果奖多项。个人专著有《沿海开放经济简论》《中国陆桥经济》《论海州湾的综合开发》等。主持多项国家级、省级、市级社会科学规划研究课题。

涂成林 男，现任广州大学广州发展研究院院长，研究员，博士生导师。广州市杰出专家，享受国务院特殊津贴专家。1978年起分别在四川大学、中山大学、中国人民大学学习，获得学士、硕士和博士学位。1985年起在湖南省委理论研究室工作。1991年起调入广州市社会科学院工作，2010年调入广州大学工作。社会兼职有广州市蓝皮书研究会会长、广东省体制改革研究会副会长、广州市股份经济研究会副会长、广州市哲学学会副会长、广东省综合改革研究院副院长、中国科学学与科技政策研究会理事等。曾赴澳大利亚、新西兰等国做访问学者，目前主要从事经济社会发展规划、科技政策、文化软实力以及西方哲学、唯物史观等方面的教学与研究，先后在《中国社会科学》《哲学研究》《教育研究》《光明日报》等报刊发表论文100多篇，出版专著十余部，主持国家社科基金重大项目、一般项目、省市社科规划项目及社会委托项目60余项，获全国青年优秀社会科学成果专著类优秀奖（最高奖）和广东省哲学社会科学一等奖等十多个省部级奖项。

刘炬培 男，现任广州新华出版发行集团副总经理兼广州报刊亭有限公司总经理。1991年4月加入中国共产党，1992年7月参加工作，1997年7月毕业于中共广东省委党校经济学专业，研究生学历；1998年8月任共青团广州市委城乡部副部长；1999年8月任共青团广州市委宣传部副部长；2001年2月任共青团广州市委学校部部长；2002年10月任广州市委宣传部宣传处副处长；2008年2月任广州市委宣传部文明办副主任；2012年2月任广州市委宣传部文艺处处长；2013年12月起任现职。他长期从事宣传文化系统管理工作，历经广州创建国家文明城市、广州迎办第十六届亚运会等重大活动，并参与负责其中的组织及协调工作，荣获广州市创建全国文明城市表彰个人二等功。

张其学 男，现任广州大学社会科学处处长，哲学博士，教授。1991年毕业于中国人民大学哲学系，获哲学硕士学位；2004年毕业于中国人民大学哲学系，获哲学博士学位；2004年9月至2006年10月在中山大学哲学博士后流动站从事博士后研究工作。主要从事马克思主义哲学的教学与研究工作，研究方向为社会发展理论、文化哲学、后殖民主义等。在《哲学研究》《马克思主义研究》等杂志上发表论文30余篇，主持和参与省级以上课题4项，先后获得广东省"五个一"工程奖和广东省哲学社会科学优秀成果奖，并获得"南粤优秀教师"称号。

摘 要

《中国广州文化发展报告（2015）》由广州大学与广州市委宣传部、广州市文化广电新闻出版局、广州市社会科学界联合会联合主编，作为广州蓝皮书系列之一列入社会科学文献出版社的"国家皮书系列"并面向全国公开发行。本报告由总报告、区域文化发展、公共文化、文化产业、专题研究等五大部分组成，汇集了广州科研团体、高等院校和政府部门诸多文化问题研究专家、学者和相关部门工作者的最新研究成果，是关于广州文化运行情况和相关专题分析与预测的重要参考资料。

本报告指出：2014年广州市公共文化服务体系得到完善，文化惠民落到实处；维护文化市场秩序，文化产业获得发展；广州市文物保护工作取得重大进展，已形成法规完善、资金保障、全民参与等全方位的保护态势；借助"一带一路"的全国发展战略，广州市开展了以海上丝绸之路史迹申遗为重点的工作，带动了广州市海洋文化和传统文化的发展等。

展望2015年，在全国从中央到地方高度重视文化建设，国家"一带一路"大战略全面实施，依法治国全面推进的背景下，广州应加大对广府文化的培育力度，以彰显广州城市文化形象；应配合海上丝绸之路建设，重点推动与东南亚地区的文化交流；应推动公共文化服务体系机制建设，提高公共文化服务水平；应加大对文化创意产业的财政投入，推动广州数字化公共文化建设，以促进广州文化建设的大发展和大繁荣。

目　录

ⅡⅠ　总报告

Ⅱ.1　2014年广州文化发展形势分析与2015年展望
　　………………………… 广州大学广州发展研究院课题组 / 001
　　一　2014年广州文化发展总体形势……………………… / 002
　　二　2015年广州文化发展面临的主要问题与挑战………… / 011
　　三　2015年广州文化发展趋势与对策建议………………… / 016

ⅡⅡ　区域文化发展篇

Ⅱ.2　广州市越秀区文化发展形势分析及对策研究
　　………………………… 中共广州市越秀区区委宣传部课题组 / 023
Ⅱ.3　2014年荔湾区文化发展状况分析与2015年预测
　　………………………… 荔湾区文化广电新闻出版局课题组 / 036
Ⅱ.4　广州市南沙国家级新区文化发展调研报告
　　………………………… 广州市文化广电新闻出版局
　　　　　　　　　　　　　广州市社会科学院联合课题组 / 045
Ⅱ.5　广州市越秀区打造广府文化品牌的对策建议 ………… 杨亚明 / 064

广州蓝皮书·文化

BⅢ 公共文化篇

B.6 关于广州市公众利用公共图书馆情况的调研报告
　　………………………… 广州市文化广电新闻出版局课题组 / 072

B.7 2014年广州非物质文化遗产保护现状及对策建议
　　………………………… 广州大学广州发展研究院课题组 / 089

B.8 广州市越秀区公共文化服务体系的现状、问题及对策
　　………………………………………………… 夏新年 / 105

B.9 加强广州市历史文化遗产保护与"活化"的思考和建议
　　………………………………………………… 高旭红 / 112

B.10 广州市荔湾区岭南风情区文化遗址的保育与活化
　　……… 中共广州市荔湾区委党校（区情研究中心）课题组 / 123

B.11 广州市花都区古村落保护性开发的路径研究 ……… 李仁武 / 140

BⅣ 文化产业篇

B.12 广州市文化旅游产业融合发展的对策研究
　　………………………… 广州市发展改革委员会课题组 / 153

B.13 广州市越秀区文化创意产业发展调研报告
　　……… 广州高新区黄花岗科技园管委会2014年课题调研组 / 163

B.14 广州市"四地"文化资源产业化对策研究
　　………………………………… 仲恺农业工程学院课题组 / 172

B.15 广州市海鸥岛旅游文化产业发展调研报告
　　………………………………… 广州大学广州发展研究院、
　　　　　　　　　　　　　　　广州番禺知联会联合课题组 / 187

B.16 广州市北京路文化核心区"文商旅"融合发展的战略研究
　　……………………… 广州大学广州发展研究院课题组 / 204

ⒷⅤ 专题研究篇

B.17 乌镇戏剧节举办的成功经验及对广州的启示
　　………………………… 中共广州市委宣传部课题组 / 223

B.18 依托《广州大典》深入开展"广州学"研究的对策建议
　　……………………… 广州大学广州发展研究院课题组 / 235

B.19 新媒体与青年思想引导研究报告
　　——基于广州青年新媒体使用偏好调查的实证分析
　　………………………………………… 黄禧祯　邵小文 / 245

Abstract ……………………………………………………… / 276
Contents ……………………………………………………… / 277

皮书数据库阅读 **使用指南**

总 报 告

General Review

B.1
2014年广州文化发展形势分析与2015年展望 *

广州大学广州发展研究院课题组 **

摘　要： 2014年广州市公共文化服务体系得到完善，文化惠民落到实处；维护文化市场秩序，文化产业获得发展；广州市文物保护工作取得重大进展，已形成了法规完善、资金保障、全民参与等全方位的保护态势；借助"一带一路"的全国发展战略，广州市开展了以海上丝绸之路史迹申遗为重点的工作，带动了广州市海洋文化和传统文化的发展等。2015年

---

* 本报告是2014年国家社会科学基金重大招标项目"核心价值视域下维护国家文化安全研究"（14ZDA057）、广州市教育局2012年首席科学家培养项目"非传统安全视域中的文化安全研究"（12A013S）、2014年广州市属高校科研项目"广州市文化管理体制改革实践与理论探索"（1201421015）、广东省高校人文社科重点研究基地广州大学广州发展研究院的研究成果。

** 课题组组长：涂成林；成员：黄旭、周凌霄、谭苑芳、吕慧敏、汪文姣、丁艳华、温朝晖；执笔人：黄旭，博士，广州大学广州发展研究院副教授。

广州应加大对广府文化的培育力度,以彰显广州城市文化形象;应配合海上丝绸之路建设,重点推动与东南亚地区的文化交流;应推动公共文化服务体系机制建设,提高公共文化服务水平;应加大对文化创意产业的财政投入,推动广州数字化公共文化建设,以此促进广州文化建设的大发展和大繁荣。

关键词: 广州 文化遗产保护 公共建设 海上丝绸之路

一 2014年广州文化发展总体形势

2014年是广州文化发展获得突破的一年。广州市公共文化服务体系得到完善,文化惠民落到了实处。广州积极维护文化市场秩序,文化产业得到发展。另外,广州市文物保护工作取得重大进展,借助"一带一路"的全国发展战略,广州市开展了以海上丝绸之路史迹申遗为重点的工作,带动了广州市海洋文化和传统文化的发展。总之,借助我国对文化建设的重视,2014年广州市文化发展取得诸多成绩。

(一)完善了公共文化服务体系,文化惠民落到实处

公共文化服务体系是文化建设的重要工作,2014年,广州市公共文化服务体系得到不断完善,文化惠民落到实处。

1. 坚持常规性文化惠民活动

2014年广州市积极推进文化惠民活动,为市民提供了丰富的雅俗共享的文化盛宴。

(1)专业艺术文艺团体送戏下基层演出,提供高雅文化享受。2014年广州市组织了"艺术进校园"演出共20场,演出剧目包括粤剧、话剧、芭蕾、木偶、广东音乐、歌舞、杂技等剧目。市属院团七个演出单位,深入各

区县农村、街道、社区、工矿企业等基层单位为社会各界人士演出300场左右。

（2）利用节庆娱乐庆祝活动实现文化惠民。2014年广州市利用诸如广州艺术节等重要活动，派发出免费惠民票，让广大市民朋友走进剧场、展馆观摩艺术为市民提供欣赏高雅文化的机会。另外利用中国传统节日，组织活动，实施文化惠民，如春节期间，文化单位的文化惠民活动日日有，时时新。

（3）广州市各区根据地域文化特色，打造各具特色的文化品牌，用贴近群众文化生活的民俗文化丰富市民生活。比如近年来黄埔区的"广州民俗文化节暨黄埔波罗诞千年庙会"、越秀区的"广府庙会"、花都区的"盘古王诞"节、荔湾区的"老广州民间艺术节"、海珠区的"广东珠三角咸水歌会"等"一区一品牌"文化活动精彩迭起，形成系列群众文化活动品牌。据不完全统计，仅2014年"迎春花市"期间广州市接待市民及游客2826.9万人次，实现旅游总收入74.08亿元。

（4）群众为主角，打造自娱自乐的群众广场活动。广州市沿袭群众文化广场活动的传统，以"百姓演、百姓看"为目的，坚持举办"羊城之夏"群众文化广场系列活动。此活动启动于1980年，至今已成功举办35届，是广州市知名群众文化品牌活动，也是广大群众参与活动、展示才艺的重要舞台。2014年"羊城之夏"活动从5月开始，每月举办专题文艺比赛，吸引广大群众的参与。比如广州少儿图书馆承办了"少儿阅读"比赛，番禺区承办了"大学生流行乐队大赛"、越秀区承办了"少儿才艺大赛"、从化区承办了"乡村青年才艺大赛"、白云区承办了"广场舞大赛"、海珠区承办了"街舞大赛"，共计六大板块80余场比赛活动。

据不完全统计，截至2014年10月底，广州市已免费安排群众文化活动1730场，艺术进校园20场，送戏下基层惠民演出150场，受益群众180多万人次；发放惠民文艺演出、节展及展览等文化活动门票10.2万张。总而言之，众多的文化惠民活动丰富了市民文化生活，提高了市民的文化素质。

2. 推进基层街道文化服务中心建设

2014年广州市重视基层街道的文化设施建设，开展了以建设基层街道文化服务中心为主要内容的工作。建设街（镇）综合性文化服务中心是十八届三中全会关于基层公共文化建设的一个新要求。广州市政府将试点建设街（镇）综合性文化服务中心列为2014年市政府重点工作。8月，广州市发布《广州市街镇综合性文化服务中心试点方案》，标志着其建设正式进入实施阶段。基层街道文化服务中心的主要目标是，整合街道宣传、文化、党员教育、体育、科普等多项服务内容，建设综合性的文化服务中心，理顺人、财、物的关系，建立事权与财权相匹配的基层公益性综合文化服务机构，"一站式"满足群众的多种精神文化需求。越秀区北京路、天河区天园街、荔湾区岭南街等12个街镇已被正式列入试点名单，试点建设工作已启动。

3. 提高了对弱势群体的公共文化服务水平

由于受城乡二元结构以及户籍制度的影响，过去广州市对除市民以外群体的文化服务工作重视不够。近年来，广州加大了对非户籍的外来务工人员的文化服务工作的力度。比如从2014年9月起广州市举办了以"异乡人、广州情、中国梦"为主题的针对外来务工人员的广场公益电影放映活动。整个活动从2014年9月延续到12月，在外来务工人员集中的地区的文化广场共放映120场。

另外，文化服务加大了向弱势群体倾斜的力度。一是增设了公共文化场馆的残疾人文化服务设施。比如广州博物馆设有专门针对盲人服务的盲文出版物及盲人信息化科技服务设备及盲用文化产品。二是开展针对残疾人的文化服务活动。比如2014年5月，广州市文化馆广州市残疾人安养院、香港福幼基金会共同举办了"艺术·梦想——广州市残疾人安养院助残日残疾人艺术展"。这是安养院自2010年以来在广州市公共文化展馆举办的第三次残疾人书画及职业训练产品展。

4. 积极整合社会力量，推动政府与社会合作

借助社会人才和资金，办好公共文化服务，也是2014年文化惠民的一

个新特点。2014年是"文化志愿服务年",广州市积极发挥志愿者的作用,开展公益文化服务。2014年越秀区举办的"广府庙会"完全实行社会化运作,其活动所需经费全部来自社会组织,实现了财政零拨款的目标。

(二)维护市场秩序,推进文化产业发展

1. 维护文化秩序是政府文化职能的最基本和重要的内容

文化市场秩序规范了市场行为人的行为,有利于文化产业的发展,也有利于加强精神文明建设,维护国家文化安全。

(1)配合国家版权局、国家互联网信息办公室、工业和信息化部、公安部正式启动第十次打击网络侵权盗版专项治理"剑网行动"(简称"剑网2014")专项行动,开展了针对互联网的秩序整治工作。为配合此项活动的顺利进行,广州制定了规范互联网秩序的实施意见。遵照《国务院关于促进信息消费扩大内需的若干意见》的要求,根据《文化部、工商总局、公安部、工业和信息化部关于加强执法监督完善管理政策促进互联网上网服务行业健康有序发展的通知》和《文化部关于推动互联网上网服务行业转型升级的意见》,广州市制定了《广州市关于促进互联网上网服务行业健康有序发展的实施意见》的文件。

(2),文化市场综合执法机构加强了对上网服务场所的巡查,重点查处锁闭门窗接纳未成年人、多次接纳未成年人、为未成年人提供他人身份证件以及接纳未成年人长时间连续上网等行为。公布"12345"等举报电话,广泛发动群众、行业协会、上网服务企业及义务监督员,加强对接纳未成年人行为的监督举报。

(3)广州市不断加强文化市场管理工作,逐步形成服务、管理、打击三位一体的工作格局,促进了广州互联网文化企业健康有序发展。截至2014年10月,广州市共出动执法人员7.56万人(次),检查各类文化经营场所21750家次,办理各类案件225宗,收缴侵权、盗版书刊和音像制品361.70万张(册),组织鉴定各类出版物2.26万种328.45万张(册),出具出版物鉴定书91份。对广州市网吧、游艺娱乐场所违规经营行为起到较

大的震慑作用，有效规范了网吧和游艺娱乐场所的经营秩序，促进了网吧、游艺娱乐场所健康发展。

2. 良好的市场秩序为文化产业发展提供了有力保障，2014年广州市的文化产业取得较好成绩

（1）广州市2014年文化产业增加值初步预计达到822.7亿元，占地区国民生产总值比例为4.85%，年增长约11.3%。广州市已形成行业门类齐全的文化产业体系，文化用品设备生产与销售、出版发行与版权服务、休闲娱乐、文化旅游、广告、会展等传统优势行业持续保持领先地位；网游动漫、创意设计、新媒体等新兴产业发展迅速，成为广州市文化产业发展的重要增长点，文化产业主体、产业发展环境、产业服务平台建设等方面取得长足进步。

（2）广州市集体化和规模化发展的文化企业数量不断增加，培育了一批具有竞争力的产业主体，目前发行股票的文化企业已有省广股份、粤传媒、珠江钢琴、唯品会、奥飞动漫、毅昌科技和欢聚时代7家。世界品牌实验室发布的2014年中国500强最具价值品牌排行榜中，前12个平面媒体品牌有6个在广州，其中《广州日报》以185.39亿元价值排名第105位，其广告收入连续21年稳居中国平面媒体第一。

（3）文化产业平台建设也取得较好成绩。2014年广州高新区文化与科技融合示范区被中宣部、科技部、文化部、新闻出版广电总局认定为第二批"国家级文化和科技融合示范基地"，广州国际媒体港经国家工商总局批准成为国家级广告产业园核心区，越秀区被国家授予"版权贸易示范基地"称号，国家（广州）网游动漫产业发展基地、越秀创意大道、华创动漫产业园等大型文化产业园区已经上马，2014年10月举办的第七届中国（广州）国际漫画节动漫游戏展入场人数超过18万人次，已成为国内娱乐、商贸、互动氛围最浓厚的大型动漫展会，更是国家"十二五"时期动漫产业发展规划重点扶持的三个动漫节展之一，在国内外享有较高的知名度。该展会整体成交量达到2500万元。这些都为文化产业发展提供了良好平台。

（三）文物保护工作有了重大进展

广州市正在形成法律规章保障、政策措施推进、资金支持和全民参与齐头并进及全方位的文物保护态势。

1. 重要制度规章颁布实施

2014年是《广州市文物保护规定》颁布后实施的第二年，为了配合该法的顺利实施，2014年11月广州出台了《广州市文物保护监督员管理办法》，新设了文物保护监督员这一职务，以保障文物的安全和合理开发。

另外一部重要的规章——《广州历史文化名城保护规划》获得广东省政府批复，于2014年年底开始实施。该规划自2003年开始启动编制，历经11年反复研究论证和修改完善。该规划的实施，有助于广州明确清查历史文化家底，是文物保护的重要举措。这个规划明确了广州历史城区内建筑核心保护范围的面积约为2.5平方公里，包括26片历史文化街区、40条骑楼保护区、77个非物质文化遗产、7个历史文化名镇名村，93个传统村镇、478处历史建筑等，并做出了原则上新建建筑高度控制在12米以下的规定。

至此，广州市两个最重要的文化方面的法规和规章——《广州市文物保护规定》和《广州历史文化名城保护规划》在经过十多年的曲折修改完善后，都已重新颁布和实施，实现了广州市文化治理法治化和制度化的重大突破。

2. 全面开展文化遗产普查

2014年，广州市对全市文化遗产开展普查工作。此次文化遗产普查是继1956年、1983~1984年、1999年及2003~2006年四次文物普查后，广州市举办的较大规模的综合性的文物普查。普查工作自2013年年底公布《广州市文化遗产普查工作方案》始，贯穿于2014年整年。相较于以往，2014年文化遗产普查更全面、参与面更广、更有价值。体现在：一是领先全国，包含面广。就全国范围而言，我国到目前为止，只进行过三次全国性的文物普查。从1956年开始的第一次普查，普查规模小，不规范，没有留下统计数据。1981年秋至1985年底开始第二次全国文物普查，受资金、技术等制约,仍然有漏查现象。2007年6月至2011年12月举行了第三次全国文物普查。而对比全国,广州市已进行过四次文物普查,2014年又开展文化遗产普查,普查次数在全国领先。另外,此次普查内容涉及广泛,基本文物种类都囊括其中。我国以往进行的三次文物普查只包括不可移动文物,没有包括可移动文物,广州市的四次文物普查也没有包括可移动文物。而这次文物普查,借助第一次全国可移动文物普查的工作安排,广州的普查范围除了包括国有可移动文物、非物质文化遗产、历史建筑线索和传统风貌建筑的数量分布、保存状况、管理权属和使用管理外,还包括不可移动文物。广州市花都区更将普查的范围扩大为五大项目,在四大类的基础上增加了古树名木普查项目。可以说此次普查是对广州市文化遗产的全面清查和了解。二是普查保护并举。不同于以往的单纯普查,此次普查目的性强,目标明确:为保护广州市历史文化遗产作准备。因此,在普查过程中,执行边普查边保护的原则,在普查过程中建立"文化遗产保护线索预保护机制"以及"文化遗产保护联动机制",形成自上而下、齐抓共管的局面,为切实做好文化遗产的保护工作打下基础和做好准备。三是各部门联动,全民参与。此次文物普查工作包含内容广,涉及部门多,牵涉面大。从政府横向"块"的权力层面看,既涉及规划局、文广新局等,也涉及下属的非物质文化遗产中心、博物馆等文化事业单位。政府纵向"条"的权力层面看,既涉及市级政府的统筹,也涉及广州市下属各区县单位的具体任务落实。涉及部门多,需要市政府的高度重视和各级单位的密切配合。为保障普查工作的顺利进行,花都区为此成立了文化遗产普查领导小组,负责全区的文化遗产普查工作,协调解决重大问题。同时,这次普查工作积极发动市民参与,借助社会力量提高普查工作的准确性。比如广州市文广新局向社会公布了热线电话,欢迎广大市民踊跃提供新的非遗线索。

2014年普查工作进展顺利。在广州市第一次全国可移动文物普查工作登录阶段,截至2014年10月,新发现不可移动文化遗产线索4089条,可移动文物207件、线索1063条,非物质文化遗产线索906条。市属文博单位已累计在市内部平台完成可移动文物登录数83766件,已登录全国联网统一平台2500件。

3. 文物保护的资金保障到位

配合《广州市文物保护规定》中的有关规定，2014年9月9日广州市公布了《广州市文物保护专项资金管理办法》和《广州市文物保护专项资金安排计划》，文件规定从2014年开始连续五年每年安排6000万元文物保护专项资金，共计3亿元，主要用于不可移动文物的修缮、保养等六大方面。另外，要求区级政府要配套不低于500万元的资金用于文物保护。其中由财政支持对非国有不可移动文物进行维修保养，且资金安排超过总投入的1/3，这在全国尚属首次。广州设立专项文物保护资金，为文化遗产的保护提供了持续而有力的资金保障。

（四）全面推进海上丝绸之路文化建设

2013年10月，中央提出建设"21世纪海上丝绸之路"的战略构想，广州作为我国古代海上丝绸之路发祥地和当代改革开放前沿地，在21世纪海上丝绸之路文化建设中正在发挥引领作用。

1. 积极制定相应法规规划

广州市从立法和规划两方面推进海上丝绸之路文化建设的制度保障。例如，2014年3月"海上丝绸之路"申遗的立法工作已启动，目前已完成立法初稿，并召开了《广州市海上丝绸之路史迹保护规定（草案）》立法专家研讨会。另外，2014年以来，已计划制定广州市推进21世纪海上丝绸之路文化带建设的中长期规划，提出未来文化建设与交流的重点国家、优先领域、重点任务、重点项目及支撑条件等，并力争将相关项目纳入国家或广东省、广州市的总体工作部署。

2. 推进广州市海上丝绸之路史迹申遗工作

广州作为国家中心城市，华南地区的门户，国家历史文化名城，至今尚未有文化遗产列入世界文化遗产名录。广州海上丝绸之路史迹成功申报世界文化遗产，将使广州实现世界文化遗产"零"的突破。这将极大地提升广州的国际知名度和影响力，推动广州世界文化名城的培育。2012年11月，广州与南京等9个城市共同被列入《中国文化遗产预备名单》丝绸之路项目（海上丝绸之路中国段），这标志着广州海上丝绸之路史迹申报世界文化遗产工作取得阶段性成果。2014年3月31日，广州市政府召开广州海上丝绸之路史迹申报世界文化遗产工作小组第一次全体会议暨工作动员会。目前海上丝绸之路申遗工作正全面启动，进展顺利。

在硬件方面，为配合海上丝绸之路文化建设，广州正推进海事博物馆（海上丝绸之路博物馆）的筹建工作，目前已完成征地拆迁、可行性研究和立项、建筑设计等工作，正在办理用地、报建等手续以及文物征集等基础性工作。另外，广州市南越国宫署遗址、南越王墓、光孝寺、怀圣寺光塔、清真先贤古墓、南海神庙及明清古码头遗址等6处史迹点被列入申遗预备名单。广州正在加大对6处海上丝绸之路史迹点的保护力度：加大对史迹点实施文物本体保护和周边环境整治；规定海上丝绸之路申遗所需经费由广州市和区两级政府负担，并分别列入本级财政年度预算；抓紧完成各史迹点专项保护规划的编制和审批，并将其纳入控制性详细规划。

3. 加强海上丝绸之路的文化宣传活动

广州运用多种渠道，面向公众开展海上丝绸之路的文化宣传活动，全方位打造"广州海上丝绸之路文化名片"。

（1）通过海上丝绸之路文艺作品创作，宣传广州文化。例如，广州市文广新局与中央电视台中文国际频道《国宝档案》栏目合作，拍摄《国宝档案——广州海丝文物瑰宝》系列节目，该节目已于2014年12月23日开始在央视播出。

（2）借助文化节庆活动，宣扬广州海洋文化。在广州市金钟奖大赛、演交会、纪录片节、漫画节、艺博会等全国性、国际性文化活动中，广州以海上丝绸之路文化为主题，策划了许多海上丝绸之路文化专题展览。

（3）广州市加强与海上丝绸之路沿线国家和地区的文化交流与合作。广州市通过送演出、送展览到海上丝绸之路沿线国家和地区，进一步扩大了广州传统文化的辐射力和影响力。例如，举行"粤韵悠扬——2014穗港澳粤剧日"活动；组织"海上丝绸之路沿岸国家主流媒体看广东"采访团活动以及"穿越亚欧海上丝绸之路"大型采访活动。这些活动的开展进一步增进了海上丝绸之路沿岸国家和地区对广州市社会经济发展状况的认识和了解，有效提升广州文化的知名度和影响力。

（4）通过巡回联展形式，宣传广州海上文化。2014年4月9日至7月9日，由广州、宁波、福州、扬州、蓬莱、北海、南京、漳州、泉州九个城市联合举办的"跨越海洋——中国'海上丝绸之路'九城市文化遗产精品联展"在广州博物馆开幕。

（5）与研究机构合作举办学术论坛。与其他申遗城市合作，广州市召开了"海上丝绸之路与世界文化遗产申报学术研讨会"。另外，中山大学图书馆和《广州大典》与广州历史文化重点研究基地共同举办了"第二届中文古籍整理与版本目录学国际学术研讨会"暨"十年磨一剑——《广州大典》编纂展"。这些学术活动为海上丝绸之路文化建设提供了历史资料准备和理论支撑。

二 2015年广州文化发展面临的主要问题与挑战

（一）广州的文化建设应承上启下，持续推进

广州在2010年开始提出"建设世界文化名城"的设想，当时广州市领导层认为广州市应通过"大力打造世界文化名城"，努力为广东文化强省建设做出贡献。2011年开始描绘培育世界文化名城的蓝图，制定了《广州建设文化强市培育世界文化名城规划纲要》，这是广州建设文化强市培育世界文化名城的纲领性文件。"十二五"开局之年，广州明确提出建设国际商贸中心和世界文化名城，以此作为广州建设国家中心城市的"驱动双轮"，并审议通过了《广州建设文化强市培育世界文化名城规划纲要（2011～2020年）》。2012年正式开始实施纲要，当年制定了《关于培育世界文化名城的实施意见》的文件。该文件以培育世界文化名城为目标，规定了广州市培育世界文化名城的重点任务和思路举措。同时，该文件确定了每项建设工程

的牵头单位和配合单位，使任务责任到位，分工合作，以更好地推动世界文化名城相关工程的落实。2013年年底各单位进行了中期检查，实施意见规定的各项任务基本完成。

但是到2014年，培育世界文化名城的工作停滞不前，没有任何实质性政策和配套项目的推进。广州文化建设的目标是什么？应如何推动文化建设？如果世界文化名城可以成为广州文化建设的目标，那么，广州应该按照《广州建设文化强市培育世界文化名城规划纲要（2011~2020年）》的设想，通过政策和具体实施办法，促进这一设想的具体化，争取完成阶段性的培育计划。

（二）文化产业占比不高，政策缺失，投入少

广州文化产业虽然有了一定进步，但与上海、北京、深圳比，仍有较大差距。

1. 与上海、北京、深圳存在差距

2013年上海文化产业实现增加值1387.99亿元，同比增长8.1%，增幅高出同期GDP 0.4个百分点，所占比重达6.43%。上海计划到2015年文化创意产业增加值占全市GDP的12%，成为上海市的重要支柱性产业。2014年，北京文化创意产业初步核算实现增加值2794.3亿元，占北京市GDP的13.1%，创历史新高；北京计划到2015年，力争文化创意产业增加值占北京市GDP的比重达到14.5%以上。

与深圳市相比，广州也有较大差距。比如深圳早在2012年全市文化产业实现增加值930亿元，占全市GDP的7.2%，同比增长约20%。2014年深圳市文化产业继续保持较快增长势头，据初步估计，文化产业增加值实现920亿元，占深圳市GDP的5.8%；文化创意产业增加值实现1560亿元，占深圳市GDP的9.8%，同比增长约15%。

2. 从整体来看，文化产业政策缺失

目前，广州市没有出台过专门的文化产业政策，而其他城市的文化产业政策早已制定并实施。上海在2012年出台了《上海市文化创意产业发展

"十二五"规划》，2014年又修订完成《上海市促进文化创意产业发展财政扶持资金实施办法》等文件；北京在2012年出台了《关于金融促进首都文化创意产业发展的意见》，2014年出台了《北京市文化创意产业提升规划（2014~2020年）》；深圳则更早制定了《深圳文化创意产业振兴发展规划（2011~2015）》，但广州一直没有制定统领性的文化产业政策文件。

3. 广州扶助创意产业的力度明显不足

近年来，广州对文化创意产业的财政投入保持在6000万元左右，2014年的财政投入甚至比2013年更少。与其他城市比，财政投入的差距非常明显。北京自2006年起每年投入5亿元设立文化创意产业发展专项资金和文化创意产业集聚区基础设施专项资金。上海对文化创意产业的财政扶持已从原来只扶持公共服务平台创新向扶持公共服务平台和产业创新项目转变。2014年上海市有264个项目获得文化创意产业扶持资金2.9亿元，市区两级扶持资金总量为4.1亿元，撬动社会资金投入21亿元。其中，针对民营企业的扶持力度更加突出，民营企业的项目占全部项目总数的68%，扶持金额占总扶持资金的62%。2014年上海文化"走出去"专项扶持资金扶持32个文化交流与贸易项目，共计482万元。此外，上海市注重对互联网企业的扶持，13个新媒体项目获得4700万元的资助金额。

（三）公共文化服务效果差强人意，水平有待提高

虽然广州市在全市范围内实现了广播电视和有线覆盖的村村通、渔船通和户户通的目标，而且完成或计划完成多个大型公共文化场馆的建设任务，总体服务设施基础有了很大的改善和提高。但是其使用效果不尽如人意，服务水平有待提高。

1. "一刀切"的政策安排，导致公共文化服务设施分布不均衡

从公共文化服务设施的旧有基础来看，本来就存在区域的差异。比如越秀区、天河区等因历史积累及经济投入较多，公共文化服务基础较好，而一些新成立的区如白云区的基础设施较薄弱。起点的不平等，再加之"一刀切"的政策安排，势必加重不均等的程度。比如不管区的面积大小、人口

多少，都只建一座区级图书馆，对于那些面积大的区来说，显然不能满足要求。

2. 没有根据形势变化，实时调整建设方案，导致公共文化服务设施的浪费

现代社会变化迅速，人口流动加剧，某些区域的人口结构和数量几年就发生很大的改变。如果建设不能跟进形势发展，势必造成资源浪费。比如某些农村地区人口基数逐年减少，但仍按每个村一个文化室的要求建设文化室，结果导致文化室的荒废。

3. "高大上"文化设施多，而贴近社区生活的文化设施供给不足

近年来，广州市上马了多个重大文化设施建设项目，如"四馆一园"，即广州美术馆、广州文化馆（岭南大观园）、南汉二陵博物馆、广州海事博物馆等的建设。这些统领全市文化发展的大项目贴近社区居民的文化设施，关系普通社区居民的日常文化生活，因此有必要配套建设。目前社区居民文化生活的设施数量不足，甚至已有的也呈现缩减的现象。比如市区一级的图书馆基本较完善，但是社区的图书室明显不足。而文化站（室）的不足更为严重。文化站（室）过去由专人负责，并享有专门活动场所，是社区居民文化生活的重要阵地。现在许多区的文化站（室）却面临人才流动不畅，活动场所被"家庭综合服务中心"等其他机构分享甚至占领的窘境。

4. 公共文化服务设施日常运转投入不足，也导致其运转效率低下

公共文化服务设施并非只包括硬件建设，后期的软件配套和日常维护也非常重要。目前广州市重视文化设施的硬件建设，轻视建设后的软件配套和日常维护。比如对图书馆的书籍购买，文化站（室）、"村村通"设施的日常维护投入等，都存在不足。

（四）数字化文化建设落后，技术能力亟待提高

2011年，我国已在全国范围内启动数字化文化建设项目。当年由财政部、文化部联合下发的《关于进一步加强公共数字文化建设的指导意见》，已对数字文化建设的重要性进行了说明："公共数字文化服务具有辐射面

广、传播速度快、资源广泛共享等特点，有利于解决当前制约公共文化服务体系发展的突出矛盾和问题，对公共文化服务体系建设具有十分重要的意义。"

1. 一些城市已走在了前列

上海市2014年推出的"城市公共文化云"服务项目，把互联网、云计算等信息通信技术与文化资源打包上"云"，通过云连接、云操作、云平台和云整合等手段，实现包括公共文化和商业文化在内的云应用，使用户如网上购物般实现自选文化产品或信息服务消费。而浙江省推动"浙江文化通"项目，该项目以移动通信网络为支撑，集成图书馆、文化馆、博物馆以及影剧院等公共文化单位的管理系统平台，通过基于元数据的信息资源整合，适应移动终端一站式信息搜索应用，以云共享服务为保障，通过手机、iPad等手持移动终端设备，为公众提供搜索和阅读数字信息资源服务。公民可以通过平台，不受登录时间和地点的限制，获得公共文化资讯，自助查阅借阅图书及享受其他相关服务。重庆市北碚区设立了"公共数字文化体验平台"，该平台通过整合本地文化资源网站、多媒体移动APP终端、科技体验厅等，集合成文化馆数字化新媒体，为群众提供各类相关服务，如群众艺术培训、文化展览、文化互动体验、阅读等群众性文化活动以及关于文化遗产的专业服务等。2012年年初，成都市在全国率先研发了"公共文化智能服务与管理系统"，初步建立起了县、乡、村三级数字联动管理、服务、监督和考核体系。该系统通过联动管理、电子阅览、图书管理、政务办公、绩效考核、资源共享六大业务模块与"文化366"网站，实现了公共文化服务与管理两大模块的整合，获得各种公共文化资源的最大共享，也便于收集、反馈群众的文化需求并及时调配和供给资源。

2. 广州的数字化公共文化建设落后于全国许多城市

广州数字化文化建设工作有一定的进展，如在社区推动数字书苑的建立、推动信息化管理、文化遗产普查中推动馆藏数据库的建设等，这些工作都取得一定的成绩。但是，广州的数字化文化建设仍停留在局部性和碎片化的层面，而无整体性的大力度的综合推动。

广州具有发展数字化文化服务的良好基础：网络发达，网络线上服务基础好。《2015年第35次中国互联网络发展状况统计报告》显示，广东网民人数和网络普及率均居全国第3位，广州作为广东的省会，其网民人数和网络普及率必然高于广东的平均水平。另外在北京、上海、深圳和广州等一线城市中，广州O2O（即Online to Offline，在线离线/线上到线下，是指将线下的商务机会与互联网结合，让互联网成为线下交易的前台）综合发展水平紧随北京，排名第2位，超越了上海、深圳和天津。数字化文化服务与O2O类似，也是要实现互联网与线下的服务结合，达到更好地服务市民的目的。

数字化文化建设绝不等同于单一场馆（如图书馆或博物馆）的数字化，不然数字化只能算是数据库建设，而不是"互联互通"的联动平台的建构。只有联通共享，才是实现数字化文化建设的目标和价值所在。因此，广州市目前的数字化水平远远达不到国家的要求，也无法满足市民的文化服务需要，更没有通过数字化提升广州市的文化建设水平。

三 2015年广州文化发展趋势与对策建议

（一）发展趋势

1. 文化建设将成为广州城市发展的突破口和新引擎

党的十八大以来，党和国家领导人高度关注文化建设，将文化建设提高到关系中国梦实现的高度。习近平同志强调："提高国家文化软实力，关系'两个一百年'奋斗目标和中华民族伟大复兴中国梦的实现。要弘扬社会主义先进文化，深化文化体制改革，推动社会主义文化大发展大繁荣，增强全民族文化创造活力，推动文化事业全面繁荣、文化产业快速发展，不断丰富人民精神世界、增强人民精神力量，不断增强文化整体实力和竞争力，朝着建设社会主义文化强国的目标不断前进。"[①]

---

① 习近平在中共中央政治局第十二次集体学习时的讲话，《人民日报》2014年1月1日。

近年来我国领导人在不同的场合都谈到了文化问题：从对传统文化的弘扬到对核心价值观的重视。这些表明党和国家已高度重视文化问题。可以预见，国家将在文化领域有新的政策和措施出台。

对于广州来说，从文化本身的发展来看，广州应该利用国内外重视文化的契机，加大文化建设的力度。从文化的经济功能来看，广州迫切需要新的经济增长引擎，拉动广州经济的快速增长，而文化发展能为广州经济转型和经济增长提供新动力。比如文化发展可促使旅游业的发展，吸引更多的人来广州消费；文化产业的发展直接拉动经济增长，目前是全球公认的重要经济引擎。因此，广州这几年也高度重视文化建设，将文化建设列入了重要的工作内容。

2014年广州市已遵照中央和广东省关于培育和践行社会主义核心价值观的相关部署安排，制定了《关于我市培育和践行社会主义核心价值观的实施意见》，抓好社会主义核心价值观的融入融合工作。广州市也应借此契机，促进广州特色传统文化——广府文化的发展，启动世界文化名城培育工作，促进广州文化的大发展和大繁荣。

总之，2015年文化建设将越来越成为国家和地区建设的重点内容。广州将在政治领域、经济领域以及文化领域高度重视文化建设，促进文化事业及文化产业的繁荣和发展。

2. 进一步推进以海上丝绸之路为主题的文化建设

海上丝绸之路文化建设在2014年已成为广州市的亮点工作，2015年我国的"一带一路"发展大战略仍将是广州文化建设的重要契机。

"海上丝绸之路"大战略是当前广州正面临的一个可以大有作为的重要战略机遇期。借助此机遇，依据国家战略、地缘优势、丰富的文化资源等条件，广州完全有能力、有条件建设成为海上丝绸之路经济圈的中心城市，广州的文化建设也应紧紧围绕这一战略，争取文化的大发展。

广州具有其他城市所没有的独特优势，应该成为也能成为海上丝绸之路文化建设的排头兵和主力军。这些优势具体表现在以下方面。一是区域优势。海上丝绸之路的九个城市蓬莱、南京、扬州、宁波、福州、泉州、漳州、广州、北海中，只有广州与海上丝绸之路沿线的其他国外城市最临近。广州有着与其他国家交往的得天独厚的地缘优势。二是文化优势。广州是古代中国的海上国际贸易通道，而且是海上丝绸之路三个主要港口之一。在唐宋元的繁盛期，中国境内主要由泉州、广州、宁波三个主港和其他众多支线港组成。因此，广州曾经是非常繁荣的港口城市，在历史上留下众多的丝绸之路的历史遗产，广州应该保护好这些历史遗产。三是生活习俗和语言文字的优势。广州的粤语在东南亚国家中较为流行，生活习俗和风俗习惯也比较相近，民间交流的历史较为深厚和悠久，现代交流也比较密切，这有利于地区间的文化交流。四是研究优势。早在2003年广东就提出了开发"海上丝绸之路"的概念，中山大学的学者对广州海上丝绸之路的历史发展、文化遗产等进行了梳理，广州已走在全国研究和开发的前列。

2015年广州应该利用这些有利条件，做海上丝绸之路申遗九城市的"领头羊"，做海上丝绸之路文化交流的开拓者，积极推进海上丝绸之路的文化建设。

3. 加快文化政策和规章的制定，推动文化治理体系和治理能力的现代化

2013年召开党的十八届四中全会的主题是依法治国。这与三中全会提出"推进国家治理体系和治理能力现代化"的目标紧密相连。依法治国必须依法行政，用法律规章制度规范公权力的运行范围和方式。文化治理也应该通过制定相应的规章制度规范政府行为，推进文化治理体系和治理能力的现代化。

2015年广州将迎来法规和规范文件的密集出台，如《广州公共图书馆条例》和《广州文化产业实施办法》都将通过实施；另外，为贯彻落实《广州市历史文化名城保护规划》《广州市文物保护规定》《广州市历史建筑和历史风貌区保护办法》《广州市文物保护专项资金管理办法》等规章，广州将会推动《广州市海上丝绸之路史迹保护规定》《广州市文物监督员管理办法》《广州市作品著作权登记政府资助办法》《广州市非物质文化遗产保护规划》《广州市非物质文化遗产保护办法》等政府规章和规范性文件的审议和修订工作，为完善城市历史文化遗产保护管理机制，推动历史文化资源"活化"利用提供制度保障。这些文件有的是具有法律效力的地方性法规，有的则是地方政府颁布的政策执行办法、规划等。虽然政府制定的规章比人大制定的法规效力低，但这一大批新法规的制定，将大大丰富文化领域的制度建设内容。

另外，广州市将借2013年以来行政审批制度改革的东风，进一步规范行政决策程序，完善文物保护、社会文化、产业发展等重大项目公众参与、专家论证和政府决定相结合的行政决策机制。严格文化市场行政执法，加强行政复议，规范行业管理和执法秩序。进一步推进行政审批和商事制度改革，周密做好职能下放后的相关衔接和协调工作，推进文化治理体系和治理能力的现代化。

这些工作的推动，将进一步规范文化领域各行为主体（包括政府和市民）的行为，有利于维护文化秩序，提高文化治理能力。

（二）对策建议

1. 加大对广府文化的培育力度，彰显广州城市文化形象

城市要成为文化名城，必然要有自身的文化特色。广州应以培育和发展广府文化为重点，彰显自身城市文化形象。选择广府文化作为城市文化形象，原因有两个。一是广州是广府文化的中心，是广府文化的聚集点。广府文化是汉族广府民系的文化，在各个领域中常被作为粤文化的代称，如粤语、粤剧、粤曲。它是发源于古代中原，以广州、香港为核心，以珠江三角洲为通行范围，以广东、广西、海南为流行区域的粤语文化。广府文化从属于岭南文化，在岭南文化中个性最鲜明、影响最大。由于广府文化在广东民系文化中的突出地位，广府文化在各个领域中常被作为粤文化的代称。作为广府文化核心的广州，理应将广府文化视为城市文化形象。二是广州必须培育自身文化的内生力量，作为文化发展的源头和活水。本地文化经过较长一段时间的历史沉淀、积累和固化而形成，与当地环境、人文和历史发展紧密配合。城市的文化发展一定要根植于已有的文化生态，才能获得滋养和壮

大。广州的文化发展不能脱离本土文化的根基,否则文化就成为无本之木,广府文化是广州的本土文化,因此应该加以保护和弘扬。三是广府文化流传甚广,有利于广州扩大其文化影响力。由于粤语区有着庞大的海外移民,故广府文化在北美洲、英国、北欧、澳洲、新西兰、东南亚等区域广泛流行。粤语粤剧等成为这些地区中国人的共同爱好和生活习惯,广州发展广府文化,有利于扩大城市影响力。为了更好地培育广府文化,广州应该采取以下措施。

(1) 全市共同营造培育广府文化的氛围。广府文化的弘扬,需要广州市的推动。广州市政府应牵头,着力打造发展以"广府文化"为特色的文化建设,建立机制,推动其发展。

(2) 保护和利用好广府文化历史文化遗产。采取政策措施,对现存的广府文化遗产进行保护、开发和利用。利用《广州市历史文化名城保护规划》和《广州市历史建筑和历史风貌区保护办法》颁布的契机,制定出代表"广府文化"的历史文化街区的具体保护措施,进行成片保护和开发。

(3) 开展广府文化研究。政府可加大投入,对广府文化进行系统研究,将广府文化的历史发展、发展脉络、现代转型、遗迹文献进行梳理和总结,以用于对广府文化保护和利用的实践指导。

四是提供资金保障。对广府文化的研究、保护和再开发,都需要资金的支持。广州市可以从财政中拨出专项资金,用于广府文化的发展。另外,也可鼓励社会资金的投入,以弥补财政投入的不足。

2. 配合海上丝绸之路建设,重点推动与东南亚地区的文化交流

在海上丝绸之路的建设上,广州市应从以下三个方面入手。

(1) 整理和挖掘岭南与外国交流的历史。借助省内科研院所的优势,加强对海上丝绸之路的历史嬗变过程、文化历史遗迹等的研究。自 20 世纪 90 年代以来,广州已出版一些研究海上丝绸之路的专著,如《广州与海上丝绸之路论文集》(1991)、《南海丝绸之路文物图》(1991)、《中国陆桥经济》(1992)、《敦煌吐鲁文书与丝绸之路》(1994)、《广东海上丝绸之路史》(2003)、《广州海上丝绸之路发祥地》(2007) 等。广州应再接再厉,加大对科研的投入，支持更多的学者和专家研究广州海上丝绸之路的相关问题。

（2）开展区域性的文化交流活动。广州应借助自身独特的地理优势、语言优势和民俗习惯在东南亚许多国家的影响力，加强与东南亚国家和地区间的文化交流，通过开展文化节、文化展览、粤剧交流等，增强广州在东南亚国家中的文化软实力。

（3）加强民间文化交流。从历史来看，海上丝绸之路的经济交流带有民间性质，是民间的经济和文化交流让海上丝绸之路变得更有生机和活力。今天促进海上丝绸之路的文化交流的再次兴起，也应该借助民间力量，发挥文化企业、高校以及其他社会组织的积极性和主动性。比如广州可挖掘民间外宣资源，制定政策，为企业和民间力量"走出去"营造良好的环境条件；推进高校与其他国家科研机构的合作，通过论坛、课题合作和汉语学院等形式，加强教育和科研的交流；鼓励民间艺术爱好者走出国门，通过办展览、演出等形式，加强艺术交流。

3. 加大对文化创意产业的财政投入

广州市应该在文化创意产业投入上做好以下工作。

（1）评估广州的文化创意产业发展情况，参考兄弟城市的做法，根据广州市财政实际情况，确定财政支持资金的额度，循序渐进地加强财政投入的支持力度。如可考虑2015年安排上亿元的财政支出，专门支持文化创意产业的发展。

（2）出台专门的文化创意财政支持政策，出台资金管理办法，规范政府对文化创意产业财政支持的管理。

4. 推动公共文化服务体系机制建设，提高公共文化服务水平

广州市应该将公共文化服务基础设施建设从主要集中建设"高大上"公共文化服务设施，转到主要资助基层文化设施的建设方向上来。

（1）加强对区级以下基层公共文化服务的场馆建设力度，如争取在区级按面积和人口建设多个规模不同的分布均衡的图书馆等。

（2）落实中央提出的建设街（镇）综合性文化服务中心的政策要求，

尽快在广州推动建设街（镇）综合性文化服务中心从试点向普遍建设的转变，打造真正贴近居民文化生活，真正满足居民文化需求的文化服务中心。

(3) 建立健全公共文化服务的机制体系。比如为保障公共文化服务的质量，健全公共文化服务的法规。建议将提高各级文化事业费占财政总支出的比重、建立各级财政对文化建设投入增幅的财政保障机制制定社区公共文化设施建设从城市住房开发投资中提取1%的政策等，以人大立法或行政法规的形式确立下来，确保基层公共文化事业发展形成稳定的经费投入机制。

5. 推动广州公共数字化文化建设

在推动公共数字化文化建设方面，广州市更应有所作为，不应仅仅停留在将资料数字化的层面，而应加大整体推动数字化文化建设的力度。

(1) 广州市应出台重点实施文化共享工程、数字图书馆推广工程和公共电子阅览室建设计划，加强统筹，协调发展，提升三大公共数字文化惠民工程的整体效能。

(2) 加大财政支持，出台扶持政策，促进文化企业和文化事业单位的数字化进程。

(3) 加强联网互享。广州可利用省会城市集聚广东省和广州市大量公共文化服务设施和高校院所等文化事业单位的优势，联合广东省和广州市以及大学图书馆、各博物馆、非物质文化遗产中心和文化馆等单位，建立共享平台，为市民提供免费互通共享的文化资讯和服务。

区域文化发展篇

Regional Development

广州市越秀区文化发展形势分析及对策研究

中共广州市越秀区区委宣传部课题组

> **摘 要：** 本文立足越秀区的区域和发展定位，通过对越秀区在文化发展中各项工作所取得的成效和凸显的问题进行分析，提出以文化为抓手，促进北京路文化核心区建设、公共服务、经济发展、精神文明建设"四个提升"的工作思路。
>
> **关键词：** 越秀区 文化 资源 软实力

作为广州的传统中轴线、历史文脉所在地以及城市文化中心，越秀区文化资源丰富，其文化发展在广州市处于领先水平，城区文化软实力提升潜力巨大。本文就越秀区几年来在发挥文化资源优势、探索强化城区发展竞争力之路上的成效和存在的问题进行分析,并尝试提出促进广州市越秀区文化发展的对策建议。

一 广州市越秀区文化发展的现状

(一)树立"文化引领"理念,强化文化发展战略支撑

1. 明确定位,高效对接

文化是现代城市的灵魂,也是城市发展的动力。实践证明,文化资源是越秀最大的资源,文化优势是越秀区最大的优势。文化也是越秀区转型升级、加快发展的重要抓手。越秀区要保持优势、提高城区竞争力,要靠文化引领;破解中心城区土地和空间的制约,要靠文化引领;积蓄和增强发展后劲,要靠文化引领。2011年,越秀区在"十二五"规划和区第十一次党代会上确立了"广府文化源地、千年商都核心、公共服务中心"的发展定位,提出"文化引领"的发展战略,明确把文化建设放在促转变、求创新的引领地位。在高位规划的基础上,越秀区积极做好与《广东省建设文化强省规划纲要(2011~2020年)》《广州市关于培育世界文化名城的实施意见》《广州市建设文化强市,培育世界文化名城规划纲要(2011~2020年)》的紧密对接,推动相关文化项目纳入全区重大战略部署,加紧推进。目前,全区百项重点项目中就有1/3的项目与文化发展有关,并以区领导督办的形式强力推动落实,各类文化建设项目有序推进。

2. 整合资源,机制保障

越秀区是一个城市功能元素齐备的中心城区,走"文化引领"之路就是要将文化融入经济、社会的各个方面,使文化成为城区发展的支撑力。越秀区十分重视构建"大文化"的发展格局,以文化系统内的融合、政府各部门间的融合、政府和社会力量的融合,进一步调动全社会共同参与文化建设的积极性和能动性。近年来,成立了"越秀区文化发展委员会""越秀区文化发展咨询委员会"等文化议事机构,重点文化建设项目和文化发展决

策通过集体研究和公众咨询产生，更加贴近城区实际和百姓需求。在区委、区政府的统筹下，深入挖掘、有效保护、合理利用宝贵的历史文化资源，已经成为辖区内各单位开展各项工作的共识。"广府文化"品牌意识进一步强化，在新的历史条件下推动传统文化传承、创新和发展的思维不断开拓，思路和资源广泛集聚，逐步形成政府主导、社会参与、各方协同、共建共享的"大文化"发展格局，形成推进城区文化事业、文化产业发展的整体合力。

（二）推动"平台式"建设，提升文化发展集聚能力

越秀区立足实际，积极搭建各类文化发展平台，推动政府角色从"办文化"向"管文化"转变，引导社会力量从"看热闹"向"齐参与"转变，强化了统筹文化发展的能力，有效整合了社会资源和力量，实现了文化发展的集聚提升。

1. 北京路文化核心区平台

作为广州培育世界文化名城六张"城市名片"之一的北京路，地处广州传统中轴线，保存了广州乃至岭南地区文化底蕴最深厚、历史最完整、精华最集中的文化遗产，聚集了众多主题突出、特色鲜明的历史文化街区，是岭南历史传统文脉之所在。该区域在长期的发展过程中，集聚了金融、商贸、文化等市区主导产业。2013年年底，经过充分的调研和论证，越秀区委、区政府提出打造11平方公里的北京路文化核心区的发展思路，成为广州市的重大发展战略平台。作为广州市唯一主打文化牌的重大发展战略平台，北京路文化核心区积极实施文化引领、功能置换、空间优化、产业升级、商旅融合五大策略，努力将核心区打造成为以居住、教育、行政、人文、生态为主要功能的广府文化博览区、转型升级示范区、城市更新先行区。目前，核心区起步区总体规划、控制性详细规划，以及文化、旅游、交通等专项规划的编制工作正在紧锣密鼓地开展。项目建设按照以点带面、成熟一个推进一个的原则，着力推进大小马站书院街、省"非遗"馆、南粤先贤馆一期、东园广场、光塔民族民俗文化特色街、东濠涌沿线特色风情街、二沙音乐岛、"文物径"等一批文化项目的优化提升；加快民间金融街

三期、广州老字号一条街、惠福美食花街、广州现代旅游服务一条街、大沙头游船码头风情街、一德路地下商业街、海港城、天字码头旅游港等产业项目的建设。

2. 公共文化服务体系示范平台

高标准建设覆盖全区、结构合理、功能健全、实用高效的公共文化服务网络，以优质文化产品和服务惠及群众。在硬件建设方面，辖区内区级图书馆、文化馆、博物馆"三馆鼎立"：区图书馆为"国家一级图书馆"，现有各类藏书、电子图书近100万册，被誉为"平民大书吧"，2014年区图书馆创新在全市率先推出公共图书馆手机客户端——"掌上越图"，居民通过手机即可随时阅览馆藏图书；区文化馆为"国家一级文化馆"，集展览厅、小剧场、健身中心等多种功能于一体，建有展览、展演、创作、培训四大基地；区博物馆为综合性历史博物馆，是广州历史和广府文化的展示平台。在街道社区，公共文化服务触角延伸分布，越秀区18个街道全部建成文化站，其中省特级文化站11个、省一级文化站7个；越秀区222个社区居委会的社区文化室覆盖率达100%；建有社区文体广场167个，总面积超过17.3万平方米。依托全省公共文化设施最齐全、密度最高的文化设施网络，融会省、市、区、街、社区五级公共文化资源，越秀区的公共文化服务网络不断完善，群众文化活动丰富多元，居民自主参与文化活动的热情高涨，具有越秀特色的"10分钟文化圈"日趋活跃。2014年年初，越秀区"中心城区公共文化服务体系创新工程"获得国家公共文化服务体系示范项目第1名，群众的基本文化权益满意度高达96.93%。

3. 文化创意产业发展平台

越秀区是全省经济大区，是总部经济的乐园、现代服务产业高地。近年来，越秀区委、区政府秉承"创新驱动"发展战略，将发展文化创意产业作为提升"越秀文化"影响力和竞争力的主导产业，纳入全区"十二五"规划重点发展，通过抓机制保障、抓产业规划、抓政策扶持、抓服务平台、抓重点项目等"五大抓手"，在动漫原创、文化传媒、出版展演、创意设计、创意衍生产品展贸市场等领域实现快速发展，形成由创作、制作、传播、产品展示、体验、销售、服务等构成的较为完整的产业链体系，在全市处于领先地位。越秀区精心打造了"一条创意大道、两大创意产业园区、三大特色产业群、四大高端产业功能区"[①]的文化创意产业格局，走出了一条以产业园区建设带动产业发展的特色之路。不断加大对文化创意产业人才扶持和培养，聚集了广东工业大学艺术设计学院、广州市动漫公共技术服务平台暨人才培训基地以及众多创意设计培训机构，全区的文化创意人才超过5万人，原创动力、漫友文化、奥飞文化等一批具有领先创意能力和自主品牌产品的重点创意企业迅速成长。目前，越秀区国家级重点动漫企业和重点动漫产品占全国的比例均超过10%，形成国内动漫龙头企业的集聚区。2014年，越秀区6900多家文化创意产业单位实现营业收入首次突破1000亿元，全区文化产业实现增加值大约200亿元，占广州市的1/4。文化创意产业在拉动城区经济发展、推动城区产业优化升级、吸纳就业等方面发挥着越来越大的作用。

4. 国家版权贸易基地平台

版权贸易是一个新兴的朝阳产业，具有无限潜力。越秀区抓住广州市成功创建全国版权示范城市的契机，将版权贸易作为文化产业创新发展的又一个新平台，积极有序推进国家版权贸易基地的申报和建设工作。一是积极实施目标导向，制定越秀区国家版权贸易基地工作路线图，科学划分基地建设开发时序，明确申报动员、开发建设和运营推广等不同阶段的目标和重点，分步实施、阶段推进。二是深化建设工作分解，制定了工作任务分解表，明确各职能部门工作目标、工作职责和工作要求，细化工作，统筹推进。各部

---

① "一条创意大道"是指"先烈中路·太和岗"创意大道。"两大创意产业园区"是指广州创意产业园和黄花岗科技园。广州创意产业园形成以动漫原创为主体的创意企业聚集态势，黄花岗科技园区集聚了以信息技术和软件开发与服务、数字媒体增值服务、数字内容制作等领域的丰富创意资源。"三大特色产业群"是指流花创意展示、文德路文化商业和一德路创意衍生品区域，整合了周边文德路文化产业街、一德路、动漫星城等商业资源，初步形成动漫作品及衍生产品展示、体验和销售企业的集聚。"四大高端产业功能区"是指环市东路商务区、东风东路商务区、五羊新城创意中心区和沿江路创意功能区，集聚了动漫产品贸易、影视传媒的制作发行、网络运营服务、建筑设计和广告设计等领域的创意资源。

门积极配合做好任务分工，共同研制重大项目建设方案，明确重大项目开工时间、主要问题、具体的解决措施及解决时限，全力推进项目建设。三是做好政策衔接工作，积极争取国家以及省市扶持版权产业发展的政策支持，加大对基地建设资金、土地、人才的支持和配套力度。以《广州市作品著作权登记政府资助办法》和《越秀区促进核心产业企业发展的奖励办法（试行）》等文件为依据，加强对区域内企业的有效金融支持。引导基地建设向多种生产主体和经营主体开放，鼓励民间文化企业和资本进入版权贸易基地。2014年5月28日，华南地区首个国家版权基地正式在越秀揭牌，以版权产业为龙头的文化产业发展进入快车道。

（三）坚持"精品化"路线，彰显中心城区文化发展特色

越秀区33.8平方公里土地上"处处是文物、遍地是宝藏"，文化资源呈现数量多、密度大、类型多、等级高等特点。越秀区以打造"广府文化博览区"为目标，以"精品化"的特色文化发展思路，使辖区内群众享受到丰富的文化盛宴。

1. 文化研究促发展

2012年，越秀区政府联合广州大学和广州市社科联，共同申报建立"广府文化研究基地"，搭建文化交流互动和资源整合共享的平台，被省委宣传部、省社科院评定为"广东省第一批特色文化研究基地"（全省共9个）。基地成立后，共建三方积极开展广府文化的研究、宣传和推介，举办了"广府文化论坛""广府文化沙龙"等学术研讨活动，编辑出版了《广府文化论》《广府文化》系列丛书等专著，积极参与和指导越秀区举办的广府庙会、广府文化推广优秀项目征集等一系列文化活动，为全区的文化发展奠定了扎实的基础。

2. 文化活动树品牌

连续多年举办迎春花市、广府庙会、广府文化旅游嘉年华等广府节庆品牌活动，通过民俗节庆活动的形式弘扬广府非物质文化遗产、广府美食、广府文艺、广府习俗等文化内涵，彰显越秀区作为"广府文化源地"的魅力。

其中广府庙会被评为"广东省特色品牌活动",举办四届以来吸引游玩的市民和游客超过 2000 万人次。越秀区面向全社会开展"广府文化推广"优秀项目征集活动,扶持和培育了"广府通草画传承与教育"等多个民间优秀文化项目,鼓励、扶持社会各界积极参与广府文化的传播和推广。探索开展以"五个一"① 计划为核心的青少年广府文化教育传承工作,推动广府文化在青少年群体中的传承和发展。加强"广佛肇"三地文化交流共建,联合佛山禅城区、肇庆端州区举办广府童谣大赛、广府名家工艺精品展、广府书画摄影大赛等活动,共同弘扬广府文化品牌,取得较大社会反响。立足广州海上丝绸之路申遗六大史迹有五个坐落在越秀辖区内的资源优势,越秀区积极策划开展系列宣传推介活动,2014 年广东"探访海上丝绸之路"海外联合报道在"天字码头"启动。

3. 社区活动显特色

倡导和推行"一街一品牌""一社区一特色",不断完善社区文化基础设施建设,培育社区文化能人,引导街道、社区及各机关团体单位因地制宜地组织和开展以社区居民为主体的各类文化活动,形成各具特色的社区文化品牌。例如,大东街的"金雁工程"为流动人员提供了文化展示和交流的平台,北京街的"邻里节"融洽了邻里关系,光塔街的"粤语讲古"活动荣获社区教育全国优秀特色课程,洪桥街的"客家山歌节"成为客家山歌的传承品牌,丰富的社区文化活动吸引了广大居民群众的积极参与,营造了浓郁的文化氛围。

4. 特色"微博"聚人气

越秀区充分挖掘和发挥作为"没有围墙的博物馆"的历史文化优势,探索政府与社会力量相结合的微型博物馆建设管理模式,有效解决博物馆建设运作中的场地、资金、藏品、人员不足等问题,打造了国内首个典当行业博物馆——东平大押博物馆、国内首个水主题博物馆——东濠涌博物馆、国

---

① "五个一"计划:编制一套越秀区中小学《广府文化读本》,打造一系列广府文化传承品牌活动,形成一批青少年广府文化传承特色项目,建立一个广府文化教育网站,举办一次集中展示宣传活动。

内首个汉代陶瓷私人博物馆——普公汉代陶瓷博物馆及八旗历史文化博物馆、广府会馆等一批各具特色的社区微型博物馆,被群众亲切地称为"微博"。这些博物馆对群众免费开放,成为提升区域形象、体现"文化惠民"的鲜活载体,大大增强了社区居民的文化认同感和归属感。

5. 民间"孵化"出活力

在广州市首创品牌民间文艺团队孵化基地,吸收有热情、有资质、有水平的民间艺术团队组成艺术联盟,为民间文化艺术力量的发展提供全方位的支持,并引导其以社区巡演、基层辅导等方式带动社区文艺发展。目前已有水墨村、鳟鱼歌剧艺术团、广州脱口秀俱乐部等26支团队入驻孵化基地,经常举办各类有特色、有影响力的活动,品牌效应逐步显现。

6. 文化资源新"活化"

创新引入社会力量参与历史建筑的保护和管理,探索出一条历史文化资源"保护—开发—利用—发展—保护"的良性循环发展之路,推动东平大押、万木草堂、青云书院、逵园等一批建筑遗产通过"活化"重新焕发生机。其中,逵园成为近年来民间人士对建筑遗产"活化"再利用的成功范例;东平大押、万木草堂作为示范案例入选由国家文物局举办的"海峡两岸及港澳地区建筑遗产再利用研讨会"。

7. 文化创作推精品

近年来越秀区获国家级、省级、市级奖项的文化创作超过500个,其中,越秀区小云雀合唱团获"第十九届国际青少年艺术节"合唱一等奖;广东原创动力文化的《喜羊羊与灰太狼》动画系列片取得票房收入过亿元的骄人成绩。

(四)善用"群众活动"载体,推动市民文明素质提升

文化发展软实力,包含了城市的文化内涵、服务品质以及城市居民的思想道德水平和文化素养。越秀区注重将社会主义核心价值观融入城区发展软实力的培育过程中,善用"群众活动"的载体,开展丰富多元的群众性精神文明创建活动,让广大人民群众共享文化发展成果,推动市民素质不断提升。

1. 主题活动"接地气"

在社区广泛开展"睦邻日""邻居节""社区文化节""社区论坛"等邻里互助、社区联谊活动，积极推动社群和谐互助。立足群众与艺术"零距离"接触的渴望，发动和聚集热心公益的艺术家，举办歌剧进社区、"书写文明——越秀区艺术家志愿队进社区挥毫"等活动，将核心价值观与文化艺术融为一体，寓教于乐，深受居民群众的喜爱。精心组织"我们的节日·广府民俗节庆"、青少年国学宣讲等传统文化活动，开展道德讲堂、街坊学堂、"好家风成就好家庭"等系列活动，引导市民认知和弘扬中华文明优良传统。

2. 身边好人"扬正气"

不断发掘平凡生活中的身边好人，开展"越秀好人"评选表彰活动，联合广州电视台在黄金时段持续播出10位"越秀好人"的感人事迹，发挥好人影响力和带动力，营造"与善同行"的社会新风尚。挖掘创作可爱好人、可爱社工等系列作品，在"@广州越秀"发布官方微博、社区宣传栏等宣传阵地推出《身边可爱的人》原创连载漫画，以通俗流行的"萌萌哒"体和四格漫画的形式生动展现身边好人好事，广泛带动居民荐好人、学好人、做好人。组建"越秀好人志愿宣讲团"，成立以好人名字命名的"徐暐杰志愿服务工作室"，深入社区为居民宣讲和服务，传播正能量。2013~2014年，越秀区推荐评选上榜的中国好人2名、广东好人6名、广州好人25名，市道德模范3名、提名奖2名，"小道德模范"3名。

3. 志愿服务"有生气"

发挥党员、机关干部的先锋模范作用，从2012年开始在全区全面开展干部职工每月半天学雷锋志愿服务、党员与社区困难群众结对帮扶等志愿活动。建立"社区志愿服务集市"等开放性公益平台，整合公益资源，鼓励和组织市民自愿到街道社区参与志愿服务。打造线上"志愿服务平台"，推广志愿服务咨询、宣扬优秀志愿者事迹、举办志愿服务培训，吸引更多的关注和参与。开展"老友记"志愿家庭孝老亲子结对帮扶、"花季保护色"青

少年健康知识普及、"冬日暖阳"关爱流浪人员行动、"社区轻型抢救知识培训"等特色志愿服务项目,将志愿服务在空间上延伸到"大街小巷",在内容上拓展到"大事小情",在对象上涵盖到"大人小孩",实现了安老抚幼、济困助残的全覆盖。越秀区志愿服务队伍449个,注册志愿者人数达到18万,在广州市各区中排名第一。

二 广州市越秀区文化发展存在的问题

在过去一段时间,越秀区在文化发展的各项工作中都取得了较好的成效。但在新的发展形势和新的背景下,越秀文化必然面临转型升级和优化提升的内在发展需求,也存在一些需要克服的困难和问题。

(一)文化核心地位不够凸显

自2011年以来,越秀区就以"广府文化源地、千年商都核心"作为文化发展定位,不断地擦亮广府文化品牌,为广府文化的推广和发展发挥了中流砥柱的作用。现在,广府文化已经逐渐成为全市乃至全省文化工作的一大热潮,越秀区既面临机遇又面对挑战。在一个"处处皆广府"的新形势下,如何凸显越秀区在广府文化中的核心地位和作用,如何凸显越秀区城区文化特色,是做好文化工作所必须把握和重视的关键。

(二)公共文化服务不够完善

作为典型的中心城区,越秀辖区面积小,人口密度大,用地紧张,各类文化基础设施的建设步伐较慢。虽然越秀区区委、区政府通过资源整合、功能置换等方式,解决了一部分博物馆、图书室、社区文化室、文化广场的用地问题,但仍与日益增长的群众文化需求有差距。公共文化服务发展统筹力度不够,存在一定的随意性,很多资源和力量有待挖掘和整合。服务的发展水平存在不均衡的情况,一些片区的服务优势比较明显,一些片区的服务形式和内容相对比较单一。

（三）文化产业辐射能力不强

近年来，越秀区的文化产业一直蓬勃发展，各类文化产业平台的搭建也初具规模，但与世界文化名城所拥有的对外辐射力强的文化产业相比仍有一定的距离，区内文化产业的优势和特色不够明显和突出，文化产业的规模、辐射能力仍有待提升，文化产业的人才紧缺。文化产业与当前辖区的文化发展规划、文化事业结合不够紧密，没有很好地起到引航带路的作用。

（四）群众的参与度还有待提高

越秀区一直致力于擦亮广府文化的品牌，既积极作为，也主动鼓与呼，"广府源地"的地位逐步凸显，群众关注和参与文化发展的渠道增多，享受的文化服务日益完善，许多居民以生活在文化底蕴深厚、人文情怀浓郁的越秀区而感到幸福。但纵观近几年越秀的文化发展，群众的力量仍未广泛有效地调动起来，文化工作仍然以政府推动为主，居民群众的文化自觉还未唤醒，文化自信依然不足。

三 促进广州市越秀区文化发展的对策建议

在现有工作经验的基础上，进一步探索解决工作难点的方式方法，强化对文化建设在增强城市发展动力与活力，推动城市发展模式转型、提高城市综合竞争力、促进人的全面发展中的重要作用的认识。在下一步工作中，应当增强紧迫感、责任感和使命感，把建设文化强区、培育世界文化名城作为推动越秀科学发展、转型升级的重要目标，充分发挥辖内文化资源的作用，擦亮"北京路"文化名片，努力将文化资源优势转化为培育世界文化名城的现实优势，为经济社会发展提供有力支撑。

（一）增强文化对北京路文化核心区建设支撑力

挖掘、整合和提升区域丰厚文化资源，全力推进北京路文化核心区规划建设,打造广府文化博览区、转型升级示范区、城市更新先行区。抓紧推进南粤先贤馆、省非遗馆暨大小马站书院街、东园项目、二沙音乐岛等重大文化项目建设和核心区申报国家4A级旅游景区工作。以核心区为主要载体,进一步擦亮广府文化源地品牌,继续动员和整合社会力量传承发展广府文化,筹办好迎春花市、广府庙会、广府文化旅游嘉年华三大广府节庆品牌活动,全面深化青少年广府文化传承教育工作,深化与"广佛肇"等地的广府文化交流共建活动,推出一批广府文化研究成果。

(二)增强文化对公共服务支撑力

坚持文化为民、惠民,由办文化向管文化转变,深入推进各项文化惠民工程,推进文化基础设施建设,完善现代公共文化服务体系,优化提升具有越秀特色的公共文化服务创新"七大模式",即博物馆群建设"微博"模式、历史文化传承"活化"模式、品牌文化活动战略合作模式、民间文艺团队"孵化"模式、文化社区精品模式、文化民生工程社会拓展模式和文化队伍志愿服务模式,使特色更特、优势更优,进一步擦亮越秀公共文化服务品牌,不断提高公共文化服务能力。推进街道文化站改革试点工作。推进文化遗产普查工作,全面掌握越秀区内的文化遗产现状,进一步夯实文化遗产保护基础,打出"没有围墙的博物馆"品牌。

(三)增强文化对经济发展支撑力

挖掘利用"广府文化源地、千年商都核心"的文化资源和现有优势,促进越秀区文化、商贸、旅游融合发展。认真研究新兴朝阳产业的发展规律,加快推进"国家版权贸易基地"平台建设、管理和服务模式的创新,集聚品牌文化企业,不断提升平台影响力和辐射力,全力打造华南地区规模最大、区域辐射能力最强的版权贸易中心,引领文化产业实现跨越式发展。抓住黄花岗科技园、北京路文化核心区被确定为"广州市首批重点文化产业园区(集聚区)"的契机,积极争取省、市相关资源的支持,打造若干文化产业发展集群,形成文化产业的聚集和辐射效应。加快文化与科技、创意等元素融合，培育扶持鉴赏展拍、艺术创作、动漫广告、演艺出版、教育培训、饮食娱乐、旅游休闲等特色文化产业。

（四）增强文化对精神文明建设的支撑力

将培育和践行社会主义核心价值观作为精神文明建设的重中之重，贯穿文明创建全过程。坚持以实施市民素质提升工程为抓手，融合中华传统文化的教育和传承，不断加强公民思想道德建设。持续开展"越秀好人""广州好人"评选和在社区设立善行义举榜活动，引导居民做中华民族传统文化和美德的传承者，强化居民的文化归属感。进一步推动未成年人思想道德建设，全面推行青少年广府文化传承教育工作，让广府文化真正常态地、长期地走进课堂，走进广大青少年心中，从小培养市民的文化自信和自觉。强化志愿服务文化的培育和传递，以打造"志愿之区"为目标，打造开放式社区志愿服务平台，建立社区志愿服务对接制度，优化社区志愿服务项目，常态化开展以关爱空巢老人、外来务工人员及子女、残疾人为主要服务对象的邻里互助志愿服务。

B.3 2014年荔湾区文化发展状况分析与2015年预测

荔湾区文化广电新闻出版局课题组

摘　要： 2014年荔湾区紧紧围绕"文化引领"发展战略和有关决策部署，以创建全国文化先进区为重点，以改善群众文化福利为核心，积极推进公共文化服务体系建设，深入挖掘整理历史文化遗存，扎实抓好文化市场监管，着力加强文化旅游宣传推广，有力地提升了城市文化品位和城区文化形象。2015年紧紧围绕贯彻落实国家《关于加快构建现代公共文化服务体系的意见》要求，扎实抓好文化工作落实，不断提升城区文化整体竞争力和影响力。

关键词： 荔湾区　文化发展　文化建设

一　2014年文化发展回顾

2014年荔湾区紧紧围绕"文化引领"发展战略和有关决策部署，以创建全国文化先进区为重点，以改善群众文化福利为核心，扎实抓好各项工作的落实，成效显著，被文化部评为"全国文化先进区"，被省文联和南方日报社评为"广东十大传统美食之乡"，区文化馆创作的舞蹈《西关风情·囍》荣获广东省第六届群众音乐舞蹈花会金奖，荔湾区文化馆被省委宣传部和省文化厅评为"广东省基层宣传文化工作先进单位"。

（一）大力实施文化惠民工程，公共文化服务水平显著提升

1. 文化惠民广受好评

发放 2 万张文化惠民券，组织 300 场电影和 228 场演出进社区，其中 8 场为广东音乐曲艺团、广州杂技团、广州木偶剧团等专业剧团的演出。例如，举办 2014 年文化惠民精品节目展演暨颁奖晚会；开展"2014 年荔湾区文化旅游惠民暨关注高温作业人群"活动，向辖区环卫、建筑等行业 500 名职工发放清凉饮料 300 箱；到区对口帮扶点从化市吕田镇开展"荔湾花香飘吕田，同心共筑幸福梦"文化惠民演出；到驻区部队组织两场"西关文化暖军营，携手共建双拥情"文艺演出。荔湾区文化艺术中心免费开放各个场馆，举办《丹青中国梦——2014 年西关画院精品展》等展览 8 期，与荔湾区妇联联合举办"知性讲坛"6 期，举办少儿书画、葫芦丝等艺术培训班 20 期。

2. 群众文化活动丰富多彩

荔枝湾大戏台组织粤曲私伙局常态演出 150 场，全年举办大型群众文化活动 28 场。例如，在花城广场举办"花城花开"2014 文化惠民演出季荔湾专场演出，在芳和花园举办"情满左邻右里，梦圆千家万户"荔湾区首届邻里文化活动月展演，举办"心随舞动"2014 年荔湾区广场舞大赛、"唱响中国梦"2014 年荔湾区歌咏大赛，承办"廉洁，让荔湾更美好"文艺专场演出。特别是 2014 年"西关风情"民间私伙局展演，会聚珠三角城市的团队 108 个节目 1000 余人参加比赛，共组织初赛和决赛 10 场，并结合一年一度"穗港澳"粤剧日在文化公园举办 2 场优秀获奖节目展演，整个活动参与人数多、影响大，进一步擦亮了荔湾"中国曲艺之乡"品牌。

3. 文艺创作成果丰硕

2014 年荔湾区共获得市级以上奖项 19 个。荔湾区文化馆创作的小品《江边有爱》获得 2013 年度广州市群众文艺作品评选戏剧类（小品）二等奖，小品《口碑》获得 2014 年广州市"羊城之夏"乡村青年才艺大赛铜奖；参加 2014 广州市"羊城之夏"青少年街舞大赛获得银奖；参加"我的

中国梦"2014年广州市"羊城之夏"少儿才艺大赛获得1个金奖2个银奖；参加"唱响中国梦"广东省第十一届百歌颂中华歌咏活动广州赛区比赛，荔湾区协和校友合唱团、沙面小学合唱团勇夺合唱比赛金奖和银奖，广钢老年大学歌咏队获得群众歌会银奖；参加2014年"舞出美丽、舞出健康"广州市中老年舞蹈大赛获得2个银奖；参加2014年广州市新春群众美术书法摄影展，获得书法类、摄影类金奖2个，绘画类银奖1个，优秀奖4个。

4. 图书馆服务再上台阶

加强图书馆廉洁文化阵地建设，在图书馆周门馆和芳村馆建有廉洁图书专区和廉洁文化宣传专区，开展"荔湾区第四届廉洁图书读后感征文活动"，图书馆被区纪委监察局授予"荔湾区反腐倡廉文化教育基地"。开展丰富多彩的读书活动，在西关外国语学校开展"传递书香、见证成长——4·23世界读书日"活动，向阳山县江英镇中心小学赠送1000册最新少儿图书，举办"荔湾风情小幅油画作品展"和"图书管理志愿者"培训班，举办"粤曲演唱基本技巧"等羊城学堂公益科普系列讲座4场。加强馆内惠民设施建设，重新装修周门馆展厅，在周门馆安装视频监控系统和3台冷暖空调，在周门馆和芳村馆安装直饮水机，在芳村馆安装3台电子储物柜。全年共接待读者41.23万人次，推出新书2.3万册，外借图书22.03万册次。

（二）努力加强文化遗产保护，文博服务水平进一步提升

1. 文化遗产普查工作进展有序

2014年10月荔湾区启动广州市文化遗产普查工作以来，各项普查工作扎实有序推进。不可移动文物普查方面，对已公布的255个文物点和49个文物线索单位逐一进行田野调查、数据采集等多项技术工作，按时保质完成普查任务，受到广州市普查办和专家组好评。可移动文物普查方面，聘请省文物鉴定站专家对博物馆藏品进行认定和定级，完成1330件藏品的整理和录入工作，完成率达45%。非物质文化遗产普查方面，荔湾区摸查到相关线索近50条，涉及五大类，进一步丰富了荔湾区的非遗种类。

2. 文物保护与管理工作有实效

荔湾区积极争取到市文物修缮资金补助和利用区配套经费，国有文物方面完成市级文物保护单位——同盛机器厂旧址广安里门楼、市登记保护文物单位——南漖门楼和五帝古庙的修缮设计方案，已安排资金对广安里门楼和南漖门楼进行修缮。非国有文物方面对市级文保单位宝源路23号、聚龙村8号等4处民居的维修设计工作已全面启动。完成对伯捷故居水电安装审批、东漖城中村改造文物保护、冼基东33号文物单位维修等19项涉及文物修缮、规划保护、建设范围划定等的论证和审批工作。对泰华楼未及时修缮导致损坏程度加大、沙面北街85号未履行报批程序擅自进行装修、宝源路8号民居建筑受到隔壁6号房屋拆建影响出现建筑受损等问题，加大巡查监管力度，使得各项事件均得到有效控制，避免了文物建筑遭受进一步的损坏。成立由26人组成的文物保护监督员队伍，每日对文物单位进行巡查，确保了文物保护单位的安全。

3. 博物馆建设有新拓展

完成荔湾区博物馆扩容改造工作方案及陈列大纲编写，并通过专家审核。与莞旅中学校友会联合举办"蒋光鼐建立的莞旅中学"专题展览，进一步充实了蒋光鼐故居的展陈内容。博物馆爱国主义教育基地建设通过考评。粤剧艺术博物馆主馆封顶，布展设计、运营筹备工作有序推进，举办藏品捐赠仪式暨藏品征集工作通报会，目前已征集到粤剧藏品200多件套，掌握藏品线索3000多条，力争在2015年8月建成开馆。

4. 非遗工作取得新成绩

荔湾区已争取到广州市对荔湾区玉雕等四个项目共计25万元的非遗专项补助经费，何丽芬等4人被评选为第四批省级传承人，欧兆祺等4人被评选为市级传承人，高兆华和谭广辉获评享受国务院特殊津贴专家，谭广辉被评为广州市高层次人才和"第三批121人才梯队"专家，花城博雅工艺厂、高兆华玉雕艺术工作室被评为省级非遗传承基地。张民辉获得文化部和国家非遗保护中心颁发的"中国非遗薪传奖"，并荣获2014年中国象牙雕刻金雕手称号。荔湾区积极开展"文化遗产日""非遗进校园"等活动，组织玉

雕项目参加中国非物质文化遗产展览，组织"三雕一彩一绣"传承人参加第五届广府文化节工艺展，组织玉雕、广彩等项目参加中国海上丝绸之路展览。张民辉作品《群仙贺寿》荣获2014年中国牙雕优秀作品金奖，新作《龙凤呈祥》参加在北京中华世纪坛举办的"世纪传承——广东省民间工艺大师精品晋京展"。高兆华玉雕作品《聚宝盆》、谭广辉广彩作品《百子百美图》分别在2014中国国际文化产业博览交易会上获得"中国工艺美术文化创意奖"特别金奖和金奖，在其他省市级传承人作品展览中获奖50多件。

（三）推动行政审批改革，文化市场健康有序发展

1. 推进行政审批改革

荔湾区完成"三集中、三到位"行政审批阶段改革，将文化审批事项全部集中到政务中心电子政务平台，与商事登记平台和电子监察系统对接，实现受理与审批分离、全程电子监察。对文化市场29个大项63个小项数百条的行政审批清单重新规范整理，超过2/3的事项流程被简化，审批办理时限平均缩减1/3。严格依法依规做好文化市场行政审批工作，全年共受理126件，提前办结率100%，服务满意率100%。

2. 精心开展专项整治行动

荔湾区制定了"扫黄打非"2014年三大行动方案和荔湾区创建平安文化市场工作实施方案及考评标准，每季度召开文化经营业户大会，向各文化经营单位派发平安文化市场建设宣传单、"社会主义核心价值观"宣传海报以及文化企业安全制度和行业经营规范、管理警示标识宣传册等1万多份。深化"扫黄打非"工作，强化平安文化市场建设，牵头组织开展"净网""清源""秋风""剑网"等"扫黄打非"专项行动，以及针对少儿出版市场、书报亭、网吧游艺场所、娱乐场所、出版发行市场、印刷复制经营企业、演出市场、电影院等进行多个专项整治行动。荔湾区2014年累计出动执法人员10051人次，检查网吧563家次、书报店亭1387家次、音像店182家次、印刷复制企业293家次、娱乐场所283家次，取缔无证店铺摊点29个，收缴各种非法书报刊3059余册、各种非法音像制品和电子出版物

23587张，对3家违规经营单位及15家书报亭进行了行政处罚，取缔"黑网吧"21家，文化市场保持安全稳定。

3. 加强文化产业支持力度

荔湾区深入调研、主动服务文化经营企业，设立行业交流平台，结合市场监管治理，引导传统文化娱乐行业转型升级，尤其加强对文化创意行业企业的帮扶服务，争取各类政策资金扶持。发动园区企业开展国家文化产业示范园区和示范基地申报，指导4家创意企业参加全国千人计划创业大赛，指导了6家企业申报市战略性主导产业项目发展资金，利用微博等新媒体平台推广荔湾区文化产业企业品牌，有效提升荔湾区文化产业整体形象和影响力。

（四）强化旅游宣传推广，荔湾旅游品牌得到彰显

1. 加强旅游咨询平台建设

在泮塘路健升酒店新设立旅游咨询服务中心，发挥文塔、梁家祠和"西关小屋"旅游咨询服务功能，重整省航芳村码头旅游服务问询中心，在荔枝湾景区周边道路设置50座旅游导示牌，方便了市民和游客。加强旅游信息平台建设，开发荔湾旅游APP，建成"四位一体"的荔湾"智慧旅游"信息系统（荔湾旅游网、荔湾旅游微博、荔湾旅游微信、荔湾旅游APP）。

2. 加强文化旅游宣传推广

荔湾区配合举办了第二届广州水上迎春花市、"三月三·荔枝湾""五月五·龙船鼓"、黄大仙庙会、生菜会等民俗节庆活动，使荔湾成为民俗节庆品牌的集中地。荔湾区参加了2014年广州国际旅游展览会，组织泮溪酒家到沙湾参加"广东十大传统美食之乡"颁奖展销，颁授第六届西关美食节"西关美食人气店"牌匾和锦旗，推出新版揾食地图《揾食荔湾，味出西关》和《玩转荔湾》旅游图，编辑出版美食图录《吃货至爱》，受到广大游客和市民的认可。

3. 加强旅游市场监管

结合国家重大节假日，配合广州市旅游局质监所认真开展了荔湾区旅游系统安全防患、消防安全、控烟监督、登革热疾控等质量和安全检查工作，

联合其他各区旅游部门进行交叉互检、相互监督的检查行动，整顿规范旅游市场环境，还组织荔湾辖区内各旅游企业参加广州市和荔湾区举行的行业安全生产会议和培训，提高行业安全生产意识和防患技能，确保了安全稳定。

二 2015年荔湾区文化建设对策建议

2015年是全面深化改革的关键之年，是全面推进依法治区的开局之年，荔湾区将扎实抓好文化建设，不断提升城区文化整体竞争力和影响力。

（一）加强公共文化服务体系建设

一是全力做好文化馆和文化站的评估定级工作，确保文化馆保持国家一级馆等级，街道文化站全部达到省一级标准以上，白鹤洞街、多宝街和冲口街晋升省特级站。按照"一街一品，一社区一特色"思路，继续跟进岭南街综合性文化服务中心的试点工作。二是加强基层文化设施的开放，按照全国先进文化区要求，全面落实文化站每周开放56小时，推进网格化工作，提升基层文化服务体系的群众知晓率。三是抓好文化惠民工程落实，发放1万张文化惠民券，组织300场电影和200场演出进社区，开展以主题文化、节日文化、特色文化为主要形式的群众文化活动，对文化站、社区文化干部组织培训。四是提升图书馆服务质量，积极学习落实《广州市公共图书馆条例》，加强志愿者招募和管理，对周门馆少儿图书借阅室进行改造，做好图书漂流驿站图书的更新和漂流，组织好"世界读书日""公共服务宣传周""羊城之夏""羊城学堂"公益讲座等各项读书服务宣传活动。五是抓好文艺创作，召开创作会议，打造"西关文化"品牌，做好参赛第十七届"群星奖"节目准备。

（二）加强博物馆建设

荔湾区将完成博物馆自动语音导览系统的设置安装工作，推进博物馆爱国主义教育基地工作的开展，每月定期举办爱国主义乡土教育之"西关文化艺术体验"活动。抓好粤剧艺术博物馆布展，继续深入开展以"镇馆之宝"为目标的藏品征集工作，完成室内布展及装修，编制粤剧艺术博物馆管理方案，做好开馆前各项筹备工作。协助抓好十三行博物馆和广州工业博物馆建设。

（三）抓好文化遗产普查和保护利用工作

荔湾区将继续开展并完成全国第一次可移动文物普查的藏品整理和录入工作，全面摸清博物馆馆藏品的数量类别和保存情况。完成区级和区登记保护文物单位保护范围和建设控制地带的划定工作，做好绵纶会馆、广安里门楼和南漖门楼的修缮工作，做好东漖郭氏大宗祠的排危抢修工作；做好国有文物单位陈廉伯故居的修缮设计工作，加强对4处非国有文物单位（宝源路23号民居，聚龙村8号、19号、20号民居）修缮设计的管理。加强文物保护监督员队伍建设，做好文物保护监督的巡查工作。做好非物质文化遗产普查后续工作，开展濒危项目代表性传承人抢救性记录工程，做好非遗普查成果挖掘、项目和传承人申报以及成果汇编等工作。制定《荔湾区非物质文化遗产高层次人才培养工作方案》，编辑《荔湾区木鱼书说唱》，做好"文化遗产日"宣传，开展非遗项目进校园和青少年暑期广彩培训班活动，积极组织荔湾区非遗传承人参加深圳文博会等各类展演展示。

（四）加强文化市场管理

荔湾区应优化行政审批，在"三集中、三到位"的基础上继续推进文化行政审批改革，逐步实施审批与勘察、管理分离，试行联合勘察审批与远程视频咨询等新举措。加强市场治理，进一步优化理顺"扫黄打非办公室"和"文化市场管理办公室"与执法部门协同工作机制，推进市场监管向街道社区基层下沉，形成网格化管理机制。增加平安细胞示范点，推进平安文化市场建设。继续推进软件正版化工作，开展新一轮软件正版化工作检查行动。深入调研，探讨地区文化产业发展规划；主动服务，探索整合产业资源、促进文化产业的新举措。

（五）抓好旅游宣传推广

应做好荔枝湾景区周边旅游导视牌的布点和安装工作；发挥泮塘路、梁家祠、文塔、西关小屋、芳村码头等旅游咨询服务网点功能，加强荔湾旅游信息平台（荔湾旅游网、荔湾旅游微博、荔湾旅游微信、荔湾旅游APP）的宣传力度；积极参加省、市旅游局举办的各类旅游推介会，配合举办三月三、五月五、七月七、文塔开笔礼等传统民俗活动，丰富老广州民间艺术节内涵；开发特色旅游纪念品，举办第八届西关美食节，不断提升荔湾旅游品牌的影响力。

B.4 广州市南沙国家级新区文化发展调研报告

广州市文化广电新闻出版局广州市社会科学院联合课题组

摘　要： 本文从南沙区的特点和优势出发，剖析了南沙国家级新区文化发展的总体目标和基本定位，并提出了促进文化发展的基本思路和保障措施。

关键词： 南沙区　文化发展　文化产业

2012年10月国务院正式批复《广州南沙新区发展规划》，南沙新区因此成为继上海浦东新区、天津滨海新区、重庆两江新区、浙江舟山群岛新区和兰州新区之后的第六个国家级新区，总的定位是深化粤港澳全面合作的国家级新区，功能定位是粤港澳优质生活圈、新型城市化典范、以生产性服务业为主导的现代产业新高地、具有世界先进水平的综合服务枢纽、社会管理服务创新试验区。

南沙区成为国家级新区对于文化的发展提出了更高的要求，为此，2014年上半年由广州市文广新局牵头，联合广州市社会科学院哲学文化所、南沙区文广新局组成课题组，对南沙新区的文化发展状况展开调研。课题组经过广泛了解、吸收外地的先进经验，了解国家有关政策，获得大量信息资料，全面了解南沙文化的现状和历史条件，对南沙作为国家级新区的文化发展提出具体的对策建议。

一 南沙区的特点和优势

（一）南沙区的区域特点和优势

南沙新区位于广州最南端，是大珠江三角洲的地理几何中心，是广州通向海洋的唯一通道，也是连接珠江口两岸城市群的枢纽性重要节点。南沙新区规划面积为803平方公里，其中陆域面积570平方公里。南沙新区水路距香港38海里，距澳门41海里，方圆100公里范围内分布着东莞、深圳、佛山、中山、珠海等珠三角最发达的城市以及香港、澳门两个特别行政区，75公里半径范围内分布着广州、深圳、珠海、香港、澳门等五大国际机场，拥有巨大的发展空间和辐射潜能。

作为珠三角甚至粤港澳的地理几何中心，南沙最大的区域优势就是便利的水陆交通，尤其是与香港、澳门的水陆交通非常便利。南沙新区已形成以高铁、快速路为骨架，以铁路、地铁、航运为支撑，贯通区内、连接广州市中心、辐射珠三角的综合交通体系。南沙港快速路、虎门高速、京珠高速、新龙及凫洲特大桥等重大交通基础设施已建成投入使用。途经南沙新区并设站点的广深港高铁广东段已通车运营，南沙客运港已开通航班往返港澳，南沙疏港铁路、连接珠江口两岸的西部沿海高速铁路（公路）、深中通道即将动工建设。南沙新区作为珠三角交通枢纽的优势日益凸显。自2014年的五年内，将实现南沙中心区至港澳中心区40分钟内的快速对接。便利的交通使港澳的人、财、物源源不断地会聚到南沙，广大内陆地区的人、财、物也可以源源不断地通过南沙扩展到港澳，进而走向世界。

（二）南沙的文化特点和优势

南沙的文化特点可以概括为有资源、有潜力。南沙文化的资源主要有两个方面。一是丰富的历史文化资源。南沙通过第三次文物普查和非物质文化遗产普查，全面摸清了全区文化资源现状。目前，全区共有区级以上文物登记保护单位6处、进入全国第三次文物普查名录保护单位89处、区级以上非物质文化遗产5类22项，"黄阁麒麟舞""南沙妈祖信俗""广州咸水歌"已分别被列入广东省非物质文化遗产名录和市级非物质文化遗产名录。市级麒麟舞培训基地和区级咸水歌培训基地先后在黄阁镇、横沥镇挂牌成立。张炽垣、彭艳好等6位民间艺人被聘为省、市非物质文化遗产项目（麒麟舞、咸水歌）代表性传承人。另外，南沙还稳步推进了南沙虎门炮台等历史文化遗址的修复和开发利用工作，先后完成修复南沙虎门炮台上横档月台、重修鸦片战争大角山英烈墓、复制仿古前膛（后膛）大炮、建设爱国主义教育基地等工作。南沙有丰富的妈祖文化资源，已经成功举办了四届南沙妈祖诞文化旅游节。二是丰富的自然生态资源。南沙背江临海，具有滨海文化、蓝色海洋文化的特质，可以说是广州文化从陆地文化通向海洋文化的桥头堡，是广州文化面向世界、面向海洋的支点、基点。南沙有得天独厚的水网和水乡文化，江河水网环绕，自然风光秀美，具有打造水乡旅游文化的巨大潜质，南沙也成功举办了五届广州水乡文化节。南沙新区现已拥有南沙天后宫、百万葵园、大角山滨海公园、十九涌渔人码头、苏州水乡一条街、南沙高尔夫球场等一批旅游景点和设施。华南地区规模最大、档次最高、可停靠游艇最多、配套和服务最齐全的南沙游艇会已落成，并成为国内首家获得"五金锚奖"（国际游艇行业最高级别的奖项认证）殊荣的游艇俱乐部。南沙湿地景区——"湿地唱晚"作为唯一以自然生态为主题的景点入选"羊城新八景"。2011年，南沙新区荣获联合国"全球最适宜居住城区奖"金奖。

南沙地理位置优越，文化资源丰富，毗邻港澳，水陆交通便利，这些都是南沙文化的优势。但是南沙文化目前的发展应该说还处于低层次、小范围的阶段，离《南沙新区发展规划》制定的拓展国家中心城市战略空间、促进大珠三角一体化发展、带动内地更广大区域参与全球竞争合作的总体目标要求还有很大差距，但从另外一个角度来看，这也给南沙文化的发展提供了巨大的潜力和空间。

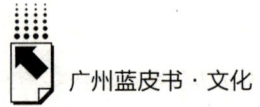

除了资源丰富、地域广阔、地理位置优越、与港澳珠三角水陆交通便利以外，南沙文化发展的最大优势其实是政策优势。国家颁布的《广州南沙新区发展规划》对南沙的文化发展提出了明确的要求和方向，一是弘扬传统特色文化，二是发展现代滨海都市文化。此外，广州市制定的《广州市南沙新区条例》赋予南沙很大的先行先试的自主权限，规定本市制定的地方性法规不适应南沙新区发展的，市人民政府可以提请市人民代表大会及其常务委员会对有关地方性法规的适用范围进行修改；本市制定的政府规章和规范性文件不适应南沙新区发展的，南沙新区管理机构可以提请市人民政府就其在南沙新区的适用做出决定。在坚持国家法制统一原则和本市地方性法规基本原则的前提下，市人民政府和南沙新区管理机构可以就南沙新区综合配套改革制定相关文件在南沙新区先行先试，并报市人民代表大会常务委员会备案；南沙区人民代表大会及其常务委员会可以就推进南沙新区综合配套改革试点工作作出相关决议、决定，并报市人民代表大会常务委员会备案。除此以外，还有审批权下放，规定除需要全市统筹的审批事项，本市市级审批权限应当下放给南沙新区。对于不利于南沙新区发展的市级审批事项，南沙新区管理机构可以提请市人民政府停止执行。可以说，国家颁布的《广州南沙新区发展规划》给南沙新区的文化发展提出了目标、指明了方向，广州市制定的《广州市南沙新区条例》为实现这样的目标提供了巨大的政策保障和支持，南沙完全可以充分利用这些政策优势，利用南沙优越的区位条件和丰富的历史自然资源，描绘南沙文化的美好发展蓝图。

二 南沙国家级新区文化发展的总体目标、基本定位

（一）总体目标

立足广州，连接港澳，面向世界。以文化为先导，充分发挥文化的引领作用，在文化领域率先建成粤港澳全面合作示范区和粤港澳优质生活圈，使

南沙成为港澳与内地文化融会、交流的重要平台和核心区域,形成对港澳和内地的辐射效应和影响效应。

1. 文化体制突破创新的先行者

充分利用《广州南沙新区发展规划》"加快体制机制创新,形成符合国际惯例、与港澳接轨的营商环境"和《广州市南沙新区条例》"鼓励和支持南沙新区进行经济体制、文化体制、行政体制和社会体制创新活动"的政策优惠,以粤港澳深度合作为契机,大胆进行文化体制的突破创新,将南沙建成文化领域的"制度创新区"。充分借鉴港澳的做法,结合自身实际,摸索出一条既符合中国国情又具有广泛兼容性、符合文化自身发展规律和要求的南沙文化发展道路,使之成为全省、全国文化发展的示范区,真正落实习近平总书记有关"三个定位、两个率先"的宏伟目标。

2. 新岭南文化中心的新地标

南沙区充分挖掘岭南传统文化的优秀资源,结合新形势条件下文化的新观念、新做法、新需求,全面开展新岭南文化中心建设,在历史传统文化资源的挖掘、保护、利用,公共文化服务体系建设,非物质文化遗产保护,文化品牌打造,对内对外文化交流交往,文化产业等各方面展开探索实践,力争3~5年出成效,使南沙成为新岭南文化中心的样板和标杆,成为华南地区融通港澳、辐射全国的文化核心区。

3. 新型城市化发展道路的文化引领者

广州市委关于新型城市化发展道路系列文件之一的《实施文化引领工程,培育世界文化名城》中提出,以城市为载体、以生活为目标、以文化为引领的"城市·文化·生活"的文化发展模式,赋予文化在新型城市化发展道路上的重要引领作用和地位。南沙应该抓住历史机遇,在新型城市化的文化引领方面做出探索,在文化观念、文化价值、文化立场以及文化实践等方面进行大胆创新、突破,形成新的文化发展理念并贯穿到新型城市化发展道路的实践中去。

4. 先进文化创意产业的主导者

南沙区充分利用国家给予的优惠政策和毗邻港澳的优势,充分运用粤港澳的智力优势和雄厚资源，按照省委书记胡春华"选准主攻方向，打造主导产业，实现错位发展，形成自身优势，看准了的就要加快建设"的讲话精神，不拘一格发展文化产业。瞄准行业高端，引领行业潮流，争取在影视制作、动漫游戏、数字出版印刷等方面成为区域的引领者和主导者。

（二）基本定位

1. 文化管理服务创新试验区

严格遵照国家的有关法律规章，同时充分利用《广州南沙新区发展规划》和《广州市南沙新区条例》赋予的权限，大胆进行体制机制的创新、突破，寻求文化的公益商业属性与意识形态属性的更高层级的平衡，探索出一条既能充分发挥南沙优势又能落实国家对南沙新区的有关定位，同时在观念、做法、成效等方面引领全国的南沙文化发展道路。

2. 粤港澳文化领域全面合作示范区

南沙区文化发展的着力点应该是面向港澳、融通港澳。港澳具有资金、理念、人才、视野、信息的优势，其不足是土地、市场狭小，而这两点正是南沙的优长之所在：南沙土地面积辽阔，背靠巨大的中国内地市场，因此南沙与港澳的合作前景非常广阔。为了实现与港澳的全面合作，南沙区首先必须在观念上与港澳对接，其次在人、财、物等各方面与港澳融通、融会，打破各种壁垒，实现与港澳的全方位、无障碍流通，真正实现粤港澳的全面合作，创建粤港澳优质生活圈。

3. 连接内陆与港澳，再成文化桥头堡

自古以来广州就是中西文化交流的桥头堡，这一特点在近现代更加鲜明。改革开放以后广州延续了这样的历史，20世纪八九十年代甚至一度出现"文化北伐"的说法。现在，中国的经济社会发展已经达到一个新的水平，需要有新的提高，广州需要继续发挥其中西文化交流桥头堡的中介和引领作用，这一目标任务理应由南沙来实现。南沙应该有意识地发挥自己的政策和地理优势，连接内陆和港澳地区，使之成为内陆文化走向港澳进而走向世界的一个前沿窗口，同时也成为港澳文化进入内陆地区的一个展示窗口和

中介桥梁。

4. 先进文化产业聚集区

充分利用与港澳深度合作的契机，利用南沙的特点和优势，吸引港澳和海外的文化产业项目入驻，在影视制作、动漫游戏、应用软件、数字印刷等方面引进高端技术和人才，向世界先进水平看齐，成为国内该领域的引领者和主导者。同时充分挖掘南沙的历史文化资源，探索历史文化资源的产业化保护和发展。

三 发展思路

（一）文化强区，制度创新

1. 将南沙新区文化发展纳入 CEPA 先行先试的试点区域

通过申请争取将南沙新区列入粤港、粤澳合作联席会议成员单位，将南沙新区文化发展列入年度会议议题，依据 CEPA 及《粤港澳合作框架协议》，初步建立粤港澳共同推进南沙新区文化发展合作机制，创新粤港澳文化合作发展模式，在人才引进、项目立项、版权交易保护、产品流通等方面展开全方位合作。

2. 设立文化发展联席会议制度

文化发展牵涉面十分广泛，建议借鉴发达国家经验，设立由区委宣传部牵头、区委主要领导领衔、区政府相关部门参加的南沙新区文化发展联席会议制度，整合政府不同行政部门的文化职能，统筹协调推进南沙新区的文化发展工作，决策部署文化基础设施建设、文化和科技融合发展、文化和土地利用规划、文化和产业经济的重大规划和重大项目、文化事业和企业的税收优惠、高端文化人才的引进，以及文化行业协会、市场中介组织的改革和发展等。

3. 建立南沙文化事务委员会

充分借鉴香港特区政府发展文化的经验，转变政府职能，对文化的管理由"管制型"模式转变为"回应型""服务型"模式。充分利用《广州南沙新区发展规划》和《广州市南沙新区条例》赋予的权限,建立南沙区文化事务委员会,其成员由社会各界文化专业人士组成,主要有文化领域的专家、学者、行业协会负责人、重点文化企业负责人、中介机构专业人士和相关政府部门负责人等,同时吸纳一定数量的港澳文化专业人士参加。其主要职能是接受政府委托,为政府制定南沙文化发展规划、提供政策咨询,同时对社会各类文化发展项目进行立项评估、考核、检查、验收。

4. 创新财政投入模式,设立政府主导的开放式文化发展基金

进一步优化资金支出结构,提高文化事业经费使用效益。可以参考香港地区的做法,设立政府主导的开放式文化发展基金,面向全社会,接受社会各界的申请,由文化事务委员会进行立项评估。根据《国务院关于鼓励和引导民间投资健康发展的若干意见》以及《文化部关于鼓励和引导民间资本进入文化领域的实施意见》,利用先行先试的有利条件,率先制定《南沙新区文化发展捐赠办法》,面向社会募集资金,加上政府投入,不断扩大基金规模,更加灵活、多样、及时、有效地资助社会的各类文化活动,满足社会各类文化需求,真正激发社会的文化发展潜力和活力。

5. 深化文化管理体制改革

推进政府职能转变,实行政企分开、政资分开、政事分开、政府与市场中介组织分开,使政府部门实现从办文化向管文化转变,从面向直属单位的微观管理向面向全社会的宏观管理转变,从行政管理为主向综合运用经济、行政、法律等手段管理转变。强化政策调节、市场监管、社会管理和公共服务的职能。通过转变文化发展模式,对文化资源进行合理配置,增强文化竞争力。要把发展文化事业、壮大文化产业作为增强综合竞争力的重要组成部分,纳入经济社会发展的总体规划。发挥行业协会作用,发展独立公正、规范运作的文化市场中介机构,健全文化行业组织和自律机制。贯彻落实党的十八届三中全会精神,建立公共文化服务体系的群众评价和反馈机制,推动文化惠民项目与群众需求有效对接;探索公共图书馆、博物馆、文化馆等组建理事会;探索吸收社会力量、社会资本参与公共文化服务体系建设,培育文化非营利组织。

（二）简政放权，拓宽渠道

1. 简政放权，授权南沙拥有更大的审批权限

充分利用《广州市南沙新区条例》赋予的"除需要全市统筹的审批事项之外，本市市级审批权限应当下放给南沙新区""对于不利于南沙新区发展的市级审批事项，南沙新区管理机构可以提请市人民政府停止执行"的政策优惠，借鉴天津滨海新区的经验，实现审批权限的"二次下放"，将原属于省、市两级政府的审批权限下放给南沙新区，实行南沙审批、省市备案，使南沙文化发展获得更大的自主性，充分激发社会的文化活力、调动社会各界的文化积极性，在港澳合作等方面更便利、更灵活。比如将制定文化政策、创办文化企业、举办文化活动、开展文化对外合作交流等方面的文化行政审批权限下放到南沙区。

2. 开启民间资本投资公益文化设施渠道

2011年9月天津市出台的《滨海新区促进民办博物馆发展的若干意见（试行）》，将民办博物馆纳入博物馆事业发展规划，政府给予用地支持。南沙新区也可以试点对符合国家《划拨用地目录》规定的非营利性民办博物馆的建设用地，采用划拨方式供地。对个人和民营企业出资新建民办博物馆，建成后由发改委、财政、文化等部门审核，可以按陈列展览面积一次性给予每平方米600~1000元的补助。对于租房新办的博物馆，可以按陈列展览面积给予一定的房租及装修费用的补助。

3. 允许港澳投资者在南沙新区投资出版行业

支持南沙新区在CEPA框架下，积极探索与港澳机构合资、合作、独资开展出版物发行出版、版权交易，发展新媒体与全媒体等业务；允许港澳服务提供者在南沙新区试点设立合资企业，从事出版物和其他印刷品的印刷业务，港澳服务提供者拥有的股权比例不超过70%。

4. 允许港澳投资者在南沙新区投资影视娱乐业

允许港澳投资者在南沙新区以独资、合资、合作形式投资设立影视制作公司；允许港澳服务提供者在南沙设立演出经纪机构；允许港澳服务提供者

在南沙新区试点设立独资演出、娱乐、影视等经营场所。可以考虑吸引港澳电视机构在南沙建立制作基地，一方面解决港澳地区场地不足的问题，另一方面大力发展南沙的电视制作产业，并形成辐射全国、走向世界的影响力。

5. 允许南沙自主引进港澳电影和图书

允许南沙新区在国家行业监管部门的指导下，自主决定引进港澳电影和图书。

（三）文化品牌，巩固提升

在现有的基础之上深挖内涵、拓展范围、提升水平、扩大影响，打造南沙文化品牌，使之不仅成为广州而且成为粤港澳的文化盛事，在创建粤港澳全面合作示范区和优质生活圈中发挥文化先行、先导的作用。

1. 妈祖诞文化旅游节

妈祖是中国的海神，妈祖信仰从产生至今经历了整整一千年，遍及中国沿海地区及日本、越南和南洋诸岛，至今仍然十分风行。南沙区已成功举办四届妈祖诞文化旅游节，今后举办妈祖诞文化旅游节应该加大文化学术的含量，广泛邀请港澳台及中国沿海的妈祖文化学者、妈祖文化传人、政府官员参与，举办一系列的妈祖文化活动，比如学术交流、祭祀、表演、产品推广、品牌推介等，使一年一度的南沙妈祖诞文化旅游节成为世界妈祖文化交流交融的最重要平台，使南沙成为世界妈祖文化的中心。

2. 水乡文化节

南沙已成功举办五届水乡文化节。今后的水乡文化节应该在现有的基础之上扩展范围、提升档次，邀请港澳地区人士参与，不论是水乡文化大展演，还是水乡美食、"寻找水乡之美"摄影比赛、缤纷水果嘉年华、沙滩嘉年华、名人名家游水乡，以及其他一些水乡文化活动等，都可以邀请、吸引港澳专业人士和港澳游客参与。建议跟港澳有关机构充分协商，共同举办水乡文化节。除此之外，建议以水乡文化节为契机，跟港澳有关企业机构充分合作，探讨建立以南沙为中心、具备娱乐功能的南沙、港澳水上交通旅游线路。

3. 星海音乐园

南沙区是著名音乐家冼星海的故乡。建议在南沙选址建造星海音乐园，除了展示冼星海的音乐生平，还可吸引世界各地音乐制作机构和工作室入驻，使之成为先进、高端的音乐创作、制作基地，成为中国内地与港澳音乐文化交流、交融、发布、推广的重要平台。同时结合粤港澳文化中心的建设，设计建造高端、独特的音乐演艺场地，将南沙打造成为东方音乐之都。

（四）文化设施，规划先行

1. 南沙图书馆

参照浦东新区图书馆的标准（建筑面积 7000 平方米），在南沙核心湾区（城市综合服务区）选址建设南沙新区图书馆，使之成为南沙作为国家级新区公共文化服务体系建设上档次、上规模的起点和支点。除了一般的阅读，南沙图书馆还承载群众文化、展览展示、学术交流等众多功能。

2. 南沙博物馆

南沙区的自然历史文化资源都比较丰富独特，建议按照国家级新区的标准兴建南沙博物馆，全面展示南沙的历史风貌、水乡风情。可以参照天津滨海新区的大沽口炮台遗址博物馆的标准，将其建造成吸引内地和港澳游客的南沙文化新地标。

3. 粤港澳文化中心

以南沙图书馆、博物馆为起点和核心，参照香港西九文化艺术区的设计方案，充分利用当地的自然风貌，逐步铺开建设粤港澳文化中心，包含图书馆、博物馆、美术馆、文化馆、海洋馆、影剧院及其他饮食娱乐休闲设施，全面展现粤港澳的历史、人文、风物，实现粤港澳文化在此的大汇聚、大交融，充分显示南沙作为大珠江三角洲几何中心的独特地理优势，使之成为"粤港澳之心"，成为粤港澳民众进行文化娱乐休闲的好去处。建立珠江大舞台，通过举办类似国际舞大赛的方式吸引各地人才汇聚，使之成为引领南沙未来文化发展的重要平台。建立国际游艇中心，举办与游艇有关的各类展览、论坛，使之成为引领全国游艇行业的基地。

4. 高端的文化专业人才培训基地

可以考虑选址南沙北部三镇，与港澳有关机构合作，兴建高端的文化专业人才培训基地。可先从影视娱乐从业人员、博彩业从业人员、旅游业从业人员的培训入手，再延伸至游艇、高尔夫等休闲行业的从业人员培训，不仅满足港澳对有关人才的需求，也满足内地的人才需求。

5. 高端的社会科学学术研究基地和全国性的文学创作基地

与港澳和国内有关科研机构合作，建立高端的社会科学学术研究基地，一方面吸引各地人才为南沙的发展献计献策，另一方面也以南沙为平台，实现港澳与内地学术思想的充分交流融会，使南沙不仅成为粤港澳的地理中心，也成为粤港澳的思想交流中心。此外，与港澳和国内有关机构合作，建立全国性的文学创作基地，吸引港澳和国内知名作家入驻，进行创作和交流，使南沙成为粤港澳文学创作、交流中心，进而带动版权交易等相关行业的发展。

6. 南沙传媒制作中心

在南沙核心湾区（起步区）规划建设南沙传媒制作中心（含南沙广播电视台、南沙报社），占地面积约10000平方米，建筑面积约15000平方米。引进最新的科技手段，全面提升南沙传媒制作水平，以便于跟港澳进行充分交流、合作，也满足南沙自身不断快速发展的需要。

7. 鸦片战争纪念碑

南沙区具有丰富的鸦片战争历史文化资源，但这一块一直以来没有受到重视，以致鸦片战争的历史没有得到全面展示。建议以南沙成为国家级新区为契机，建设鸦片战争纪念碑，并开展相应的学术研究，全面再现鸦片战争的历史全貌，使青少年接受正确的、全面的历史教育，同时也成为市民缅怀先烈、进行爱国主义教育的场所。

8. 南沙虎门炮台遗址公园

为有效保护和开发利用南沙虎门炮台重要遗址，更好地打造全国爱国主义教育基地，建议在南沙虎门炮台文物保护规划的基础上，尽快修建南沙虎门炮台遗址公园，将上下横档岛、大虎岛、舢板洲岛等五个岛的文物遗存和海岛自然风光有机整合，修复历史遗址，完善配套设施，着力将其打造成为集文化旅游和爱国主义教育于一身的海上乐园，成为南沙文化旅游的一个标志性品牌。

9. 塘坑村古建筑保护区

塘坑村是南沙区历史最悠久的村庄之一，村内现存的古建筑多为清代建筑形制和外貌。建议设立塘坑村古建筑保护区，将村内保存较好的古建筑（塘坑天后古庙、上坊天后庙、校尉庙、朱文庆公祠、乐畔公祠、黎氏宗祠、几松公祠、溯旸公祠、朱氏公祠、善义公祠、善轩书室等）按"修旧如旧"的原则进行修复，真实展现南沙历史面貌和岭南古代建筑风采，丰富南沙旅游资源。

10. 黄阁镇东里至莲溪的古商业大街

为重现清代年间黄阁镇东里莲溪一带的祠堂和民居风貌，反映当年居民生活的繁荣兴旺，配合旅游的开发和建设，建议修复黄阁镇东里至莲溪古街两侧保留的清代以来的祠堂、炮楼、商铺和民居（东里大街30号商铺、少山麦公祠、辅党麦公祠、辅熊麦公祠、将军麦公祠、亮彩麦公祠、麦氏大宗祠、瑞辉麦公祠、洪圣古庙、大塘古民居、正台张公书舍、张氏宗祠、海头炮楼、公山炮楼、新丰炮楼、广升楼、红楼等），将其打造成为展示南沙文物古迹和发展商业旅游的黄金地带，丰富南沙旅游资源。

（四）文化产业，创意先行

1. 建设粤港澳文化产业合作实验区

香港丽新集团主席林建岳认为，粤港澳三地在文化创意产业上的合作拥有天时、地利、人和三大优势，拥有2亿人的粤语市场，这是粤港澳的独特优势之一。当务之急是共同制订长期发展规划，出台扶持政策，完善合作机制，包括成立文创基金、建设文化设施、共建文创培训基地、联手推广文创市场等。南沙应该抓住机遇，在体制机制政策等方面大胆创新，与港澳衔接，寻求与港澳的深度合作。建议建设南沙粤港澳文化产业合作实验区，充分利用南沙的空间、市场优势，大力引进港澳的文化产业项目，尤其是影视制作、动漫游戏、软件、数字印刷、传媒出版等行业,进行深度合作,引领行业潮流,共同开拓国内和海外市场。

2. 文化产业投资企业参照高新技术企业享受税收优惠政策

参照国内特区、高新区对高新技术企业的优惠政策,将文化创新企业也纳入其中管理,以税收优惠促进创意产业在南沙的发展。具体建议措施可以参照国家高新区和保税区政策。

(1) 在制定产业准入及优惠目录的基础上,对南沙新区符合条件的文化创意企业减按15%征收企业所得税。

(2) 将在南沙新区注册并经认定的文化创意企业归入广州市高新技术或战略性新兴产业企业,从获利年度起三年内,按规定可以提取的风险补偿金(按当年利润的3%~5%)可以税前扣除。对符合规划产业方向的境外高端人才和紧缺人才,可以由广州市政府参照深圳前海的做法,按照内地与境外个人所得税税负差额给予的补贴,免征个人所得税。

(3) 借鉴深圳前海高度重视人才、紧抓企业的长处,加大软环境建设力度,对市场紧缺的文化与金融人才提供一定额度的税务补贴,让他们真正扎根南沙。对于在南沙新区注册成立的文化创意或文化科技性企业转化科技成果,以出资比例或股份等股权形式给予企业技术人员奖励,减半征收个人所得税。

3. 试点南沙保税港区设立"文化保税专区"

发挥南沙保税港区作为保税区、出口加工区、保税物流园区等各类海关特殊监管区域的功能优势和区位优势,利用其国际中转、国际配送、国际采购、国际转口贸易和出口加工等功能,将国家综合保税区享有的"免证、免税、保税"优势政策延伸到文化产品贸易领域,设置南沙文化保税专区。可以借鉴北京国际文化贸易服务中心(位于北京天竺综合保税区内,国内首个依托空港保税区建设的"文化保税区")的经验,在文化保税区内分设文化商品展示交易中心、文化贸易企业集聚中心、文化仓储物流中心等若干功能区,将国际贸易中针对普通商品的保税政策及通行做法运用在文化贸易领域,并根据文化产品创意、设计、生产、存储、销售特点进行政策资源整合和制度创新,形成促进文化对外贸易的专门保税形态。其中文化商品展示交易中心可以为图书、雕塑、影视产品、设计产品、绘画、动漫网游及各类版权交易提供展示交易和体验场所,并逐步形成泛珠地区影响广泛、规模最大的文化产品进出口集散中心。

4. 设立南沙新区文化产业股权投资基金

参照上海、天津等城市设立的文化产业股权投资基金及建银文化产业基金(见图1),以南沙新区为基地,筹建广州南沙新区文化产业股权投资基金。作为由政府主导的大型文化类股权投资基金,落户南沙,首期目标规模暂定为20亿元人民币,可由粤港澳有实力的公司作为主发起人,通过股权投资,参与文化及相关领域企业的重组、上市及并购,重点投资数字内容产业、版权交易、文物拍卖、网络文化产业、动漫产业、水乡旅游娱乐、创意设计、会展产业等。

上海文化产业股权投资基金目标规模为100亿元人民币,首期募集30亿元,由海通证券全资子公司海通开元与上海东方传媒作为主发起人,联合上海新华传媒、上海强生集团等共同发起设立	天津文化产业股权投资基金由天津北方文化产业投资集团股份有限公司与天津滨海海胜股权投资基金管理有限公司共同发起成立,基金总规模20亿元,首期募集4亿元	建银国际文化产业股权投资基金,由建银国际财富与中国出版集团、中国电影集团共同组建的乾信文化投资管理有限公司管理。基金规模为20亿元

图1 主要文化股权投资基金

5. 组建新区文化企业贸易联合会

学习上海浦东发展文化创意产业的经验,组建文化企业贸易联合会。通过企业贸易联合会,一方面可以鼓励文化创意产业聚集发展,另一方面可以吸收不同门类的企业作为会员或理事,以企业贸易联合会的形式为企业做自我服务,举办交流活动、培训等以及做政策服务,以多种方式做好招商稳商工作。

6. 编制《民间资本进入南沙新区文化市场投资指南》

贯彻《国务院关于非公有资本进入文化产业的若干决定》和《2012年扶持中小微企业发展的若干政策措施》，落实民营文化企业充分享受财税、金融、土地、工商、环评等系列优惠政策，在资质认定、项目审批、融资服务、技术创新、中小企业发展基金和文化产业引导资金支持等方面与国有文化企业享有同等待遇。通过制定《非公有资本进入南沙新区文化市场投资指南》，引导民营企业投资南沙新区文化产业，在筹资融资、市场开拓、技术支持、信息服务、人才培训等方面为其提供社会化、专业化服务。

7. 制定科技与文化融合发展计划，建立文化和科技融合示范基地

依托辖区内的高新技术园区、文化产业园区等平台，建立文化和科技融合示范基地，把重大文化科技项目纳入科技发展规划，促进文化与科技创新资源及要素互动与创新。一方面逐步建立以民营企业为主体、市场为导向、产学研相结合的文化技术创新体系，培育一批特色鲜明、创新能力强的文化科技企业，推进文化与科技的深度融合。另一方面通过培育具有自主知识产权的核心技术，以高新技术的优势改造传统文化产业，运用数字技术、网络技术、信息技术提升文化企业的经营水平和市场竞争力。通过完善文化创意产业所需的各项技术服务、产权保护、成果交易等支撑系统，推动优秀文化产品数字化、网络化传播和市场拓展。

8. 培育开放有序的文化市场

2012年中共十八大提出，完善公有制为主体、多种所有制经济共同发展的基本经济制度，推进经济体制改革的核心问题就是处理好政府和市场的关系。2013年11月党的十八届三中全会首提市场在资源配置中起"决定性作用"，对市场的作用进一步明确，凸显了中央坚持市场化改革方向的决心。形成统一、开放、竞争、有序的文化市场体系是深化文化体制改革的目标之一，更大程度地发挥市场对文化资源配置的基础性作用。现代文化市场体系是文化产品、文化服务市场和各文化要素市场在相互联系和相互作用中形成的有机整体，既包括面向市场的各类文化产品市场、文化服务市场，如文化部《2003~2010年文化市场发展纲要》所确定的市场门类和发展目标规划，也包括文化资本、产权、人才、信息、技术等文化生产要素市场。由于新区文化建设的特殊性和复杂性，培育开放的文化市场这一过程将是长期的和艰巨的，需要新区政府、企业乃至社会各方面协同努力才能完成。目前应先行推动的工作包括以下几个方面。

（1）借新区初创之际，主动与港澳地区合作开展科技、人才、知识产权保护、旅游等方面的合作，建设区域技术、人力资源、无障碍旅游区等合作平台。

（2）加快信息基础设施建设，推动珠三角城市群电子商务合作。

（3）率先消除行政壁垒，建立新区企业信用信息共享机制、联合执法机制、维权联动机制和检测结果互认制度，从而形成面向珠三角和港澳地区的公平开放、规范统一的文化市场。

四 保障措施

（一）加强组织领导和统筹协调

各级党委、政府应高度重视，加强对新区文化发展的宏观研究和指导，自觉把文化规划的实施纳入重要议事日程，纳入经济和社会发展规划，纳入财政支出预算，纳入政府的任期目标和年终考核。党委宣传部门应积极推进新区文化体制改革，着力创新公共文化服务运行机制、提高公共文化服务能力，整合文化资源、促进文化产业快速发展。进一步推进公益性文化事业单位内部劳动人事、收入分配和社会保障三项制度改革，引入竞争和激励机制。其他相关部门要结合各自职能，在有关规划编制、政策实施、项目安排、体制创新等方面给予积极支持，并做好组织协调工作。

（二）加大财政投入力度，建立健全财政投入保障机制

要把新区文化建设所需经费明确纳入省、市、区三级财政预算。增加公共文化服务体系建设资金的投入，建立公共文化服务体系经费保障机制，对

公益性文化单位给予重点保障。考虑到南沙新区发展规划目标及其承担的粤港澳协作示范的意义，建议大幅度提高文化事业经费（主要指国有博物馆、图书馆、艺术馆、纪念馆、文艺团体以及新闻、广播、电视、出版等部门的经费拨款，不含教育、体育、旅游经费）占财政总支出的比重。以粤港澳文化协作为重点，优先安排重大文化项目资金，重点保障新区各类公共文化服务活动所需经费，扶持公共文化机构的技术改造和设备投入。此外，根据《广东省公共文化服务促进条例》"县级以上人民政府应当制定公共文化服务发展规划"的要求，尽快编制南沙新区公共文化服务促进计划，并列入本级国民经济和社会发展规划，确保足额投入并随着财政收入的增长而增加。根据南沙新区城市化迅速发展的特点，建议在新区城市住房开发投资中保证总投资额的1%投入社区公共文化设施建设，并由文化行政管理部门与城建部门合作审查，作为地产开工与竣工验收的基本条件。

（三）争取上级政策支持，协调省市和新区政策对接

加强与市、省及国家有关部门的沟通协调，积极争取上级部门把南沙新区提出的重点文化项目纳入省、市规划实施的重要项目。争取区内外的资源、资金和人才支持，确保新区文化项目的建设。争取用好用活中央和省市"文化产业振兴规划"《广东省建设文化强省规划纲要（2011—2020）》《广州市委、广州市人民政府关于培育世界文化名城的实施意见》等政策，积极为区域内重大项目争取各级政府的产业扶持资金和产业引导基金，提升项目的形象和影响力。比如在新区文化发展的空间规划方面，要提请省市政府给予政策支持：在新建小区配套方面做好定位，保证文化用房的配置；整合地区资源，与有关企业、会所等实现文化资源共享；参照民政、城管系统，出台聘请社区文化室管理人员的政策措施，确保人员到位，解决基层文化队伍建设问题；同时从制度、经费、人员等方面保障新区文化信息共享工程正常运作。

（四）深化国际文化交流

以创建粤港澳合作示范区、粤港澳优质生活圈为契机，积极贯彻落实十

八届三中全会有关"提高文化开放水平"的精神，拓展与国际创意城市、国家和地区间在人才培训、产业对接等方面的合作交流，吸引国外知名企业和机构来南沙新区设立总部或分支机构，鼓励新区文化企业开拓海外市场，在海外设立分支机构，积极承接国际文化创意类外包业务。引导新区各类有条件的文化企业参加国际会展、开拓国际巡演、生产具有国际竞争力的外销重点文化创意产品，提升新区文化产品和文化服务在国际市场的竞争力。

（五）推进人才队伍建设

以新区人才资源能力建设为核心，按照十八届三中全会"积极吸收借鉴国外一切优秀文化成果，引进有利于我国文化发展的人才、技术、管理经验"的精神，通过培养、引进、使用三个环节，增加人才总量，优化人才结构，提高人才素质。全力建设新区文化人才信息平台、人才创业创新培养平台，使南沙新区成为人才资源密集、专业结构合理、人才素质优良、与文化事业文化产业发展相协调的现代化、国际化人才高地，为文化事业和文化产业的发展提供智力支持。引进文化艺术和懂文化、善管理、会经营的文化管理人才，建设稳定的文化志愿者队伍。鼓励有影响力的艺术家、教师和具备文艺专长的居民担任文化指导员，鼓励热心文化事业的志愿者到各文化馆、站和图书馆（室）参加公益性服务。本着培养现有人才，积极引进急需人才的原则，加快现有文化专业人才和管理人员的培养，有计划地选派文化艺术专门人才和管理人才进修培训。通过培训、指导和辅导等多种途径，提高基层文化工作人员的文化素养和专业水平。进一步解放思想，打破障碍，引进港澳的优秀文化人才。大力改革现行的人才管理制度，在职称评定、人才聘用等方面大胆创新，创造人尽其才的宽松、自由环境。

B.5
广州市越秀区打造广府文化品牌的对策建议

杨亚明*

> **摘　要：** 本文结合越秀区的区域特点和广府文化品牌建设的相关举措，探讨越秀区广府文化品牌打造的难点与重点以及进一步擦亮广府文化品牌的路径和方向。
>
> **关键词：** 越秀区　广府文化　品牌

越秀区作为"广府文化源地、千年商都核心"和历史文化名城的核心区，是广州市政治中心、经济中心和文化中心。越秀区应努力擦亮广府文化品牌，变文化优势为竞争优势、变资源优势为产业优势，以文化引领城区经济社会发展和转型升级。

一　越秀区广府文化发展的现状

越秀区可以称为广州城市历史、广府文化源流的起点。悠久的历史和深厚的文化底蕴，使越秀区成为广州市历史文化名胜古迹荟萃之地，在越秀区33.80平方公里的区域内汇集了全国重点文物保护单位15个，省级重点文物保护单位19个，市级重点文物保护单位68个，以及一大批登记文物保护单位、未定级的文物保护单位、文物点以及历史文化街区。历史文化资源呈

---

* 杨亚明，中共越秀区委宣传部宣传科科长。

现出"数量多、密度大、类型全、等级高"的显著特点。因此，越秀区被形象地称为"没有围墙的博物馆"。越秀区充分挖掘、整合地方文化资源，在广州市率先提出"擦亮广府文化品牌"，把文化建设放在引领全区经济社会发展的战略高度，开展了一系列文化品牌活动，不断挖掘和丰富广府文化的深刻内涵，并主动牵头，借助社会各界的力量共同关注和支持广府文化的传承和推广，凝聚了宣传和弘扬广府文化的广泛共识，为新岭南文化中心建设贡献了巨大的力量。

越秀区作为广州市第一个提出擦亮广府文化品牌的区，自2009年开始全面开展区内各维度的文化品牌建设工作，取得了显著的成效。2009年举办首届广府文化旅游嘉年华，2010年提出"广府文化源地、千年商都核心"的区域定位，2011年举办了首届广府庙会，2012~2013年申报"广府文化研究基地"，并被命名为"广东省第一批特色文化研究基地"。2014年年初，主打广府文化的北京路广府文化核心区被纳入广州市重大战略发展平台。回顾这五年，越秀区不遗余力地通过各种形式和载体，擦亮广府文化品牌，为广府文化的推广和发展起到积极的作用。

2013年，越秀区抓住首届世界广府人恳亲大会的契机，争取广州市委、市政府的支持，将广府文化博物馆落户北京路，使其成为传承广府文化的重要载体。与此同时，大力宣传和弘扬广府文化，继续打造迎春花市、广府庙会、广府文化旅游嘉年华三大广府文化节庆品牌，以鲜明的广府味、文化味、民族味吸引了1500万民众参与，其影响力、吸引力不断攀升，初步打响了广府文化品牌。2014年的广府庙会，中央电视台慕名前来拍摄，并多加称赞，认为广府庙会比起北京的庙会来毫不逊色，反而更有特色和品味，为使"广府文化"的品牌效应进一步扩大，越秀区还努力整合社会各方力量，齐撑广府文化，广泛发动和引导社会力量积极参与广府文化的研究、传播与发展。越秀区联合佛山禅城区、肇庆端州区举办了首届广府书画摄影大赛，向全社会征集优秀的广府文化推广项目，举办了广府文化沙龙，邀请各方代表、专家学者对越秀区擦亮民俗文化活动品牌献言献策等。这些举措，使越秀区的城区形象与广府文化紧密结合，"最广府越秀"的品牌特色得到

彰显。

越秀区作为"广府文化源地",通过设立广府文化研究学术机构、筹建广府文化宣传主题场馆、举办广府文化活动等多种举措,深挖广府文化的丰富内涵,增进民众对广府文化的了解,促进广府文化与现代文化的交流融通,积极传播和弘扬广府文化,推动岭南文化复兴,助力新岭南文化中心建设。

二 越秀区广府文化品牌打造的难点与重点

(一)品牌同质化竞争激烈

目前,随着党中央对文化发展的高度重视,全国各地的文化品牌建设和推广全面展开。广府文化成为广州市乃至岭南地区其他市和区推进文化建设的重点项目,在这样一个"处处皆广府"的新形势下,如何凸显越秀在广府文化中的核心地位和作用,成为越秀区下一阶段擦亮广府文化品牌工作中必须把握和推进的重点和难点。

(二)文化品牌亟须战略化、体系化

广东省政府文史研究馆馆员啸父曾在《南方日报》撰文指出,岭南文化的精华大多可以在广州找到,但散落于城市大街小巷。因此他提出在广州"构建岭南文化走廊"的设想。这表明岭南文化发展的散而不精,大而无神。要将盘根错节、枝节众多的岭南文化凝聚在一起,凸显精髓的画龙点睛的神来之笔就在于一个发展的战略,要在统一的战略指导下有方向、分步骤地建设岭南文化,使其体系化。广府文化是推进岭南文化建设的中心和先锋,必须率先确定发展思路,起到带头示范的作用。越秀区要找到一个文化发展的命题和支撑点,将迎春花市、广府庙会、广府文化旅游嘉年华等文化发展项目串联起来,使其中蕴含的文化理念和文化传播效应相互照应,从而使广府文化品牌深入人心。

（三）品牌影响力需进一步扩大

随着网络新媒体技术的高速发展，当今社会越来越成为一个传播的社会。文化建设不仅要做得好，还需要有效的传播，扩大文化的影响力。虽然在越秀区和广州市内，越秀区开展的文化项目的影响已散布在大街小巷，但整体辨识度和显示度不高。这不仅需要对文化建设不断加大投入力度，也需要在文化的传播方式上着重笔力。要通过准确的定位、有效的措施、精心的包装来对越秀区独特的广府文化进行宣传和推广，努力达到一提到广府文化就想到越秀的良好的宣传效果。

三 越秀区进一步擦亮广府文化品牌的措施和路径

（一）加强对物质文化遗产及非物质文化遗产的保护

民间建筑、手艺及民俗等是广府文化的直接体现和生动的物质载体。在物质文化遗产方面，越秀区要抓住广府文化这一最直观、最广泛存在的实体，使其成为展现广府文化色彩和岭南精神传承的重要物质载体。随着经济文化的不断发展，现代化的元素逐渐占据人们的视野，在都市家园中保护、规划和建设独具广府文化特色的物质载体，对于广府文化品牌打造具有十分重要的意义。

粤语，这一广府文化的重要载体应当是重中之重。语言是人类文明交流的重要载体，也是最具代表性的文化符号，对于文化的流传和继承有着重要的意义。粤语不仅是广府地区居民的母语，也是岭南具有代表性的语言之一；不仅蕴藏着广府乃至岭南地区的传统文化，也保留了大量由中原一带传入而已在中原地带消失的传统文化。粤剧、用粤语演唱的民歌小调、粤语流行歌曲等，皆以粤语作为重要载体进行文化传播，独具广府特色。粤语已经成为岭南人的骄傲，越秀区应当珍惜并巩固粤语在岭南的地位，使其成为岭南人团聚凝结的精神之源。

（二）利用广府民俗资源，弘扬大众文化

来自民间的东西往往是最具活力的，广府文化绵延千年仍能熠熠生辉的根源就在民间，各式各样的民间风俗和民间艺术为广府文化提供了丰沃的土壤，赋予其长久的生命力。因此，越秀区在擦亮广府文化品牌的工作中，要善于利用广府民俗资源，利用史迹和城市特色，挖掘历史价值和艺术价值。广府民俗文化、建筑文化、商都文化等，都要凸显自身的历史与民俗文化特色。要保护广府民俗风貌特征，就必须审视区内的遗产文化和人文精神，要深入挖掘广府名城形态形成的自然背景、民俗背景、经济文化背景，以文化遗产蕴涵的民俗文化内涵，建立相应的价值体系和遗产利用方式。

广府很多历史地段和场景，要从民俗风貌和文化意境方面来研究，如广州小吃、丝绸、渔船、码头等。在分析这些民俗文化遗产时，要特别注意"粤剧""粤曲""粤菜""广州小吃"以及"粤绣""广彩""广雕"等的技艺背后所蕴涵的更深的文化内涵，都与广府的民俗有关。这些生动的民俗文化也是最为通俗的、大众喜闻乐见的大众文化。越秀区在进一步擦亮广府文化品牌时，要把握时代特征，赋予广府民俗文化以适应时代变迁的新内涵，使代表广府的大众文化能够反映出社会发展水平和文化形态变化逻辑性上的内在一致性。既带有"旧"传统文化的烙印，又富含应运而生的新时代的元素。

除了已经如火如荼展开的广府花市、广府庙会这类与春节等传统节日相结合形成的民间风俗活动，越秀区还可以将目光投注于居民的日常生活，挖掘新的文化形式。比如"讲古"文化和"茶楼"文化，"讲古"是20世纪广府大众文化的一大特色。"讲古"乃粤语说书，大量运用岭南地区的民间成语、谚语、谶语、俗语及大众化的生活语言，是具有鲜明地域特色的艺术形式。广州的茶楼文化，远非"饮食文化"所能概括，除饮食之茶、汤、菜、点等形态之外，建筑及装潢的风格，室内陈设的流派，字画古董的雅趣，人们在此听歌曲的娱乐，交朋结友的气度，洽谈经商的门道，无一不是高超的艺术。这一切，都与广州茶楼聚集一堂。体现广州茶楼文化中西合璧、博雅达观的风格，使它成为广州社会的一个缩影。改革开放30多年，"饮早茶"作为个体的广府人参与公共领域中的一个互动模式，体现出当今广府人从容享受生活的态度，表现为广府人21世纪人际沟通的交流手段以及现代商业化城市里商讨斡旋的独特方式，也是文化与政治经济结合的成功典型。越秀区在打造广府文化品牌、助力新岭南文化中心建设时，可以将"讲古"这一广府特色与"茶楼"这一岭南通用文化相结合。

擦亮广府文化品牌，需要充分利用整合民俗资源，以群众喜闻乐见、通俗易懂的方式呈现广府文化的底蕴；以寓教于乐的方式发扬广府文化的正能量，以地方文化维系地方价值观，促进地方经济文明和政治文明的发展，彰显区域生活性格和文化理想。

（三）打造广府文化旅游产品，促进民间工艺和艺术的传承

旅游既是一种经济活动，又是一种文化活动。只有文化大规模地介入旅游，才称得上是真正的旅游，旅游也才能够真正获得更大发展。相应的，旅游业及旅游产品的推广也是文化宣传重要的渠道和阵地。广府有不少文化旅游资源在全国乃至全世界都是很有特色的，这些资源应当被合理利用，成为越秀区擦亮广府文化品牌的重要基础。在开发文化旅游产品时应扎根于对文化的深层理解，准确把握地方特色、民族特色和现代旅游者的精神需求，并在此基础上进行独具匠心的创意和策划，将产品的文化内涵以直观、可感、独特的形式和符合时代需求的面貌外显出来，将旅游资源所蕴含的丰富的科学文化内涵外化为旅游产品的魅力和吸引力，使广府文化旅游产品富有文化特色品味，从而为广府旅游产品增加文化附加值，使旅游资源的文化内涵真正地深入现代旅游者和当地居民的体验中。

广府庙会和广府花街一直以来是越秀区重点打造的文化品牌，自2011年在城隍庙举办首届"广府庙会"，并吸引了男女老少大批市民前来祈福过新春后，广府庙会越办越热闹，经过几年的积淀和不断改进，已经积聚了不少人气，越秀区应当趁热打铁，将其打造成国内文明的旅游景点。而庙会内的各项特色活动也应当成为承载广府居民情感认同和当地特色民风民俗的载

体。比如广府达人秀表演、非遗表演等民间艺术绝活，集中展示了具有岭南特色的广府花灯，以及最受市民欢迎的民俗文化巡游等，这些均可被塑造为独树一帜的广府旅游文化产品。它们在呈现和传承广府文化、丰富市民休闲娱乐的同时，也可成为广府岭南文化对外交流的节点，为广府文化走向全国乃至世界添砖加瓦。

（四）大力发展文化产业，繁荣广府商业文化

文化的传承发展需要转化为生产力和物质实体才能切实推动整个地区的政治经济文化的和谐文明发展，才能为进一步改善居民生活质量提供牢固的物质基础。因此，广府文化品牌的进一步宣扬离不开当地文化产业的支撑。可喜的是，广府人自古以来就敢于并善于经商，在历史上一度创造了举世瞩目的商业文化，在发展经营性文化产业上有着实践基础和文化底蕴。

越秀区在文化产业发展上，要树立强烈的机遇意识、发展意识，开拓发展思路，拓宽发展途径，抓准文化体制改革的方向。要继续大力扶植公益性文化产业，增加投入，坚持政府主导，全社会参与。一方面加强社区的文化设施建设，努力建构覆盖全区的比较完备的公共文化服务体系，普及文化知识，传播先进文化，提供精神食粮，体现人文关怀，不断满足人民群众最基本的文化需求；另一方面要大力发展经营性文化产业，充分发挥区内文化企业骨干的作用，壮大产业规模，打造具有核心竞争力的文化产品和文化品牌，营造有利于出精品、出人才、出效益的环境，只有广府商业文化充分发挥、繁荣之后，才能满足居民多层次、多方面的精神需求，居民建设广府文化品牌的积极性才会高涨，才能为重塑新岭南文化提供最广泛的动力和支持。

（五）推进文化创新，增强文化发展活力

广府文化品牌要想获得永久的生命力，也需要不断地重塑、加工和创新。在时代的高起点上推动文化内容形式、体制机制、传播手段创新，解放和发展文化生产力，是繁荣文化的必由之路。越秀区要积极响应鼓励文化创

新的政策，鼓励引导文化产业运用高新技术创新文化生产方式，培育新的文化业态，加快构建传输快捷、覆盖广泛的文化传播体系。在当今信息高速发展的社会，文化的传播力已经成为国家文化软实力的决定因素。我们一方面要不断丰富和创新文化内容形式，为广府文化增添新的富有时代气息的新内容；另一方面必须花大力气提高文化传播力。要把提升主流媒体的影响力作为提高文化传播力的战略重点，进一步加大投入，完善扶持政策，壮大总体实力，提高核心竞争力。越秀区应当和媒体建立良性的关系，发挥主流媒体宣传广府文化的作用，还要跟随时代发展的潮流，提升利用网络新媒体传播的能力，将线下活动搬移到线上，充分利用网上舆论的巨大宣传力和影响力，作为打响广府文化品牌和建设新岭南文化中心的重要推动力。在扩大广府文化影响力的同时可以在新媒体上发挥先进文化的正能量，引导网络舆论向健康、文明的方向发展。

此外，越秀区在进一步擦亮广府文化品牌的进程中，既要发挥指引者、组织者的作用，又要是协调者和中间人。要充分发挥人民群众的主体作用，调动广大文化工作者的积极性，营造宽松和谐的发展环境，让一切文化创造的活力竞相迸发，让一切文化创造的源泉充分涌流，让一切有志于文化创造的建设者的积极性得到充分发挥。让人民群众在实践中增强对广府文化的认同感和自豪感，成为广府文化品牌的自觉维护者和积极的建设者、推广者。

公共文化篇
Public Culture

B.6
关于广州市公众利用公共图书馆情况的调研报告

广州市文化广电新闻出版局课题组

摘　要： 本文以调查问卷的形式了解了广州市公众利用公共图书馆的基本情况，并根据统计结果，对公共图书馆的利用率、满意度、距离等进行了分析，最后针对《广州市公共图书馆条例》的立法工作提出了建议。

关键词： 广州市　公共图书馆　满意度

公共图书馆是公共文化服务体系的重要组成部分。为实现公共图书馆的可持续发展，实现"图书馆之城"的建设目标，课题组开展了公众利用公共图书馆情况的问卷调查工作。

一 问卷调查工作和市民基本情况介绍

课题组在公共图书馆、北京路、天河购书中心、广州大剧院、中山纪念堂、网吧共发放调查问卷3000份,并全部回收,其中有效问卷为1855份,占61.83%。

在参与调查的1855个市民中,男性占43%,女性占57%;在年龄分布方面,19~40周岁的市民占63%,15~18周岁的市民占17%;在学历分布方面,具有本科学历的市民占42%,具有大专和中专或高中学历的市民各占20%;在家庭人均月收入方面,38%的市民月收入在1600元及以下,27%的市民月收入在1601~3500元,24%的市民月收入在3501~6000元;在市民的身份或职业方面,学生占41%,企事业单位员工占26%,外来务工人员占11%(见表1)。本次参与问卷调查的市民覆盖了广州市各个年龄、阶层的对象。

表1 市民调查统计

单位:人,%

项目		参与调查人数	有效百分比
性别	男	793	43
	女	1062	57
	合　计	1855	100
年龄	14岁及以下	138	7
	15~18周岁	316	17
	19~40周岁	1170	63
	41~60周岁	179	10
	61岁及以上	52	3
	合　计	1855	100
学历	初中及以下	242	13
	中专或高中	378	20
	大专	368	20
	本科	771	42
	研究生及以上	94	5
	合　计	1853	100

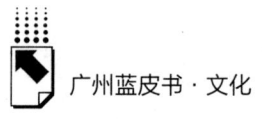

续表

项目		参与调查人数	有效百分比
家庭人均月收入	1600元及以下	671	38
	1601~3500元	480	27
	3501~6000元	421	24
	6001~10000元	119	7
	10001元及以上	56	3
	合计	1747	100
身份或职业	学生	751	41
	教师	80	4
	公务员	38	2
	企事业单位员工	472	26
	外来务工人员	209	11
	农民	9	0
	自由职业者	137	7
	离退休人员	93	5
	其他	61	3
	合计	1850	100

二 本次问卷调查的统计情况及其分析

（一）当代社会阅读的重要性和市民的信息获取方式分析

在调查样本中，38%的市民认为阅读对于获得更好的工作、收入、生活很重要，52%的市民认为重要，8%的市民认为无所谓，2%的市民认为不重要（见图1）。如果用1、2、3、4、5表示重要程度，也就是1表示的重要程度最低，5表示的重要程度最高，那么市民认为阅读的重要程度均值为4.26。虽然现代社会竞争性强，工作生活压力大，但是阅读对于自我提升、放松休闲具有很大作用，依然处于重要地位。

一般情况下，市民主要通过图书、报纸或者期刊和电脑两种方式获取信息，各占69%；手机和电视、广播分别占61%和58%（见图2）。[①] 随着信

---

① 关于市民获取信息方式的调查为多选题。

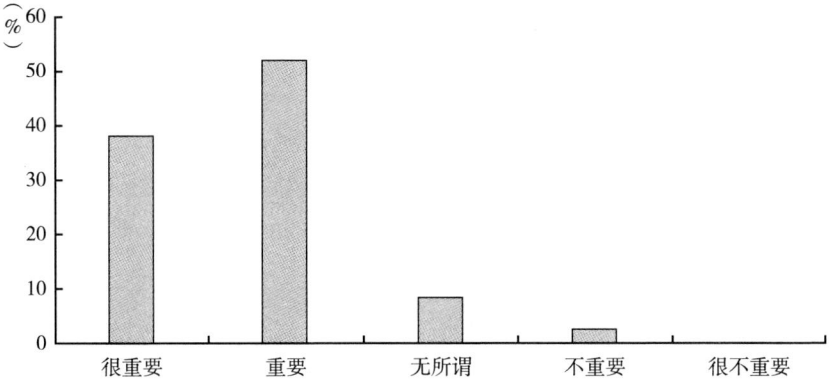

图 1　市民认为阅读对于获得更好工作、收入或者生活的重要性

息技术和互联网的快速发展，电脑、手机逐步成为人们获取信息的重要来源，但传统媒体并未因此衰败，仍是人们获取信息的主要方式，两者都在人们的日常生活中扮演着重要角色。

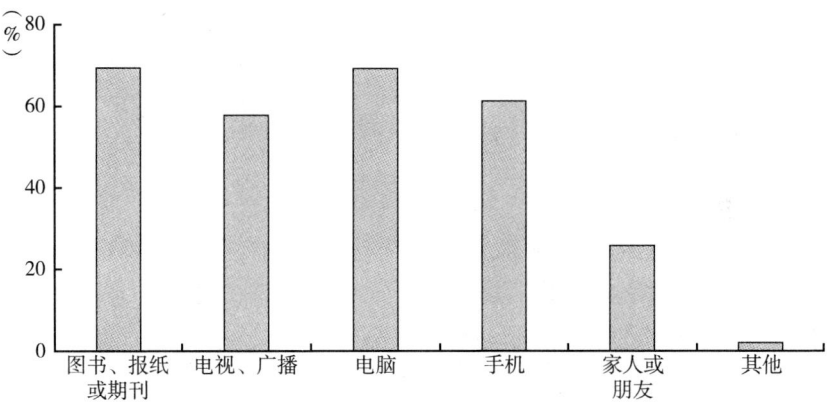

图 2　市民获取信息的方式

通过调查得知，43%的市民每天上网2~3小时，29%的市民每天上网4~6小时，16%的市民每天上网1小时及以下，上网7小时及以上或者不上网的市民各占6%（见图3）。由此可知，78%的市民每天上网时间在1小时以上。网络已成为人们日常生活的一部分。

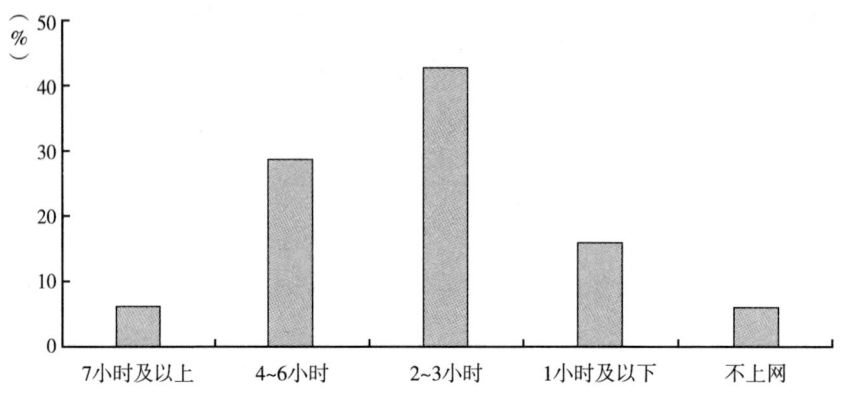

图 3　市民平均每天的上网时间

（二）公众去图书馆的基本情况以及满意度分析

在调查样本中，51%的市民经常去图书馆，38%的市民偶尔去图书馆，11%的市民则没有去过图书馆（见图4）。这表示绝大部分市民去过图书馆，而超过一半的市民去图书馆的意识较强，利用图书馆获得信息的频率较高。11%的市民没去过书馆的主要原因是：40%的市民表示没时间去；24%的市

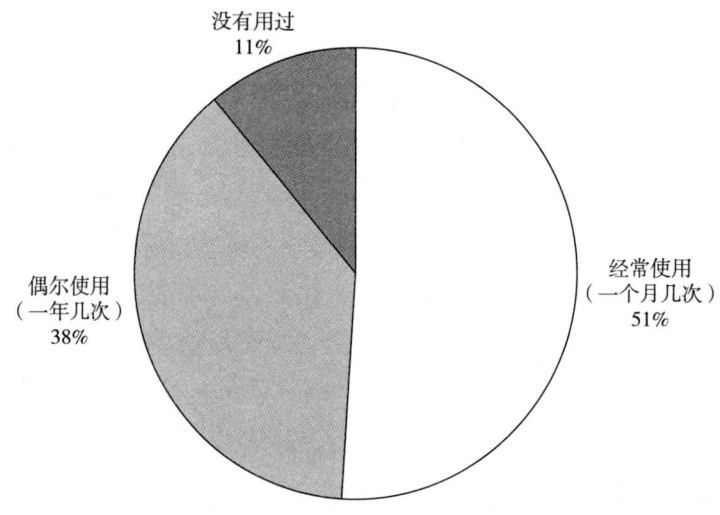

图 4　市民使用公共图书馆的情况

民表示自己买书或者在网上阅读即可，没必要去；13%的市民表示距离太远，另外，分别有11%左右的市民表示不知道怎么去图书馆和不知道有图书馆（见图5）。

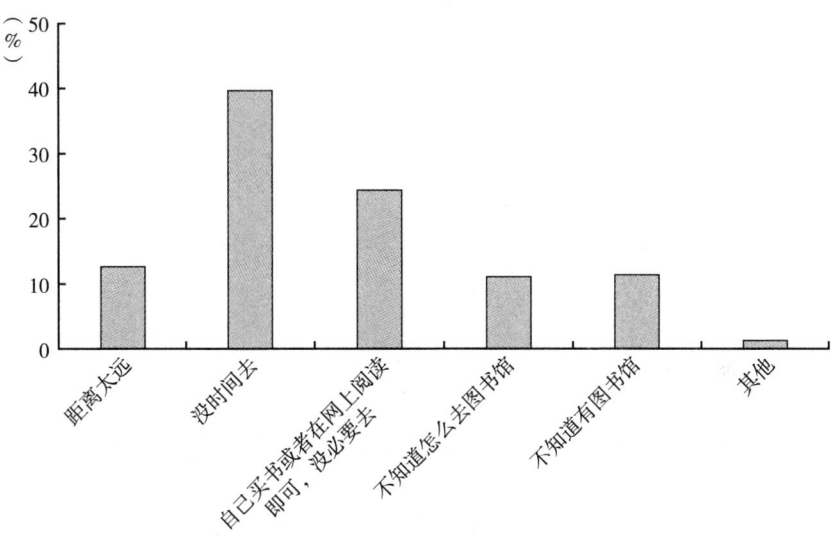

图5　市民从来没去过公共图书馆的原因

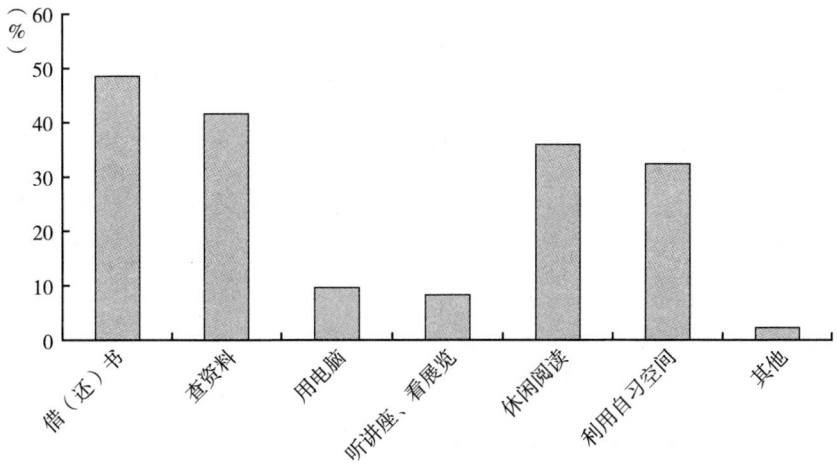

图6　市民去公共图书馆的目的

1. 市民去图书馆的目的

49%的市民去图书馆主要是借（还）书，42%的市民去图书馆查资料。公共图书馆作为收集和保存信息资源的中心，市民去图书馆的目的与图书馆的职能紧密联系。此外，当代社会公共图书馆功能进一步拓展，除提供传统服务外，还是市民的文化活动空间，市民可以到此享受图书馆的阅读氛围，甚至是交流读书心得等。据统计，36%的市民去公共图书馆的目的是休闲阅读，32%的市民去图书馆的目的是利用自习空间。

2. 市民去公共图书馆的时间

选择周末或节假日9：00～17：00去图书馆的市民最多，占58%；而选择周末或节假日17：00～21：00和工作日9：00～17：00去图书馆的市民次之，分别为25%和24%；选择工作日17：00～21：00去图书馆的市民最少，占16%。由此看来，公共图书馆已经是人们度假休闲的一种选择。为方便市民在节假日到图书馆，公共图书馆首先应该保证周末或节假日白天的开放时间。

3. 市民对公共图书馆服务的满意度

据统计，有84%的市民认为图书馆较好地满足了其需求，16%的市民则认为没有。认为图书馆没有满足市民需求的原因依次是图书太少或者太旧（76%），馆舍太小、阅读环境差（24%），工作人员专业水平低，不能解决问题（14%），其他（21%）。市民认为公共图书馆主要可以从以下各方面改善服务、提高读者满意度：补充新书（62%）、开展便民服务（29%）、提高工作人员素质（19%）、扩大面积（15%）、配置新电脑（13%）、安装空调（5%）、其他（3%）（见图7）。由此看来，市民认为目前公共图书馆存在的问题以及需要改进的地方集中在图书、工作人员等方面。

（三）市民到公共图书馆的距离调查分析

在调查样本中，目前有26%的市民乘车在30分钟以内，20%的市民乘车在1小时以内，13%的市民乘车15分钟以内可以到达图书馆；有23%的市民步行在15分钟以内，15%的市民步行在30分钟以内到达图书馆（见图8）。

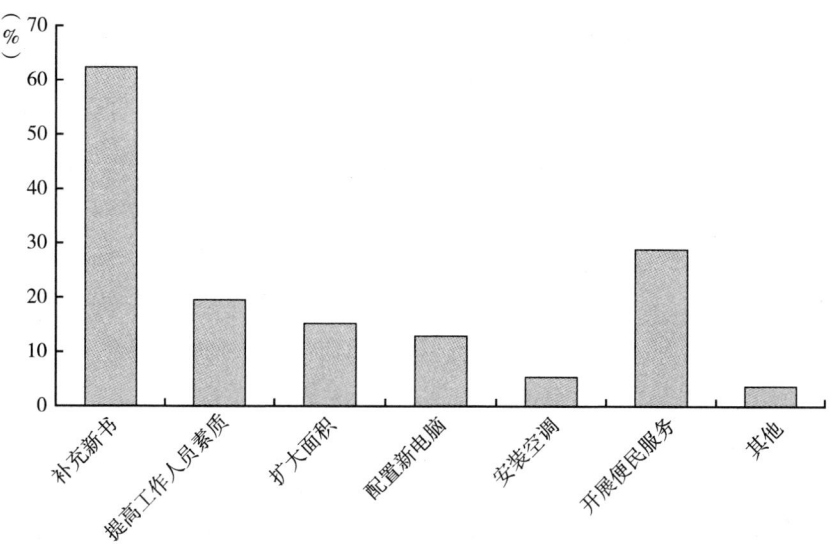

图7　市民认为公共图书馆应改进的地方

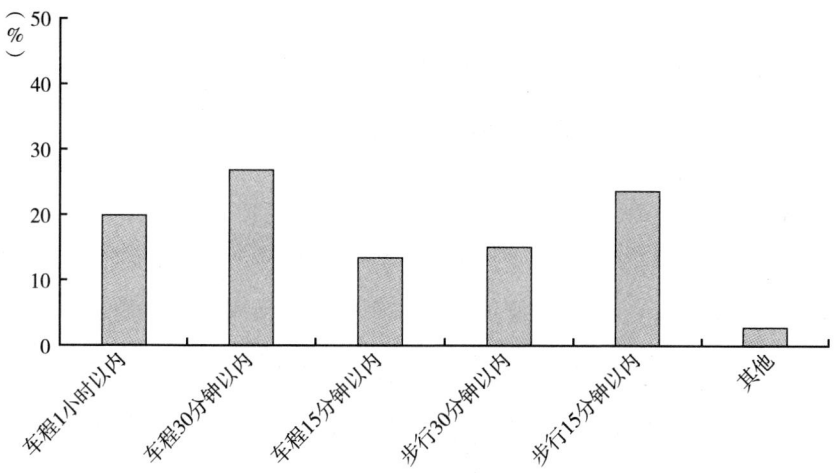

图8　市民从住所到公共图书馆的实际距离

调查结果显示，40%的市民表示步行在15分钟以内到达图书馆最为方便，21%的市民表示步行30分钟以内最方便，17%的市民表示车程在30分钟以内最方便，15%的市民表示车程在15分钟之内最方便。因此，在市民理想的距离上，选择距离图书馆步行15分钟的市民上升了17个百分点，步行30分钟的市民上升了6个百分点；选择距离图书馆车程在15分钟以内的市民上升了2个百分点，车程在30分钟以内的市民下降了9个百分点。由此看来，市民认为与图书馆的理想距离是步行15分钟以内，其次为步行30分钟以内（见图9）。

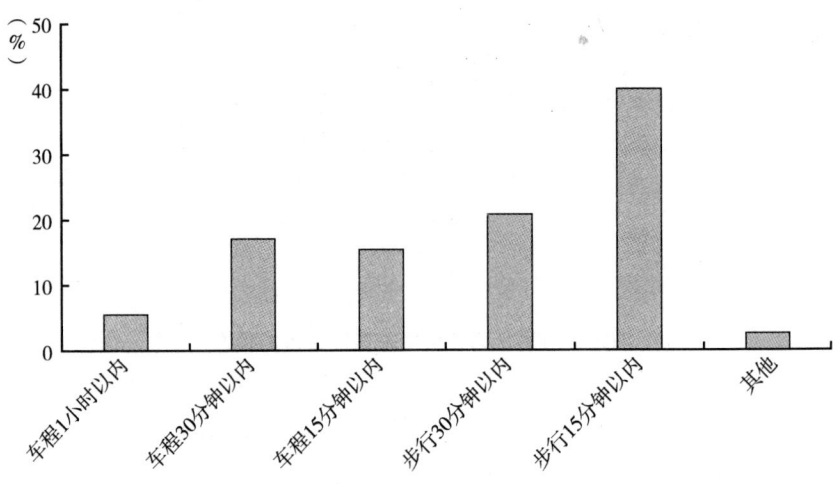

图9　市民从住所到公共图书馆的理想距离

（四）基层公共图书馆建设的必要性和公众使用意愿分析

有27%的市民认为很有必要将公共图书馆服务延伸到街（镇），51%的市民认为有必要，15%的市民认为无所谓，仅有6%的市民认为没有必要和很没有必要（见图10）。如果从1至5表示必要性越来越强，则市民认为公共图书馆服务需延伸到街（镇）的必要性均值为3.97。如果街（镇）提供专业化、标准化的服务，65%的市民表示会经常去，32%的市民表示偶尔去，仅有3%的市民不去（见图11）。

30%的市民表示公共图书馆很有必要延伸到社区，47%的市民表示有必要，18%的市民表示无所谓，6%的市民表示没必要和很没必要（见图12）。市民认为公共图书馆服务延伸到社区的必要性均值为4.01。如果社区建立

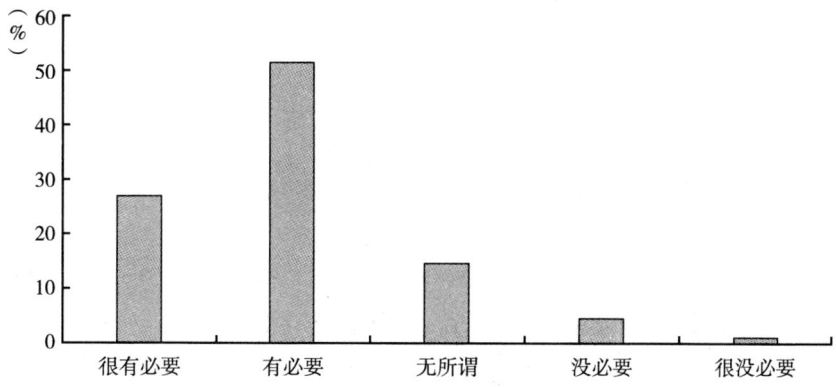

图 10 公共图书馆服务延伸到街（镇）的必要性

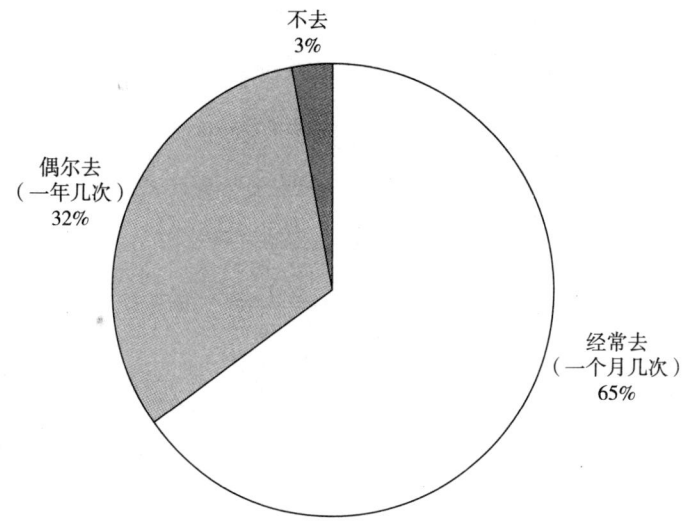

图 11 街（镇）设立公共图书馆后，市民的使用态度

图书室，63%的市民表示经常使用，33%的市民表示偶尔使用，仅有3%的市民不使用（见图13）。

由此可知，在街（镇）或者社区建立图书馆（室）是必要的。如果基层公共图书馆有符合市民需求的信息资源，能够提供专业化、标准化的服务，市民利用的意愿也会比较高。

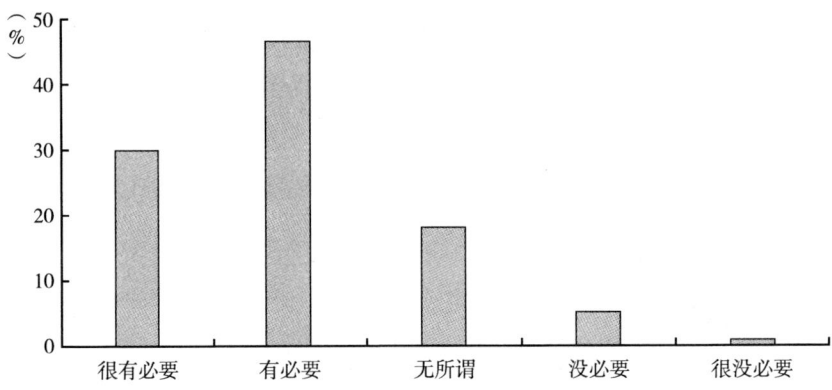

图12　公共图书馆服务延伸到社区的必要性

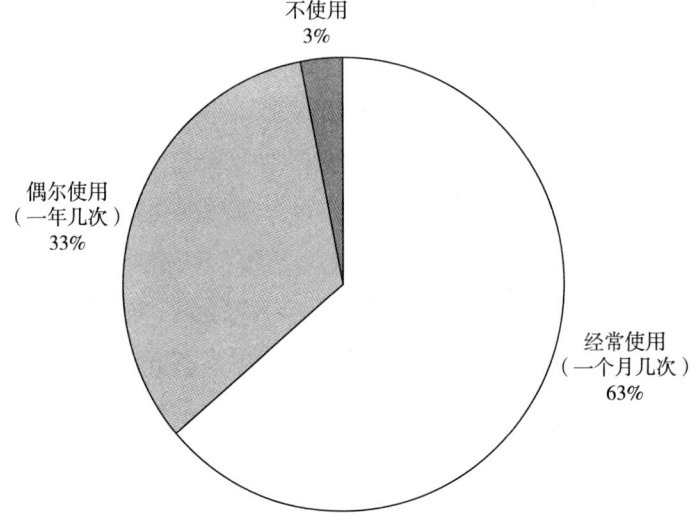

图13　社区设立图书室后,市民的使用频率

(五)实体图书馆建设的重要性分析

实体图书馆建设主要包括建筑面积、信息资源、人员三方面的内容,具体调查情况如下。

首先,在公共图书馆建筑面积方面,87%的市民认为公共图书馆很需要和需要有足够的空间,以便提供借阅、咨询等服务;12%的市民认为一般需要,1%的市民认为不需要(见图14)。市民认为公共图书馆需要足够空间的重要性均值为4.25。

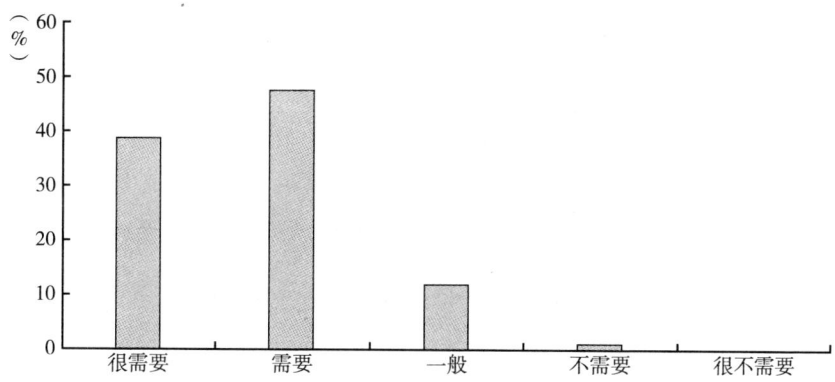

图14　市民对公共图书馆配备足够空间的认识

其次,在公共图书馆信息资源建设方面,90%的市民认为公共图书馆很有需要和需要经常补充新书(见图15)。市民认为公共图书馆需要经常补充新书的重要性均值为4.4。

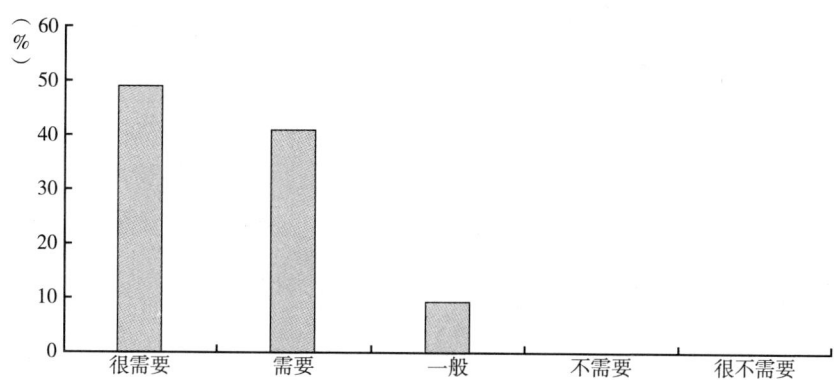

图15　市民对公共图书馆补充新书的需求

再次,在公共图书馆工作人员配置方面,80%的市民认为公共图书馆很需要和需要配备足够的高素质的工作人员,仅有1%的市民认为不需要(见图16)。市民认为公共图书馆需要配备足够高素质工作人员的重要性均值为4.14。

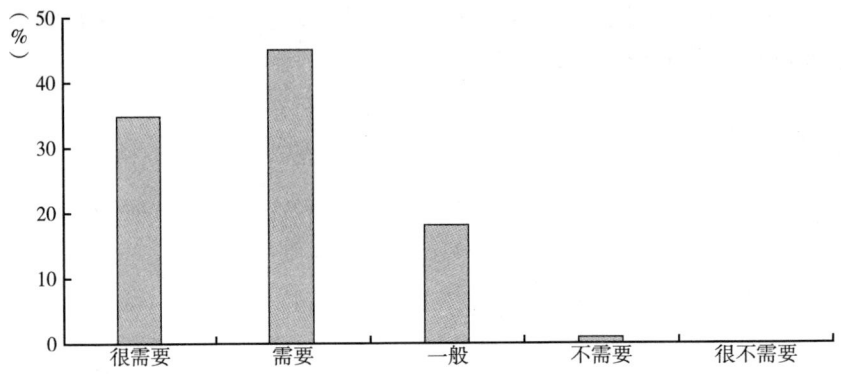

图16 市民对公共图书馆配备足够高素质工作人员的需求

由此看来,市民认为公共图书馆很需要具备足够的空间、定期更新信息资源以及配备足够数量的高素质工作人员,因为这是公共图书馆为市民提供优质服务的基本保障。

(六)数字资源建设的必要性和数字阅读方式分析

在调查样本中,有46%的市民使用过公共图书馆的数字信息资源,54%的市民则没有使用过(见图17)。但是62%的市民表示以后会经常使

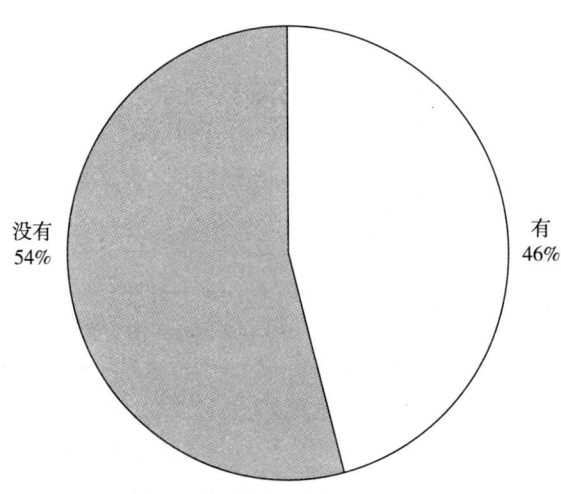

图17 市民使用公共图书馆数字信息资源的情况

用数字信息资源,另外,有38%的市民表示今后不会使用(见图18)。以后使用数字信息资源的读者会继续增加,公共图书馆需加大数字图书馆建设,为市民提供便捷、人性化的数字化服务。

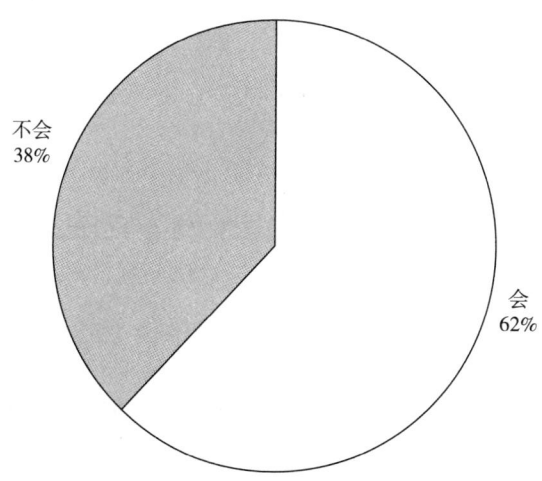

图18　市民今后使用公共图书馆数字信息资源的情况

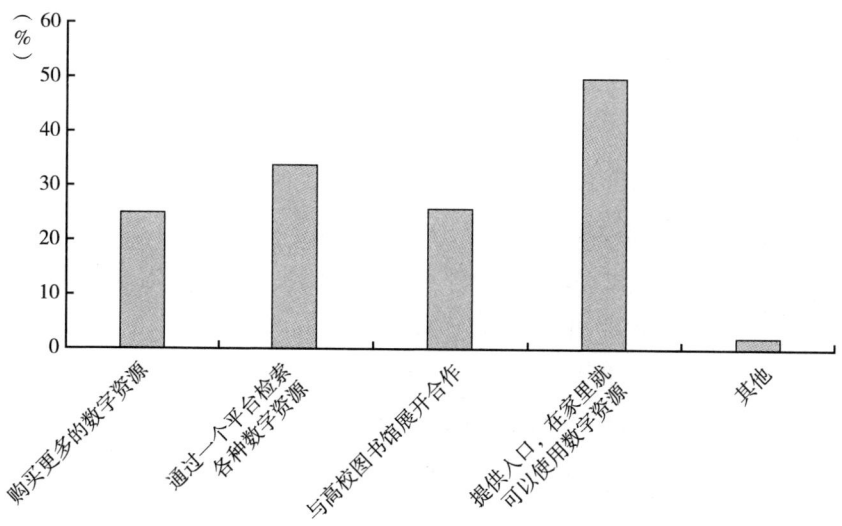

图19　市民认为公共图书馆数字阅读服务需提高的方面

市民对数字阅读有一定的要求,从图19可知,50%的市民要求提供入口,在家里就可以使用数字资源;34%的市民要求通过一个平台检索各种数字资源;26%的市民认为应该与高校图书馆展开合作;25%的市民认为应该购买更多的数字资源。由此看来,市民主要从服务方式和资源方面提出要求。一方面,公共图书馆利用信息技术,为读者提供便捷的远程服务;另一方面,通过合作和购买的方式提供丰富的信息资源。

三 对《广州市公共图书馆条例》立法工作的建议

(一)规范标准,均等服务,构建覆盖城乡的公共图书馆服务体系

调查结果显示,90%的市民认为现代社会阅读对于获得更好的工作、收入、生活重要和很重要,69%的市民主要通过图书、报刊获取信息,51%的市民经常使用图书馆。40%的市民希望从住所到公共图书馆的距离在步行15分钟以内,就近获得便利的公共图书馆服务。市民认为公共图书馆服务需延伸到街(镇)的必要性均值为3.97。如果街(镇)提供专业化、标准化的服务,65%的市民表示会经常使用。这充分说明,市民对公共图书馆的普及性和便利性有很高的期待。

然而,从广州市公共图书馆的现状来看,目前,规划建设等方面缺乏科学标准,布局不合理。市一级公共图书馆(含珠江新城新馆)已达到一定水平,但区图书馆的发展却极为不平衡,有的区内公共图书馆过于密集,有的区的公共图书馆规模相对较小,与人口密集度不相适应;街(镇)文化站图书馆(室)大部分常年处于"三无"状态,即无购书经费、无专职人员管理、无正常读者服务工作,而且馆藏规模小,图书陈旧;社区(行政村)图书馆(室)的建设水平低,馆舍和设施、设备存在被侵占或被借用或被改变用途的情况,图书馆(室)名存实亡。

为此,建议本次立法应规范街镇公共图书馆建设,实现公共图书馆服务在普遍、均等方面有所突破和创新,明确指标,规范建设,通过《广州市

公共图书馆条例》(以下简称《条例》)的实施,有效推动广州市图书馆建设尤其是基层公共图书馆建设跨上新台阶,在街镇层面建立公共图书馆(分馆),实现约8万名常住人口拥有一座公共图书馆(分馆),人均拥有3册公共图书馆藏书,建立健全覆盖城乡、结构合理、功能健全、实用高效的公共图书馆服务体系,以满足市民的阅读和提升素质的文化需求。

(二)创新体制,优化资源,建立区域公共图书馆总分馆制

调查显示,78%的市民认为很有必要和有必要将公共图书馆服务延伸到街(镇)图书馆,77%的市民认为很有必要和有必要将公共图书馆服务延伸到社区。如果街(镇)图书馆和社区图书室能够提供专业化、标准化的服务,60%以上的市民表示会经常使用。

目前,广州市公共图书馆现行管理体制运行绩效较低。广州市图书馆事业实行管理体制从属于行政管理,市、区、街镇三级图书馆(室)条块分割、互相协作但互不隶属,缺乏统筹规划、均衡投入、规范管理,总体上处于各自为政的状态,各种资源不能充分共享,重复建设现象严重。虽然广州图书馆、广州少儿图书馆、越秀区图书馆等部分图书馆个体的服务绩效在全国名列前茅,但地区图书馆事业总体服务绩效较低。发达国家和地区普遍采用总分馆管理体制,服务绩效突出。

因此,本次立法首次提出建立以区馆为总馆、以街(镇)图书馆为分馆的总分馆模式。总馆负责分馆的信息化管理系统建设、信息资源的采购、编目和物流配送以及人员的统筹调配等,总分馆实现统一标准、统一服务,实现城乡公共图书馆资源共享,促进基层公共图书馆的可持续发展,最大限度地提高图书馆的服务效益。

(三)加大投入,配足人员,提升广州公共图书馆服务效益

本次调查显示,市民认为公共图书馆应当拥有足够建筑面积、信息资源、工作人员的重要性均值依次为4.25、4.4、4.14。在市民不满意公共图书馆服务的原因中,图书太少或者太旧占76%,馆舍太小、阅读环境差

占24%，工作人员专业水平低，不能解决问题占14%，由此看出，信息资源、建筑面积和工作人员职业素质是影响公共图书馆健康发展的重要因素。

"十一五"以来，尽管广州市公共图书馆事业有了长足发展，但还存在总体投入不足，基层公共图书馆发展不均衡的现象。虽然广州市公共图书馆的经费投入总体上呈持续增长的趋势，但各区图书馆投入差距较大，导致图书馆的服务水平参差不齐，不利于广州地区公共图书馆事业的整体发展。比如2012年，越秀区图书馆的经费投入有1028万元，购书经费96万元，而白云区图书馆的经费总投入只有170万元，购书经费30万元。

为实现公共图书馆的科学发展和规范管理，在硬件设施方面，《条例》以广州市常住人口为基础，参考《公共图书馆建设标准》和《公共图书馆服务规范》等标准规范，对公共图书馆的建筑面积、基本信息资源、年新增信息资源、人员等做出量化规定，这在国内各地图书馆立法中尚属首次，将为发展广州市公共图书馆事业提供有效的法律依据。

在人员配备方面，建议配备足够数量的工作人员，提升服务水平。2011年，广州市公共图书馆从业人员为667人，即常住人口每19000人配备1名工作人员，目前深圳市公共图书馆已基本达到常住人口每1万人配备1名工作人员的标准。公共图书馆要实现《条例》规定的建筑面积、信息资源建设规模等标准，也需要足够的人力资源支持。因此，广州作为国家中心城市，作为国内经济发达地区，建议按照常住人口每1万人的标准，通过多种形式配备足够数量的工作人员。

在数字图书馆建设方面，调查结果显示，62%的市民表示今后会经常使用数字信息资源，50%的市民希望能够远程利用数字资源，34%的市民希望能够提供统一检索平台。为满足市民的数字化信息需求，建议《条例》加强和规范广州数字图书馆平台建设，对数字资源建设、数字图书馆服务等方面予以规范，满足公众的数字化信息需求。

B.7 2014年广州非物质文化遗产保护现状及对策建议*

广州大学广州发展研究院课题组**

摘　要： 2014年广州市非遗工作取得了令人瞩目的成绩：进行第二次非遗普查；新增52位市级以上非遗传承人；非遗展示彰显文化惠民，市场化水平日益提高；粤剧项目标志性地位已露端倪；非遗学堂成人传承班升温；非遗传承人开展丰富多彩的传承活动；非遗专项补助工作有序开展。但是，广州非遗在网络平台建设、非遗资金使用等方面依然存在一些问题。针对广州市非遗进展及存在的问题，课题组建议：整理非遗普查结果；丰富网站信息，开展形式多样的互动活动；加大非遗项目补助经费，更加合理、科学地利用非遗专项补助；注重非遗保护与科技研发的关系；把荔湾区西关大屋建筑群建成一个标志性文化生态保护区。

关键词： 广州　非遗　文化惠民

党的十八届三中全会以来，传统文化备受重视。2014年2月，习近平

---

* 本课题为广东省高校人文社会科学重点基地广州大学广州发展研究院、2014年广州市哲学社会科学发展"十二五"规划青年课题"传统曲艺大众传承机制研究——以广州'私伙局'传承为例"（14Q07）、广东省哲学社会科学"十二五"规划2014年度学科共建项目"广东'私伙局'大众传承机制研究"（GD14XYS11）的研究成果。

** 执笔人：吕慧敏，博士，广州大学广州发展研究院助理研究员。

总书记明确指出:"历史文化是城市的灵魂,要像爱惜自己的生命一样保护好城市历史文化遗产。"非物质文化遗产是文化遗产的重要组成部分,为响应国家号召,也为更好地培育世界文化名城、实现文化强市,广州市在2014年加强非遗保护工作,取得了令人瞩目的成绩。

一 2014年广州市非物质文化遗产保护工作进展情况

1. 广州市进行第二次非遗普查,民间文学类项目为数最多

2014年初,广州市第二次非遗普查工作启动。这次普查面对市内非遗展开全面调查和评估,旨在摸清广州市非遗资源的数量、分布、保存状况等基本情况,还要建立非遗数据库和信息平台,为制订下一步非遗保护规划,以及合理安排非遗保护经费提供依据。同时,通过普查宣传非遗知识,提升非遗的社会认同度,鼓励市民参与、分享、保护非遗,践行此次普查的口号——"非遗,就在你身边"。

为此,广州市文化广电新闻出版局成立了由20人组成的专家组,同时在市区、村镇进行野外实地走访和普查,截至2014年10月,此次非遗普查共搜集线索906条。其中,为数最多的是民间文学和民俗类,共597条,占总线索数的66%;传统技艺、传统美术类共144条;传统音乐、传统舞蹈、戏曲、传统戏剧类81条;传统体育、游艺、杂技类46条;传统医药类20条;其他类目18条。①

从广州市已有非遗名录结构来看,民间文学类项目比较薄弱,在18个国家级项目中没有民间文学类项目,在61个省级项目中仅3项,在99个市级项目中仅有4项。此次非遗普查使相关部门意识到了广州丰富的民间文学资源与名录情况的不符,对民间文学类项目的发掘更加到位。

---

① 资料来源:广州市文化广电新闻出版局(版权局)。

2. 聚焦非遗后继无人问题，广州市新增52位市级以上非遗保护项目代表性传承人

2014年8月和9月，广东省文化厅分别公示了广东省第四批省级非物质文化遗产项目传承人名单和增补人选名单。在新评选出的123名省级传承人中，广州市共12人榜上有名。

2014年5月30日，广州市文化广电新闻出版局公布了第四批市级非物质文化遗产项目代表性传承人名单。涉及广东音乐等27类非物质文化遗产项目，共计40名传承人。

截止到2014年底，广州市共有市级非遗名录项目代表性传承人128位，国家级名录项目代表性传承人12位，省级名录项目代表性传承人66位（见表1和表2）。

表1 市级以上非物质文化遗产名录项目代表性传承人统计

批次	国家级	省级	市级
第一批	1	19	33
第二批	1	14	31
第三批	7	21	24
第四批	3	12	40
合计	12	66	128

注：此次统计数据与广州市非物质文化遗产保护中心公布的数据略有差异。经课题组及执笔人按每次公布的名单核对，如本文表格所列。

表2 广州市非遗传承人分类统计

项目	民间文学	传统音乐	传统舞蹈	传统戏剧	曲艺	传统体育、游艺与杂技	传统美术	传统技艺	传统医药	民俗	共计
国家级	0	2	0	1	0	0	5	3	1	0	12
省级	0	5	6	7	6	1	18	15	6	2	66
市级	0	21	15	14	7	2	30	26	9	4	128

注：本表含广东省公布的第三批省级传承人公示名单。另外，国家级传承人自动作为省、市级传承人，省级传承人自动作为市级传承人。

在非遗的现代传承中，后继乏人一直是最严重且最难解决的问题之一。从此次公布的市级传承人名录来看，广州市非遗保护工作着力解决这一问

题。主要表现在以下两方面。

（1）审批传承人数量为历史之最。随着非遗保护工作的深入开展，新发现的传承人越来越少是自然而然的趋势，省级传承人数量变化即体现了这一趋势，2014年仅12人入选，为历史最低水平。但是，广州市入选的市级传承人却高于以往三批。传承人数量的增加将有利于解决非遗传承后继无人的情况。

（2）市级传承人仍然呈年轻化趋势。从2014年公布的省级和市级代表性传承人的年龄结构来看，12位省级代表性传承人年龄偏大，平均年龄为63岁，年龄最小的灰塑传承人刘志威为41岁；40位市级代表性传承人的平均年龄为51岁，其中年龄最小的是粤语讲古项目代表性传承人彭嘉志，年仅25岁。2012年公布的市级传承人年轻化趋势即已初露端倪，平均年龄为57岁，这一批传承人平均年龄更小，可见年轻化趋势越来越显著。广东省作为高一级别的单位，在审批传承人时从全局观出发，注重传承人的艺术造诣和传承质量，所以传承人年龄偏大。但是广州市作为地方单位，更应从地方实际情况出发，为更好地将非遗项目传承下去，多给那些艺术造诣虽有待提升但是更有潜力的中青年传承人一些机会。

3. 非遗展示彰显文化惠民，市场化水平越来越高

广州非遗展示近年来渐入佳境。

（1）借第二次非物质文化遗产普查之风，以"非遗，就在你身边"为口号，开展了以文化惠民为目的的非遗展示。

2月14~20日，一年一度的广府庙会隆重开展，庙会中推出的民俗文化巡游、广府美食及花灯展等均彰显了非遗文化的魅力。9月1~20日，广州市地下铁道总公司和广州市非物质文化遗产保护中心联合主办的"粤味中秋"——广府中秋文化展览在广州地铁江南西站、纪念堂站、珠江新城举行。这次展览以广州中秋节习俗为题材，展现了广府中秋节独特的品尝柚子、芋头、菱角、石榴等时令蔬果的"秋尝"意韵文化；市民通过手机扫描二维码参加猜灯谜活动，聆听民间小曲；同时以图文形式展示"舞火龙""中秋拜月光""竖中秋"等独具广府魅力的民俗活动。10月2日至11月

30 日,由广州市地下铁道总公司、广州市非物质文化遗产保护中心主办的"闰九金秋话重阳——重阳节文化展览"在地铁珠江新城站和纪念堂拉开帷幕,让广大市民感受到重阳节登高望远、把酒赏菊、养耆尊德的传统文化意蕴。冬至时节,"我们的节日·冬至"由越秀区委宣传部、区文广新局主办的传统民俗节庆活动在 12 月 20 日和 21 日举行。主要是以汉服、汉礼、汉文化为主的特色文艺演出,包括歌舞、民乐、戏曲、武术、茶道、香道等内容。如果转发微信,还有机会穿汉服入场……

从 2014 年的非遗文化展示活动来看,一方面,广州市文化部门及非遗保护中心以各个传统节日为载体,重点展示相关非遗文化;另一方面,重视利用公共服务平台展示非遗项目。在现代化都市中,地铁是最接地气的交通工具,也是最无暇关注非遗的上班一族最优选择的交通工具。广州市非遗中心在 2014 年利用这一平台展示的中秋、重阳等非遗文化在很大程度上扩大了非遗的影响力,也让非遗在还原至民间的路上迈出了重大的一步。

(2) 非遗展示市场化水平日益提高。

2014 年 10 月,第 116 届中国进出口商品交易会第二期开幕。中华传统老字号——"第一福",携各类精美的传统工艺品亮相广交会,吸引了海内外众多客商的关注。

2014 年 4 月,中国非物质文化遗产艺术品交易中心在北京东方雍和国际版权交易中心挂牌启动。该中心是由北京东方雍和国际版权交易中心与广东中凯文化集团共同打造的首个国家级的、服务于全国非物质文化遗产的综合性服务平台。

非遗产品不能有效地与市场对接一直是阻碍非遗传承的大问题。一方面具有深厚历史文化底蕴的非遗产品卖不出去,使传承人空有精神层面的艺术,而无物质层面的经济收益,生活困窘;另一方面消费者难以购买非遗产品。课题组在 2012 年和 2013 年蓝皮书"非遗报告"中反复强调过这个问题。2014 年,非遗在广交会上的亮相及非遗艺术品交易中心的成立是非遗产品在市场化道路上迈出的重要一步。

广交会是广州每年都会举办的具有国际影响力的交易会,非遗艺术品交易中心是国家级非遗服务平台。广州非遗与这些交易会、平台的对接，在很大程度上扩大了广州非遗的影响力，部分地解决了2013年"非遗报告"曾经指出的广州非遗影响力不够的问题。

4. 粤剧传承创新意，其标志性项目地位已露端倪

粤剧是广州具有标志性的联合国非遗项目，在2014年的非遗展示与传承中活动丰富、饱满。

(1) 在地铁通道中展示走下神坛的粤剧。粤剧作为一种舞台艺术，传承、表演的主要场所是在剧院。剧院的表演现场感强，效果较好。但是，对于普通民众而言，去剧院看粤剧是一种非常主动的行为选择，只有特别感兴趣的人才会在现代娱乐方式丰富多彩的条件下，去剧院观看粤剧。所以才出现了一个怪现象，即更多的是"老人"去看粤剧。实际上，以粤剧的魅力，完全可以打动任何一个对美有追求的人的心。所以变主动选择为被动选择或许可以成为粤剧展示的一个突破口。所谓被动选择，就是指粤剧出现在人们的日常生活之中，让人们在不经意间欣赏到粤剧的魅力。另外，非遗展示一直存在的问题是展示主办方唱独角戏，导致展示效率低下。如果能让粤剧走下剧场神坛，走近普通市民，一定会提高展示效率。2014年，广州粤剧展示颇有新意。展示图片的摄影师把粤剧中的武松、牡丹仙子、柳梦梅、杨八姐和白娘子带出剧院，带上街头。摄影师有意地将这些带进最普通的市民中间，让这些角色在与市民不经意相遇时产生另一种美。所以，在东山口地铁通道中，市民看到了一组不一样的非遗展示：貌美如花的仙女与花农大婶在一起，英勇的武松与打咏春拳的老师傅合影，衣袂飘飘的白娘子与小学生合影，英姿飒爽的杨八姐与跳街舞的小伙子合影……

2014年9月29日，广州粤剧文化展在地铁广州塔站开幕，此次展示分为经典剧目展示区、行当区、专题摄影展示区、实物展示区等。

(2) 以广州红豆粤剧团为代表，公益演出活动丰富。据不完全统计，广州红豆粤剧团在2014年9月安排了19场公益演出，11月安排了17场公益演出。粤剧演出化妆、服装、舞台布置都非常精美，成本较高，所以演出门票价格也不低。这让很多喜欢粤剧的人望而却步。广州红豆粤剧团的惠民演出在很大程度上解决了这个问题,让粤剧离市民更近了。

(3)让粤剧走出国门,扩大其国际影响力。时隔八年后,广州粤剧院、广州粤剧团在2014年又一次赴美国演出,在三藩市和洛杉矶演出七场长剧和两场折子戏,共九场演出。粤剧的海外艺术交流对进一步推广岭南文化以至中华文化都起到积极的文化交流和传承作用。

(4)开设粤剧学习班。2014年"秋季粤剧艺术培训班"在10月开班,学员学习戏曲的发声、呼吸方法,戏曲演唱中的"声腔与丹田"合理运用及观摩专业剧团排练和演出,收费1200元。这种学习班的开设虽为收费项目,但是对于普通市民进入专业性极强的粤剧领域,实属不易。

5. 非遗学堂成人传承班升温,亲子班效果卓著

广州市非遗传承班已开设多年,2014年以前,青少年暑假传承班传承内容丰富,影响力较大。但是依然存在传承范围过窄的问题。2014年,广州市非遗保护中心开设了春季和秋季"非遗学堂",主要面对成年人传授非遗项目。

4月,市非遗保护中心开设春季非遗学堂,开设课程包括广彩、广绣和太虚八卦养生功三个现场体验课程,以及工艺美术系列讲座。面向成人招生人数近200人。

10月,市非遗保护中心又开设了秋季非遗学堂,开有醒狮、醒狮八音(锣鼓)、榄雕、广绣、广彩、太虚拳(南派太极)推手、岭南盆景等七个公益性非遗传承班,邀请传承人等名家授课。

此次春季和秋季非遗学堂的开设除继承往年的公益性和教师的高素质的优势外,还呈现以下几个特点。一是开班时间较长,如秋季非遗学堂从10月14日至12月20日,为时两个多月。二是开设项目越来越多。春季开设3个班,秋季即开设了7个非遗传承班,比春季非遗学堂多一倍以上。三是传承范围更广。往年的传承班基本面对处于假期的中小学生,现在的春季和秋季非遗学堂面对全体市民,传授时间为每周一次,更能照顾到上班一族无暇参加传承班的问题。四是遴选学员的程序更加公平。由于非遗学堂是公益活动,完全不收费,非遗保护资金又十分有限,所以招收学员较少。为体现公平原则，此次非遗学堂采取网上报名、抽签确定学员的方式。

2014年8月4～8日，市非遗保护中心首次举办了为期五天的"体验非遗"亲子班。这次亲子班精选了广州牙雕、陈李济中药文化、广绣、广式家具制作技艺和广彩五个非遗项目，活动内容包括了解广州非遗基本情况，参观非遗项目单位、传承人工作室，与传承人互动……共有6个家庭参加。亲子班是暑期非遗学堂的延伸，相比而言，亲子班的传承效果比仅有孩子参加的非遗学堂要好。原因有三：一是成人对非遗的认识更有深度，更能体会非遗承载的优秀传统文化；二是家长的参与有利于非遗学堂教育与家庭教育的有效结合；三是家长的参与给予非遗学堂更大的活动自由。此次亲子班活动可以融实地参观和课堂学习为一体，在很大程度上是由于有了家长的陪同，使出行变得方便。

6. 非遗传承人活动丰富，履行传承人职责和使命

非遗传承人的使命是将濒危的非遗项目以活态的形式传承下去。2014年，在市区各级文化部门的组织下，广州市非遗传承人开展了丰富的传承活动。在上文提及的非遗学堂中，传承人即以展演的方式传授非遗技艺。此外，传承人还以讲座的形式讲解非遗知识（见表3）。

表3　2014年非遗传承人开设部分非遗讲座

序号	传承人	传承项目	讲座内容	讲座时间
1	李主江	西关正骨	广东骨伤科名医何竹林的养生经验	6月7日
2	陈学鹏	采芝林传统中药文化	中药鉴别基础知识	6月21日
3	何丽芬	广彩瓷烧制技艺	让广彩走进生活	6月21日
4	李秀芝	剪纸	剪纸艺术	6月27日
5	高兆华	玉雕	翡翠鉴赏与收藏	6月28日
6	汤凯旋	广东音乐	趣谈广东音乐	6月28日
7	符文彬	岭南传统天灸普疗法	岭南传统天灸与疼痛	7月12日
8	卢其福	潘高寿传统中药文化	潘高寿传统中药文化,养肺治肺与健康	7月19日
9	钟哲平	广府木鱼	钟情好似海天长——美丽的传说	12月5日
10	招赞惠	广式硬木家具制作技艺	和木相处,广式硬木家具	12月27日

资料来源：根据"广州非遗"官方微信及相关网站发布的消息整理而成。

从表3统计来看，传统中医类项目最多，有4个。现代人生活水平提高，现代化带来的危险日益凸显，人们越来越注重养生，也越来越相信中医的神奇作用，所以市非遗相关部门安排如此多的中医药类讲座是比较合时宜的。其余六个讲座涉及的传统工艺美术、传统技艺和传统音乐、传统曲艺等门类有一个共同特点——直接给人以美的享受。在文化交流中，美术和音乐是不需要语言的，这些讲座的开设可以适应不同文化层次、不同文化需求的市民的需要。

7. 非遗专项补助工作有序开展

2014年4月25日，广州市确定了21个市级非物质文化遗产专项补助项目，共资助150万元，并公布了具体补助金额和经费使用范围（见本文附录）。与此同时，市文广新局还要求各市非遗中心制定考核办法，并对经费使用情况展开监督检查。

从非遗项目补助经费工作安排表所列资料来看，除增城市外，对其他11个区和县级市项目均有补助。补助经费主要有以下几大用途。一是用于整理非遗传承人口述资料。非物质文化遗产与物质文化遗产最大的区别在于，前者以人为载体，人是传承中最活跃的因素。所以存在于传承人头脑中的无形知识才是非遗传承中最核心的内容。对传承人口述资料的整理可以最大限度地保存非遗资源。二是支持传承人授徒传艺。非遗传承后继乏人一直是阻碍非遗传承的大问题，广州市非遗保护工作者清晰地意识到这个问题，并通过专项资金补助的方式帮助非遗传承人授徒。除支持传承人授徒外，专项经费还支持开展传承培训活动和扶持传承基地。据统计，在补助经费资助的21个项目中，有11项的经费将部分用于这类传承。三是用于搜集、整理非遗档案资料或开展相关项目研究。

二 2014年广州市非物质文化遗产保护存在的主要问题

2014年，广州市非遗工作取得令人瞩目的成绩，但是依然存在以下几个问题。

1. 非遗网络平台建设滞后，微信、微博影响力不大

当下，广州市宣传非遗的官方平台主要有两个，一是广州市非物质文化遗产保护中心官方网站，二是广州市文化广电新闻出版局（版权局）文化服务一栏中的非物质文化遗产一项。这两大官方平台仅展示出广州非遗项目概况，这与广州市成绩卓著的非遗工作进展极不相符。广州市非物质文化遗产保护中心官方网站的最新公告和新闻动态两栏是展示广州非遗工作新进展的窗口，但是，2014年一年仅有七条最新公告和七条新闻动态，这寥寥数条公告及新闻动态信息仅是广州市非遗工作的冰山一角，根本无法展现广州非遗工作成绩。另外，这些公告和新闻仅有相关图文，没有视频，从而使非遗展示陷于被平面化、平淡化的境地。

课题组在《2013年广州非物质文化遗产保护现状及对策建议》中曾指出："微博是当下政府与民众沟通的重要渠道，广州很多政府部门都设有微博平台与民众沟通。但是却没有非遗微博。这与我国许多其他城市的微博建设相比都相对落后。"针对这一问题，广州市在2014年以"广州非遗"为名，注册了官方新浪微博和微信。利用这些市民喜闻乐见的平台，发布非遗讲座、非遗学堂相关知识，并介绍广州市非遗项目常识。"广州非遗"官方新浪微博和微信是配合广州市第二次非物质文化遗产普查工作开设的平台，其口号是"非遗，就在你身边"。这种官方微博和微信的开设使非遗离市民更近了，这个口号也较好地体现了文化惠民的工作理念。但是，在实际操作过程中，效果差强人意。截至2014年12月31日，开设近一年的"广州非遗"新浪微博仅有46个关注和100个粉丝。可见，非遗微博在市民中的影响力微乎其微。

2. 非遗专项资金补助的使用有待于加强其合理性和科学性

资金是当下非遗保护工作中无法回避的一个问题，所以课题组在2012年蓝皮书"非遗报告"中就已经建议制定"广州市非物质文化遗产保护专项资金管理办法"。但是直到2014年，广州市虽在逐年加大对非遗项目的资助力度，却没有统一的资金管理办法，对其经费使用的合理性始终存在质疑。财政部、文化部于2006年7月13日印发《国家非物质文化遗产保护专项资金管理暂行办法》，2012年5月开始实施《国家非物质文化遗产保护专项资金管理办法》。北京市在2011年公布了《北京市非物质文化遗产保护专项资金管理暂行办法》，2012年上海市印发《上海市市级非物质文化遗产保护专项资金管理办法》。2014年，广州市不仅加大了非遗保护资金的投入力度，而且公布了非遗项目补助经费工作安排表，增加了非遗保护资金使用的透明度，课题组认为在这种情况下，迟迟不推出"非遗保护专项资金管理办法"令人费解。

另外，2014年广州非遗项目补助经费工作安排也存在一些问题，一是资助比例分配有失偏颇。在21个被资助项目中，有三项是广彩项目，资助金额计25万元。广州市共有99个市级以上项目，2014年只资助21个，即大约四个项目中仅资助一项，但是广彩一项即占据三个资助名额，实为不妥。二是存在重复性资助。本次资助的21个项目中，资助金额最多的是粤剧，为15万元。其余项目均为5万元或10万元。据课题组了解，广东省在2014年曾划拨80万元非遗保护专项资金，其中包括粤剧项目保护资金10万元。所以在广东省已有明确资助的前提下，广州市还划拨给粤剧15万元补助，且仅用于开展粤剧身段谱调研和整理，也为不妥。另外，象牙雕刻也存在重复资助的问题。在非遗保护经费不足，且不能资助每一个非遗项目的时候，对个别非遗项目进行重复资助，是不合适的（见本文附录）。

3. 非遗整体性保护被忽视

联合国非遗保护的初衷是在全球化背景下保护文化多样性，重点是让这些丰富多彩的文化形式以活态的形式传承下去。所以，把非遗仅仅作为"代表作""样本"甚至"标本"是违背了非遗保护初衷的。因此，将非遗项目置于其曾经存在的文化环境之中，进行整体性保护是近年来非遗保护理论和实践中一直强调的内容。但是，广州的非遗保护的指导理念和具体操作过程，都忽视了整体性原则，从而使非遗保护的对象成为一个个文化碎片和文化孤岛。[①] 2014年，文化部公布的加强非遗保护的十一项措施指出，要强

---

① 刘魁立：《论非物质文化遗产保护的整体性原则》，中国非物质文化遗产网，2012年10月19日。

调非遗环境和非遗生态的整体保护，让非遗在当地得到公共传承和生存空间。这为广州非遗下一步工作指明了重点。

4. 非遗工作者中专业人才匮乏

作为一个新设立的学科，非物质文化遗产专业在近几年才开始招收硕士和博士。目前，已有多批硕士和博士毕业。虽然广州的中山大学就招收非遗专业的学生，但是从广州的非遗从业者来看，很少有非遗专业的学生。以广州民俗博物馆从业者为例，民俗被认为是与非遗关系最紧密的学科，所以在广州民俗博物馆内专门设有非遗项目的展示。但是课题组通过调查发现，在博物馆内很少有非遗专业的工作人员，这使非遗展示工作的科学性很难得到保证。就非遗保护中心而言，虽然它是非遗保护的核心单位，但是由于其待遇的相对低下，很难吸引高学历专业人才。

三 广州市非物质文化遗产保护工作对策建议

1. 整理非遗普查结果

广州市第二次非遗普查工作已告一段落。接下来，广州市应注意做好以下几方面的工作。

（1）整理非遗普查线索，经专家鉴定后逐一立项。此次发现906条线索，线索之多虽然喜人，但是我们也应该清醒地认识到，这些线索参差不齐，应在普查专家组的基础上增补相关专家，对已有线索进行鉴定，对真正有资格立项的项目尽快予以立项，以改善其濒危的现状。

（2）应尽快推出普查成果——《广州市第二次非物质文化遗产普查成果汇编》《广州市非物质文化遗产档案库》。这些成果的推出及其电子化不仅有利于向市民展现广州市非遗资源，而且有利于推动广州市非遗数字化的发展。

（3）对已立项项目保护和传承情况进行反思。广州市此次的非遗普查与上一次相隔八年。八年来，广州市非遗工作一直向前走，相关部门重视立项，这一次普查的重点也是寻找更多的非遗项目。但是，我们不应忽视此次普查的另一个重点，即对已有项目保护情况进行督察。课题组建议，应对已立项项目保护情况进行评估，并形成评估报告，这将会有利于下一步非遗工作的有效开展。

2. 丰富网站信息，开展形式多样的互动活动

网络是非遗在当下语境中最应利用好的平台，课题组建议从以下三方面做好非遗的网络建设。

（1）丰富网站信息。一方面要将网站信息与非遗工作新进展同步，让市民了解广州市的非遗工作；另一方面利用动画、视频等更适合当代人欣赏趣味的方式宣传非遗。

（2）在官方微博和微信中开展多种形式的互动活动。当下的官方微博和微信以"通知""传授"为主要内容，这种过于正统的方式基本违背了开设微博和微信亲民的宗旨。课题组建议多在微博和微信中开展互动式活动，如2014年越秀区开展的微信参与即可让市民穿汉服参加中秋节日的活动，让市民在互动参与的过程中提高对非遗的关注度。

（3）以点带面，扩大官方微博和微信的影响力。鉴于非遗微博和微信受到冷落的现状，课题组建议以非遗工作者为圆心，通过他们对非遗微博和微信的关注，扩大其朋友圈，让非遗的消息如水之涟漪，一圈圈扩散开去，逐渐扩大其影响力。

3. 加大非遗项目补助经费，更加合理、科学地利用非遗专项补助

2014年，广州市资助21个非遗项目共计150万元。每个项目资助一般在5万~10万元，最多的是粤剧，为15万元。课题组建议：一是制订长期规划，加大补助经费。当下非遗经费的安排虽逐年好转，但是在没有"法规化"的当下，每年的经费安排都不确定。所以制订一个非遗经费安排的长期规划是十分有必要的，且应该加大非遗资助力度。二是让非遗补助惠及每一个项目，特别是濒危项目。

4. 注重非遗保护与科技研发的关系

2014年8月20日，文化部公布了加强非遗保护的十一项措施，其中特别提出，要加强非遗保护与生产技术的研发与改进，鼓励非遗衍生品的开

发,拓展与丰富非遗的主题及表现形式。文化部非物质文化遗产司副司长马盛德认为,"文化单纯靠保护是不行的,必须让它为群众带来价值,非遗传承才有群众基础。"广绣传承人陈少芳在非遗传承实践中也有类似的感悟。她认为,在广绣的传承中,仅靠手工绣是没有出路的,要和机器绣有机结合才有可能适应当下市场的需求。① 鉴于此,课题组建议:一是组织代表性传承人在尽量保护非遗项目原生性基础上,寻求传统技艺与现代科技相结合的可行性方案。二是在代表性传承人的指导下实践可行性方案。

5. 把荔湾区西关大屋建筑群建成一个标志性文化生态保护区

文化生态保护区是指在一个特定的区域中,通过采取有效的保护措施,确保非物质文化遗产与相关的物质文化遗产(不可移动文物、可移动文物、历史文化街区和村镇等)、自然环境、生产生活方式、经济形式、语言环境、社会组织、意识形态、价值观念等构成共生共存、相互作用的文化生态系统的真实性、活态性、完整性,使其自我调节、自我发展的能力得以充分体现。② 从全国的文化生态保护区建设来看,很多保护区中出现"人去楼空"的怪象,即当地人搬出街区,现在生活在那里的人则是后来为旅游开发而搬进去的外来人,文化主体地位没有得到应有的重视和尊重。这样"物是人非"的建设大大破坏了文化生态保护区的历史底蕴。广州市西关大屋建筑群的优势在于它不仅保持着民国时期的历史建筑,而且居住着生于斯长于斯甚至连普通话都不会讲的老广州人,他们保留着老广州最传统的生活方式。这是一个天然的文化生态保护区。相关部门应加强对它的规划,使建筑群内闲置的、没有被充分利用的非遗资源得以彰显其价值。

6. 重点招聘非遗专业人才

鉴于广州非遗专业从业者数量有限,我们建议应该在有限的编制内尽量多地招收非遗专业人才。广州市招聘非遗专业人才有其地域优势。这是因为在中山大学有非物质文化遗产研究中心,它是教育部重点基地,专门培养非

---

① 访谈对象:陈少芳,广绣国家级代表性传承人,访谈时间为2014年12月18日。
② 宋俊华:《文化生态保护区建设存在的问题及对策》,《中国文化报》2011年9月1日。

遗专业人才,其中包括硕士和博士这样的高端人才,我们可以近水楼台先得月。

附录 2014年广州市非物质文化遗产项目补助经费工作安排表

序号	申报区域或单位	项目	保护单位	金额(万元)	补助经费使用范围
1	越秀区	象牙微雕	越秀区文化馆	10	象牙微雕传承人口述资料,支持传承人传艺授徒
2	海珠区	广彩	海珠区艺一彩瓷精品店	10	开展广彩颜料研制课题
3		广州榄雕	海珠区文化馆	5	广州榄雕传承人口述资料采集整理,支持传承人授徒传艺
4	荔湾区	木鱼书说唱	荔湾区文化馆	5	完善木鱼书说唱的档案资料,支持传承基地的传承培训活动
5		广彩	荔湾区文化馆	5	扶持传承基地开展传承活动
6		广绣	广州市鹏喜工艺品有限公司	5	整理国家级传承人陈少芳技艺及作品资料
7	白云区	红木宫灯制作技艺	白云区神山艺华美术工艺厂	5	开展广式宫灯的当代产品创新研究
8	黄埔区	波罗诞	黄埔区文化馆	5	搜集整理波罗诞的历史资料
9	花都区	广州灰塑	花都区文化馆	5	区文化馆配合传承人邵成村整理岭南灰塑艺术
10		广州珐琅制作技艺	花都区新华承峰珐琅艺术工作室	10	传艺授徒、培养接班人,恢复传统画珐琅技艺
11	天河区	米机王咏春拳	米机王文化传播有限公司	5	传承人口述资料采集整理,开展传艺授徒活动
12	番禺区	广东音乐	番禺区沙湾文化中心	10	搜集整理广东省音乐的历史资料,支持传承人开展传艺授徒活动
13		潭山飘色	番禺区化龙镇河山村村民委员会	5	整理、完善飘色基础档案资料,培养飘色传承人
14		广彩	番禺莲花彩瓷实业有限公司	10	传承人口述资料采集整理,开展传艺授徒活动
15	萝岗区	端午午时茶	萝岗区文化与博物馆	5	搜集整理午时茶档案资料
16	南沙区	广州咸水歌	南沙文化发展中心	5	传承人口述资料采集整理,支持传承人传艺授徒

续表

序号	申报区域或单位	项目	保护单位	金额（万元）	补助经费使用范围
17	从化市	鳌头醒狮	从化市文化馆	10	开展醒狮传习、教学活动，支持传承人授徒传艺
18		掷彩门	从化市文化馆	5	搜集整理掷彩门活动档案资料
19	广东音乐曲艺团有限公司	粤曲	广东音乐曲艺团有限公司	10	出版粤曲专著，整理粤曲资料，建立数据库
20	广州市文学艺术创作研究院	粤剧	广州市文学艺术创作研究院	15	开展粤剧身段谱调研、整理
21	广州市致美斋酱园有限公司	致美斋广式调味品制作技艺	广州市致美斋酱园有限公司	5	传承人口述资料采集整理
合计				150	

资料来源：广州市非物质文化遗产保护中心。

B.8
广州市越秀区公共文化服务体系的现状、问题及对策

夏新年*

摘　要：	本文从介绍越秀公共文化服务体系的现状以及越秀公共文化服务体系建设的新思路、新方法入手，分析了越秀公共文化服务体系建设的困境和解决办法。
关键词：	越秀区　公共文化服务体系　创新

近年来，越秀区按照建设文化强省、广州世界文化名城的思路，围绕建设"文化强区"的目标，坚持"结构合理、发展均衡、网络健全、运行有效、惠及全民"的原则，大力发展公共文化服务，初步建成覆盖越秀区的公共文化服务体系，较好地满足了人民群众的文化需求。

一　越秀区公共文化服务体系建设的基本情况

越秀区文化干部队伍结构合理，队伍中72.9%为本科以上学历，其中高、中级职称占23.8%，初级职称占31.3%。截至2014年10月，越秀区共有区属图书馆1个，藏书53.44万册，存有40万册电子图书、7500种电子期刊、500多种电子报纸，可提供阅览座位1000多个，被认定为"国家一级图书馆"；区属文化馆1个，场馆集展览厅、小剧场、健身中心等多种

* 夏新年，越秀区委宣传部宣传科副主任科员。

功能于一体，重点打造展览、展演、创作、培训四大基地，设立了越秀区文化艺术培训中心等"阳光教育"未成年人艺术基地4个，吸引了鳟鱼歌剧艺术团、岭南艺术团等25支中心团队，是"国家一级文化馆"，每周定期为群众提供高品位文化产品和高质量文化服务，被誉为"百姓文化大院"；此外，还有越秀区属博物馆、纪念馆27个，省特级文化站11个、省一级文化站7个，社区文化室267个，社区书屋21个，文体广场167个，其中街道文化站和社区文化室的覆盖率为100%。以上述公共文化服务资源为基础，通过与省、市公共文化资源共建共享，越秀区形成以图书馆、文化馆、博物馆为龙头的省、市、区、街、社区五级公共文化服务网络，构成全省公共文化设施密度最高、设施最齐全、需求最便利的"10分钟文化圈"，让居民群众出行不到10分钟就可以享受到公共文化服务。

在强化公共文化服务基础建设的同时，越秀区不断加大公共文化建设的经费投入和政策扶持力度。越秀区成立了由区委、区政府主要领导牵头的区文化发展咨询委员会，专门研究和部署文化工作重大事项；区财政每年安排不低于总支出1.5%的文化事业经费用于扶持文化事业发展，自2007年起每年安排专项经费扶持重点文化活动项目，从2008年开始每年给予特级文化站、一级文化站额外经费保障；先后出台《中共越秀区委、越秀区人民政府关于进一步加快文化发展的决定》《越秀区公共文化服务绩效评估办法》《越秀区文化发展规划》《越秀区文化产业发展规划》《越秀区街道文化站管理暂行办法》等系列文件。坚实的公共文化服务基础，加上有效的经费保障、合理的政策扶持，推动了越秀公共文化服务体系的不断完善，带来了良好的服务成效。2009年，越秀区获评"全国文化先进单位"，2013年越秀区申报的"中心城区公共文化服务体系创新工程"被评为国家公共文化服务体系示范项目。

二 越秀区在公共文化服务体系建设上的新举措

公共文化服务体系是系统而庞大的工程，基础设施、经费保障、政策支持共同搭建了基本的框架,其核心则是服务本身。越秀区着重从发展模式、服务载体、服务手段三个方面进行创新,不断为公共文化服务体系注入新鲜的血液,有效提高了公共文化服务的效能。

1. 创新发展模式,探寻公共文化服务建设新思路

(1)博物馆群建设"微博"模式。越秀区制定了《越秀区民办博物馆建设扶持办法》,将微型博物馆建设作为社会资源参与公共文化建设的试点项目,培育多元化公共文化服务供给主体,探索公共文化服务建设的新方向和经验。开放的政策扶持加上良好的人文气氛,激发了众多社会资源参与越秀公共文化服务建设的热情。在社会力量的积极参与下,越秀区先后打造了东濠涌博物馆、东平典当博物馆、北京街考试博物馆、光塔街民族文化博物馆、广卫街都府社区"广府文化会馆"等27个各具文化特色的微型博物馆。蓬勃兴起的微型博物馆专注于单一领域,特色鲜明,既有效弥补了区博物馆主题分散的短板,促进了越秀区博物馆事业的繁荣发展,也为公众提供了更多的公共文化场所,促进了公共文化服务的便捷化。

(2)历史文化资源传承"活化"模式。作为广州建城以来的政治文化中心,越秀区拥有丰富的物质文化遗产和非遗资源。诸如万木草堂、青云书院、广府通草画,无不是具有相当价值的文化遗产。秉承"保护为主、合理利用、活古惠今"的原则,越秀区以"东平大押"为试点,与广州衡盛典当有限公司合作,将东平大押改建为广州市东平典当博物馆,实现了国有文物保护单位资产社会化公益运作的突破,以此为模板成功活化了万木草堂、逵园等一批拥有较高历史文化价值的建筑遗产。重新进入公众视野的万木草堂不但成为民众了解近代维新变法运动的重要场所,更因为经常主办广府文化、国学等系列讲座,成为传播传统文化的要地。以艺术馆形式出现的逵园,则通过举办内容丰富的艺术展,赢得了越来越多的人气,被誉为"广州的市民画廊"。东平大押、万木草堂先后作为范例入选由国家文物局举办的"海峡两岸及港澳地区建筑遗产再利用研讨会"。活古惠今的模式,是越秀克服公共文化发展空间不足的破局之举,实现了历史文化资源保护和公共文化服务发展的协同推进。

(3) 民间文艺团队"孵化"模式。据不完全统计,越秀区一定规模的民间文艺团队达400多支。为了扶持打造一批品牌民间文艺团队,发挥他们在群众文化活动中的带动作用,促进文化共建共享,越秀区在区文化馆创建"品牌民间文艺团队孵化基地"。基地吸纳了鳟鱼歌剧艺术团、芳华十八时尚国乐团等十多支专业团队入驻,并由这些专业团队对一批有潜质的民间文艺团队进行全方位的指导和帮扶,实现了区域内品牌民间文艺团队活动的基地化,用"小基地"孵出"大文艺"。基地的诞生有效地推动了越秀公共文化体系建设,不但提升了区内业余文艺团队的文艺素质和演出水平、培养了系列品牌团队,更以免费专场、巡演等形式回馈广大市民,为其带来了丰富的文化大餐。

2. 创新服务载体,赋予公共文化服务新活力

普惠是越秀在公共文化服务体系建设过程中一直坚持的原则。为实现这一目标,越秀主打传统文化和社区文化两张牌,合理搭建平台,创新服务载体,孕育推出了一系列深受群众喜爱的文化活动。

(1) 传统文化活动有品牌。为用好越秀区固有的文化资源,越秀区提出了建设广府文化核心区的理念,主动研究推广,积极开展文化交流,大力实施文化遗产保护和开发,推动文化与相关产业的融合,形成一套完善的工作机制,成功地把广府系列文化活动打造成越秀区的文化品牌。通过"广府文化"这一品牌,每年推出诸如迎春花市、广府庙会、广府文化旅游嘉年华、广府书画摄影大赛、广府大学堂等一系列主题文化活动,以品牌的影响力、辐射力、凝聚力带动和促进市民参与文化活动。围绕"广府文化"等主题,越秀区每年组织各类大型群众文化活动、国际性展览近100场,其中,"广府庙会"被评为"广东省特色品牌活动"。"广府文化"系列主题活动,还带动了粤语讲古、广府通草画、粤剧等传统文化的逐步复兴,特别是通草画项目,通过实施"五个一"活动,在越秀区实现了常态化的传承教育机制。

(2) 社区文化活动有特色。越秀区大力实施"精品文化社区"计划,以"一街一品牌""一社区一特色"为目标,依托社区人文资源,斥资打造了融岭南民居特色和西洋建筑文化于一体的六榕街旧南海县社区、具有鲜明铁路文化特色的梅花村街共和村社区等35个特色文化社区。此外，举办"幸福社区文化节"，引导街道、社区及各机关团体单位组织开展以社区居民为主体，群众喜闻乐见的系列展演、展示活动，形成风格各异的社区文化服务品牌。例如大东街积极推进以"金雁之家"为主要阵地的"金雁工程"，为流动人员提供多种多样的文化娱乐活动；北京街每年举办"邻里节"，融洽街坊邻里之间的关系，促进社区和谐；还有珠光街的"珠光璀璨社区文化节"、洪桥街的"客家山歌节"、光塔街的"民族文化艺术节"、建设街的"活力彩"社区文体活动等。特色化的社区文化活动，结合了社区的人文特点、迎合了社区个性化的文化需求，改变了过去社区文化活动形式单一，内容重复，千人一面的窘境，让群众真正体验到创新公共文化服务体系带来的变化。

3. 创新服务手段，推动公共文化服务高效化

公共文化服务的推送速度是影响公共文化服务质量的重要因素，为满足多变的公众文化需求，越秀抓住高新技术迅猛发展、文化与科技深度融合的有利契机，积极推进公共文化服务的数字化、网络化建设，努力构建数字化的现代公共文化供给网络，推出多种现代化的服务手段。以越秀图书馆为例，其将数字化应用于图书馆多个服务环节：一是实施文化共享工程。每年持续投入运行维护、建设经费，实现了服务的全覆盖、标准化建设，建成以越秀区图书馆为中心，辐射到93所学校、290个基层服务点、1个军营服务点的文化共享工程服务网络，达到社区全覆盖。该工程可提供电子图书以及中国期刊全文数据库、电子动漫书、文化共享工程视频资源等一系列数字资源，实现随时、随地的文化共享服务。越秀区图书馆也因此获评"全国文化信息资源共享工程·公共电子阅览室示范点"。二是建立RFID书架导航系统。在全市率先建成RFID书架导航系统、24小时自助还书系统，为读者提供全天候自助办证、还书、智能化文献定位导航等服务。三是开通"掌上图书馆"。在全市第一个推出"掌上图书馆"，市民通过手机登录后动动手指就能掌握图书馆的各种信息。2015年图书馆还率先在全市推出了"掌上越图"手机客户端，进一步拉近了图书馆和市民之间的距离。

三 公共文化服务体系面临的问题及其解决思路

全方位的创新有力地推动了越秀公共文化服务体系建设,初具雏形的公共文化服务体系成效亦日渐显现;但空间不足、行政级别低等因素,仍然在根本上制约着越秀公共文化服务体系的深度发展,引发了人才队伍建设滞后、文化产品多样性不足等一系列的问题。要破解这些难题,绝非一朝一夕就能实现,当前最主要的还是要坚持创新、因地制宜地走发展现代化公共文化服务体系的道路,特别是要牢牢抓住打造北京路文化核心区的契机,围绕北京路文化核心区发展战略,充实和丰富核心区文化元素,整合和聚集资源优势,创新和拓展公共文化展示平台,以此辐射推动区域内的公共文化服务全面发展。

1. 实施公共文化服务设施提升工程

省非遗馆暨大小马站书院群项目、东园历史文化广场、广府民族民俗文化特色街区、南粤先贤馆一期工程、通明阁复建工程等一批重大文化项目建设,在一定程度上舒缓公共文化资源的供给不足、总量偏少带来的压力。通过在公共文化建设上持续的经费投入,新增若干精品设施,更新改造一批旧设施,从整体上提升文化服务设施的质量,让越秀区的文化建设,与经济社会发展进程相适应,与越秀区在广州市2000多年来的政治、文化核心地位相适应。

2. 实施公共文化资源整合共建共享工程

进一步用好用活辖内的文化资源。对内,建立部门协调机制,文化、广电、新闻、出版、宣传、党建、教育、体育、科技、妇联、团委等部门密切协作,互通信息,共享资源,共同推进基层公共文化发展繁荣;对外,逐渐把工作的重点由"办文化"向"管文化"转变,在发挥公共文化服务主导作用的同时,充分运用各种手段调动广大人民群众的积极性,鼓励社会力量、社会资本参与提供公共文化服务,继续探索省市区公共文化资源共建共享机制,利用汇集在区内的众多企业、高校、科研机构等公共文化服务机构,将其充分整合为分属不同级别、不同单位的文化设施资源,以此填补区域内的文化建设洼地,从而促进公共文化服务的均等化、标准化,让文化的阳光普照大众。

3. 实施公共文化服务人才引领战略

实施"越秀文化人才计划",把文化人才作为公共文化服务建设的着力点和切入点:一方面,大力加强文化室管理员等基层文化人才队伍建设,推动公共文化服务体系的建立与完善,使文化人才的中坚力量与基础力量互为补充,共同促进宏大文化队伍的成长;另一方面,努力造就高层次领军人物和高素质文化人才队伍,以此引领文化的发展与创新。中坚和基层力量的巩固主要通过加大对文化干部的管理培训、启动民间艺人保育工作、发展文化职业教育、打造文化辅导员志愿队等方式实现。高端文化人才的培育方面,则结合"越秀区杰出人才评选活动""越秀文化名家评选活动"等进行,完善创新人才的选拔、评价、扶持、管理和激励机制,营造尊重人才、善待人才的良好氛围,以此聚集人才,增加人气,打造越秀文化人才高地。

4. 实施公共文化服务产品创新工程

针对文化产品多样性不足的问题,通过创新文化产品的内容和形式,重点打造"广府文化博览区""智慧越秀社区文化服务平台""精品文化社区"等一批公共文化服务产品品牌,从服务的广度、深度两方面同时着力,提供更丰富的产品。例如,结合区情特点尝试建设"越秀文化生态保护区",实现非物质文化遗产与物质文化遗产的融合共生、有机发展,探索公共文化服务产品。

B.9
加强广州市历史文化遗产保护与"活化"的思考和建议

高旭红*

> **摘　要：** 本文从广州历史文化遗产保护与"活化"的现状分析入手，思考目前存在和需要解决的问题症结，并借鉴海内外及本土的相关成功案例，提出对广州市历史文化遗产保护与"活化"工作的建议，为政府决策提供借鉴。
>
> **关键词：** 广州　文化遗产　活化

广州是历史文化名城，保存了较多的历史文化遗产。随着社会经济发展和城市化进程的加快，广州的历史文化遗产保护与再利用工作面临严峻挑战，一方面在第三次全国不可移动文物普查以及历史建筑普查等工作结束后，广州列入名录中的历史文化遗产数目急剧增加；另一方面社会及经济的快速发展加大了历史文化遗产的保护利用难度。如何在推进社会经济发展的同时又保护与"活化"好这些历史文化遗产，成为广州市亟待破解的难题，这对各级政府、社会公众都是一个巨大的考验。

一　广州历史文化遗产保护与"活化"的现状及问题

广州的历史文化遗产由不可移动文化遗产（包括文物、历史建筑、传

---

* 高旭红，广州市越秀区文化广电新闻出版局，主任编辑，主要研究岭南历史文化、金石文化，系中华诗词学会会员、广东省作家协会会员、广州炎黄文化研究会理事。

统风貌建筑）、可移动文化遗产、非物质文化遗产、名树古木、历史街区、地下埋藏文物区等组成。广州通过多次的文化遗产普查，基本摸清了历史文化遗产的家底。广州目前有文物 3367 处，其中全国重点文物保护单位 29 处，广东省文物保护单位 42 处，广州市文物保护单位 251 处，区县文物保护单位 224 处，尚未核定公布为文物保护单位的不可移动文物 2821 处；16 片地下埋藏文物区；广州市三批历史建筑和传统风貌建筑共 558 处；26 片历史文化街区、20 片历史风貌区；广州市非物质文化遗产共 77 个，分别是世界级 2 个、国家级 16 个、省级 30 个、市级 29 个。

近年来，广州市积极加强历史文化遗产的立法和制度建设，已陆续出台《广州市文物保护规定》《广州市历史建筑和历史风貌区保护办法》等法律和规范性文件，加大了对历史文化遗产的普查和保护力度，建立了不可移动文化遗产保护工作联动机制，形成历史城区"一城两带多区"的保护框架。

从目前广州市不可移动文化遗产的构成来看，以近现代建筑为多，清代之前的古建筑保存较少。

从物业权属方面来看，涉及单体建筑的历史文化遗产，如文物、历史建筑、传统风貌建筑，属于非国有的不可移动文化遗产占比较大，国有的不可移动文化遗产占比较小。其中，广州市公房和代管房中属历史建筑的约占全市总数的 8.8%，大部分为住宅，均有住户居住。

从目前广州市"活化"历史文化遗产的情况来看，目前虽然涌现出"东平大押""万木草堂""逵园""红砖厂"等一些典型的"活化"历史文化遗产的案例，但在全市的所占比重极小，影响辐射面还不够广，尤其是历史街区的"活化"缺乏有影响力的成功案例。

在调研中，可以了解到，目前政府和社会人士对历史文化遗产的保护较为重视，政府自 2014 年起加大了对历史文化遗产尤其是不可移动文物保护的投入，但在"活化"再利用方面目前还存在短板，还需要进行积极的研究和探索。

（一）历史文化遗产的存续状况令人担忧，产权复杂，"活化"基础较差

许多历史街区的风貌在"旧城改造"的名义下改变，多数文物和历史建筑因年代久远失修，在利用上无法适应现代需求，常年超负荷使用，存在消防安全隐患等问题。历史文化遗产中的建筑类产权复杂，国有的建筑主要是由政府部门单向控制和管理，且存在"多头管理、表面管理"现象；非国有的建筑因存在较多华侨房、一房多业主、房屋现状差、业主意见不统一、维修和利用难等问题；部分历史建筑的产权不明，为职能部门进行积极保护设置了重重障碍，导致"活化"基础较差。物质文化遗产注重所处地块的物质属性和经济价值，忽视其所蕴涵的丰富的文化属性以及人文价值，亟待探寻在保存其历史信息的同时转换功能。非物质文化遗产存续"活态传承"方面出现断层，其所处的"原文化生态环境"变化较大。

（二）广州缺乏对历史文化遗产保护与"活化"的规范化的体系建设

从法规制度、组织机构、管理体制以及政策引导等方面还有待形成一套完整的体系，尤其是广州的社会经济发展成就与城市历史文化保护传承的投入和效果不完全匹配。历史文化遗产保护与利用没有基层承接部门，人员不足，专项经费欠缺，政府在制定配套的保护法规、政策上也缺乏灵活性，往往不能根据实际需要及时出台相应的措施。对于文化遗产的"活化"再利用缺乏有效的监管措施和机制。

（三）目前历史文化遗产保护与"活化"的模式较为固定单一

社会各界对历史文化重保护轻"活化"，其"活化"利用方式普遍缺乏灵活性，渠道有待拓宽。比如对于国有历史文化遗产的"活化"是否一定要艺文化、社区化、公益性？导致使用人对"活化"历史文化遗产的积极性不高。而非国有产权的物业权属情况复杂，"活化"的社会参与度较

低,成效不明显。因此需要在实践中因地制宜地探索多元的"活化"模式。

(四)政府仍在历史文化遗产保护与"活化"方面唱主角

在管理体系上主要是由政府部门单向控制和管理,且存在"多头管理、表面管理"现象。对于有极高价值的历史文化遗产可以考虑政府购买后再利用,但若靠政府购买,既需要考虑资金问题,也需要思考买下来怎么处理的问题。对于一些历史文化遗产本身有商业价值的,可通过引入商业机制获得保护与重生,对于一些缺乏商业价值的历史文化遗产,又该怎么办?

(五)历史文化遗产的保护与"活化"还未充分调动民间资本的积极性

民间力量在保护和"活化"历史文化遗产中可以起到强有力的补充作用,尤其是民间力量具有很高的灵活性。比如非国有的古旧建筑多数产权复杂,不适用政府包办与行政命令。而民间力量对此类物业的保护"活化"有一定优势,目前这一模式尚在探索中。

二 国内外及广州本土的历史文化遗产"活化"成功经验

采取再利用模式对历史文化遗产进行保护和"活化",是在国际文物古迹保护实践中日益普遍的策略;在国内部分城市中也进行了一些探索并取得了较好的经验。

(一)英国

英国90%以上的建筑属于准文物建筑(相当于广州的历史建筑),准文物建筑相对于文物建筑有更具弹性和宽松的保护和"活化"措施,对其建筑的功能改造允许更开放和商业化。因此在英国可以看到,许多外立面保持历史风貌的建筑里面是现代的餐厅、影剧院等商业场所，在保持建筑群落和街区原风貌的前提下升级改造了老城区。为了鼓励公共参与，调动民间的积极性，1994年成立了英国文化遗产彩票基金（Heritage Lottery Fund），以项目资助的形式对包括历史建筑群落和老街道在内的各种自然遗产和人类遗产进行科研调查、维护活化等，资助金额从数千英镑到数百万英镑。对于愿意把历史建筑开放给公众的私人业主，该基金还可资助其修缮日久失修的建筑物。

（二）中国香港

为了不让香港老建筑破败和淘汰，香港特区政府推出了"活化历史建筑伙伴计划"，作为政府文物保育政策一系列措施的主要部分，给它们赋予可持续的新用途、再利用。因为是由政府与非政府机构共同合作，并加大公众参与的力度，所以称为"伙伴计划"。香港的"活化历史建筑伙伴计划"既保留了香港历史风貌的相关内容，又最大程度地节约了城市建设运营成本，较好地处理了历史文化遗产"保育"与"开发"的关系。比如，香港二级历史建筑美荷楼，于1954年落成，是香港硕果仅存的"H"形六层徙置大厦，属首批"活化历史建筑伙伴计划"项目，2009年初由香港青年旅舍协会投得活化及运营权，已活化为青年旅舍，设置的"美荷楼生活馆"留下了徙置区居民的集体记忆。旧大澳警署已活化成"大澳文物酒店"，旧大澳警署本有为水警提供短时间栖息的功能，而酒店也是市民和游客在旅途中的安身之所，只是服务对象有所不同。活化工程是根据《布拉宪章》保育准则来进行的，于改动建筑前先行制订保护计划，反复探讨大澳警署在美学、历史、科学或社会等多方面的价值。所有的改动和加建，都经过香港古物古迹办事处和古物咨询委员会的审批。

（三）上海

上海在以保障住户基本权益为基础的活化利用市场机制的建构方面卓有成效。鉴于公有历史文化遗产占有较大比例，为此，自2003年起上海市政府在各区成立国资公司,针对公有历史建筑进行开发运作。通过"政府协调支持、专家指导把关、企业具体运作、市民积极参与、社会各方配合"的运作模式,黄浦区外滩源、卢湾区思南路47街坊、徐汇区建业里等项目已初见成效,达到重现风貌、重塑功能的保护目标,具有一定的示范引领作用。房管部门会同规划、文管等部门对保存较好的历史风貌的街区进行了保护与更新利用,如泰康路、田子坊等历史街巷;在具有保护价值的产业遗存的保护技术、保护利用方式等方面也取得了一定经验,如沙泾路工部局宰牲场(现1933老场坊)、万航渡路湖丝栈、光复路福新面粉厂、中华印刷厂厂房等被修缮改造为创意产业园区。

(四)苏州

苏州注重强调政府力量、国资运作。在3个主要历史街区(平江、沧浪、金闾)成立历史街区保护整治有限责任公司,政府投放资金到责任公司,并以该公司为管理平台,对街区内的历史建筑进行日常巡查、业态管理、保护修缮等工作。

(五)广州

1. 东平大押

东平大押位于广州市越秀区中山四路1号,是越秀区文物保护单位,建于民国初年,现存建筑为当铺的仓储楼。2008年,广州市越秀区公开征集东平大押再利用方案,广州新衡盛典当有限公司的方案最终胜出,方案定位为以展示典当业为主题的博物馆,由区博物馆负责对该公司保护、使用、管理、维护和小型保养维修东平大押的行为进行业务指导和监督,审查公司的运营方案,若发现有违文物保护规定的,区博物馆有权要求更正。该公司在原来维修的基础上再斥资150多万元对东平大押进行了装修和馆藏征集工作,将东平大押打造成广州首家典当行业的博物馆,率先实现了区内国有文物资产社会化公益运作的突破。自对外开放以来,每年参观人数约4万人次,获得了较好的社会效益。

2. 万木草堂

万木草堂位于广州市越秀区中山四路长兴里3号，是广东省文物保护单位。建于清嘉庆九年（1804），原为邱氏书室，是康有为进行维新变法思想宣传传播的重要场所，被视为戊戌变法策源地。为把万木草堂打造成越秀区的文化新名片，探索公益性与市场运作的新模式，2010年6月，越秀区文广新局在网上公开征集万木草堂项目合作方，最终确定与广州市越秀区文德文化商会签约合作管理万木草堂。文德文化商会成立"广州万木草堂文化发展有限公司"，以弘扬康梁文化为主旨，集文化展示、文化讲堂、文化交流为一体，开展国学、琴棋书画培训、展示与表演等活动，挖掘万木草堂的历史文化价值和旅游价值，使万木草堂走出一条有别于其他历史文化遗迹保护工作的路子。

3. 红砖厂

红砖厂创意产业园作为工业遗产保护与再利用的一个典型案例，从开发方式和改造实施具体策略等方面进行了有益探索，成为广州工业遗产保护与再利用模式的成功案例。1956年，当时亚洲最大的罐头厂——广东罐头厂成立，是苏联援助新中国最大的轻工业项目之一，旧厂区内最早的厂房是清一色的苏式建筑，是今天红砖厂的前身。为了响应政府"退二进三"的政策，鹰金钱罐头厂搬离广州市区，但园区的历史老建筑得以保存下来。红砖厂的红砖结构厂房既保留了城市的记忆，又实现了现代艺术文化交流活动与市民生活的互动，创造了一个艺术、人文、时尚、休闲的新都市空间。

三 广州历史文化遗产保护与"活化"的思考建议

绝对的保护与纯粹的再利用对历史文化遗产而言都是双刃剑，广州不仅要保留保护好历史文化遗产，还要善用历史文化遗产"唤醒"它们，加强其使用效益与功能，让它们重新焕发生机。如何趋利避害，实现历史文化遗产的可持续利用，是我们今后需要关注和探索的课题。为此，本文提出以下思路，仅供参考。

（一）逐步完善历史文化遗产保护与"活化"的相关体系

历史文化遗产保护与"活化"包括一整套的体系建设，如保护法规制度、管理体制、政策引导、责任意识等。广州市应逐步逐层落实和完善，形成全社会共同推进的合力。建议广州市参照日本、新加坡等国家和我国的台湾、香港、澳门以及上海等城市的历史文化遗产保护与"活化"经验，从法律、政策、行政方式、价值评估体系、融资渠道、监管措施和机制等多方面形成一套广州市的可操作的策略和方法。

（二）加快广州市历史文化遗产组织机构建设、人才配置和资金投入等相关工作

一是政府应尽快完善广州市历史文化遗产的管理机构，在市和各区分别设立文物局、名城办等机构。如果政府机构力量不足，也可参照上海市成立历史建筑保护事务中心，这一机构在历史建筑的基础管理（保护宣传、普查、信息档案）、修缮改造项目管理（告知、方案审查、保护监管、竣工备案）、技术管理（技术标准、资质审核、人员培训）、技术咨询方面承担责任。

二是应配置必要的专业人才，目前历史文化遗产保护的基层单位，即各区的文物、历史建筑、传统风貌建筑保护管理的工作人员短缺情况较普遍，亟须改善。

三是加大历史文化遗产保护与利用的资金投入，除设置专门的保护经费外，还可尝试建立开发权置换、修缮资金补助等多种形式的奖励和补助制度；可探索设立国资企业对历史文化遗产尤其是历史街区、历史建筑进行评估、收购、置换、保护、"活化"利用等。

（三）探索激励机制，对保护和"活化"历史文化遗产者予以支援和扶持

针对非国有历史文化遗产的业主，可尝试建立一定的激励机制，通过各种方式调动其对历史文化遗产保护和科学合理的"活化"利用的积极性。

对公房和代管房的"活化",可尝试在符合法规及政策允许前提下,允许改变使用性质,拓宽使用功能,增加其"活化"的灵活性,拓宽其再利用渠道。

(四)引入民间资本,鼓励公众参与历史文化遗产的保护和"活化"

借鉴国内外先进城市的经验,民间资本往往能在很大程度上弥补财政资金的缺口。

一是在投入主体方面,要加大政府方面的人才和资金投入。

二是可参照上海、扬州、西安等城市的模式,通过制定相关政策鼓励社会力量投入历史文化保护与"活化"利用,使政府投入和社会投入并举,或者设立国资企业对历史文化遗产进行评估与收购以及功能置换。在上海,已有多区成立了国有控股的投资公司,专门对辖区内的优秀历史建筑进行收储,通过租赁、开发周边地块等方式回笼资金。以徐汇区为例,由上海徐房(集团)有限公司出资成立的上海衡复投资发展有限公司,专业从事成片历史街区保护改造、花园洋房、新式里弄等历史建筑的保护开发,其收储开发的建业里项目是上海市第一批风貌街区保护整治试点项目之一,该项目的成功实施达到了重现风貌、重塑功能的保护目标。

三是政府在发挥民间组织的财力、人力与智慧优势的同时,还应兼顾社会效益、环境效益与经济效益。既保护和合理利用好历史文化遗产,又节省了政府财政支出,从而实现"多赢"的局面。

四是尝试设立"广州文化遗产彩票基金",借鉴英国文化遗产彩票基金模式,并结合本土文化特征予以完善,对文物、历史建筑、历史街区、非物质文化遗产等各种自然和人类遗产进行科研调查、维护活化等相关活动并予以项目资助。

(五)设立历史文化遗产保护和"活化"的试点区域

在保护底线的前提下,应鼓励和呼吁加强公房"活化"利用试点、鼓励各区试点、鼓励有实力的开发单位做试点。建议在广州市历史文化遗产中选择一个便于"活化"的点或者区域，解决诸如历史文化遗产保护与利用的产权问题、功能置换问题、资金平衡问题、观光化或商业化对文化遗产保护的利弊问题等各项实际问题。边实践、边研究、边出试点政策，通过调研分析不断推进相关法规政策的出台。把文物、历史建筑、传统风貌建筑的保护与改善居民生活结合起来，融合街区内的非物质文化遗产，对历史街区实施有机更新。通过试点积累经验，在实践探索中建立一套真正适合广州市历史文化遗产保护与"活化"利用的科学模式和路径，并在全市推广。

（六）规划和实践并重，合理利用历史文化遗存

结合产业结构的调整，根据各类产业遗存的历史价值，在严格保护的基础上，如何合理利用其价值，成为广州城市发展的新课题。每一处历史文化遗产都有其特性，其"活化"方式需要具体问题具体分析，灵活处理。在"活化"历史文化遗产时分清主宾，注重点面结合与区域发展。

一是对城区中点状分布的不可移动历史文化遗产，以及片状分布的历史街区、古村落等，进行科学研究和规划。以点串线，以线成面，从而以典型案例带动区域文化建设，形成新的文化旅游带。"活化"时注重考虑与原建时的功能与区位定性是否相吻合，应适应新的使用要求，在与现代生活紧密相关的再利用中真正实现保护与再生。

二是对历史文化遗产保护与"活化"规定一定的方式与相应改造的约束条件。对文物、历史建筑、传统风貌建筑的保护与"活化"分级对待，历史建筑和传统风貌建筑应与文物的保护和"活化"有所区别，应更为宽松和有"弹性"，让它们继续"活"下去。唯有在社会生活中的合理更新和恰当使用，才能真正体现这些历史文化遗产的有形和无形的价值，可参照上海在武康路以复原性的维修保护历史风貌街区。

三是在现有市场环境和社会意识的前提下，加强对历史文化遗产保护与"活化"的有效监管。建议参照香港对历史建筑"活化"的监管方式，政府在整个过程中进行有效监管。包括获选后准备阶段、工程进行阶段、运营阶

段的监管，政府还规定建筑物开放予公众的程度。在运营阶段将确立一套监察表现系统，包括定期巡查、不定期突击检查、就个别已确定或可能不足之处进行改善及纠正。

四是历史文化遗产的"活化"应注重"内外兼修"，从而达到保护与"活化"的理想效果，如建筑遗产按不同级别与类型的要求做好外部的保护与修缮，恢复其历史风貌，在建筑内部的房屋布置设计等方面尽量与外部风貌统一。

建筑遗产的使用现状与建筑的使用性质、内部设计功能尽量一致，如"活化"功能对建筑的保护产生严重影响的，可以恢复、调整或者改变建筑的使用性质、设计使用功能。

（七）加强宣传，充分调动社会对历史文化遗产保护与"活化"的积极性

通过对典型案例的宣传，引导全社会参与历史文化遗产的保护与"活化"。对每个不同的历史建筑或历史街区的"活化"方案，强调公众参与，充分听取市民、业主对地区发展的建言；邀请专家，并会同属地管理部门，集思广益，研究保护与"活化"对策。

总之，广州是有着2000多年历史的文化名城，如何在实践中探索出科学的模式和路径，做好城市历史文化遗产的保护和"活化"再利用工作，是当前政府和社会各界需要面临的挑战。希望政府和社会各界群策群力，为保护和"活化"历史文化遗产做出努力，从而推动广州历史文化遗产的可持续保护和永续利用，延续城市文脉，提高城市生活品质，建设世界文化名城，让历史文化遗产的星星点点汇成广州历史文化名城的璀璨星空。

B.10
广州市荔湾区岭南风情区文化遗址的保育与活化

中共广州市荔湾区委党校（区情研究中心）课题组 *

摘　要：	本文分析了荔湾岭南风情区历史文化遗址的特殊地位和重要作用以及目前其保护和产业转型中面临的挑战，并提出了保育与活化的战略思路以及对策建议。
关键词：	荔湾　岭南风情文化遗址　保育

　　长期以来，历史文物资源的传承保护工作力度较大，但活化利用不足，一方面许多历史文物资源处于"沉睡状态"，未能充分以文化产品、文化服务形式实现价值扩张；另一方面我们却在不停地仿造、追逐外来的文化精品。习近平总书记曾指示"不能毁了真宝贝，引来假宝贝"。根据荔湾区委建设"一区（岭南风情区）、一城（花地生态城）、一岛（大坦沙岛）"的战略部署，传承保育和活化利用荔湾岭南风情区文化遗址，对荔湾建设世界文化名城核心区和国家级文化遗址保护示范区有着重要意义。

---

* 课题组成员：陈剑玲，中共荔湾区委党校常务副校长、高级讲师；陈荣平，博士，广东省社会科学院现代化战略研究所教授；杨祖定，中共荔湾区委党校副校长；姚佑銮，中共荔湾区委党校教学培训科科长、高级讲师；蔡丽茹，广东省社会科学院现代化战略研究所助理研究员；李海峰，中共荔湾区委党校教学培训科副科长、讲师。

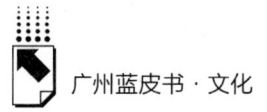

一 荔湾岭南风情区历史文化遗址的特殊地位和重要作用

（一）百年"一口通商"的商贸重镇和现代商业先锋

荔湾区十三行是清朝全国唯一的国家级对外贸易商埠，也是海上丝绸之路的发祥地。历史上，荔湾区一直是广州的商业中心，与市区东面的政治中心——东山，一政一商，遥相呼应。改革开放以来，得益于广东开风气之先，荔湾历史悠久的商业文明在新时期焕发出新的活力：白天鹅宾馆、胜利宾馆、清平中药材批发市场、黄沙水产品市场、十三行服装批发市场、上下九步行街以及各色古玩街等成为国内开发最早、海内外享誉最高、拥有"先师"地位的商业配套和专业市场，延续着昔日商贸的繁华。

（二）岭南建筑文化根据地和旧城风貌保留区

作为岭南文化的中心地，荔湾区辖内历史文化遗存集中，核心文化符号鲜明且具有不可复制性。走入荔湾，展现在眼前的是基本完整的旧城风貌格局，麻石铺砌的街巷里，中西文化多元兼容的岭南特色建筑比比皆是：清末民初传统民居西关大屋、百粤祠冠陈家祠、恩宁路与上下九的骑楼街、西方古典建筑群沙面欧陆风情区、竹筒屋等建筑中外闻名。广州酒家、陶陶居、莲香楼等百年老字号茶客依旧络绎不绝。目前辖区共有古建筑、坛庙祠堂、近现代重要史迹及代表性建筑等文物保护、登记保护及线索单位162处255个点。其中，国家级文物保护单位3处56个点、省级5处5个点、市级27处63个点、市登记文物保护单位21处24个点、区级文物保护单位共106处107个点。传统的城市格局和众多的典型风格建筑为保护和弘扬岭南文化提供了重要载体。

（三）非物质文化遗产集中地和文化名人荟萃之所

广州市荔湾区是粤剧曲艺、岭南文学、岭南画派的重要发源地，是诗人词人、书画名家荟萃之地，素有"粤剧曲艺之乡"美称。新中国成立以来，粤剧名伶薛觉先、马师曾、芳艳芬、张活游等先后选择在这里落脚置业，李曲斋、黄志坚、邓长夫、黄子厚、李伟、林少明、卢有光等书画文化名人相继涌现。除此之外，区内至今仍保留着具有千年历史的广府传统民俗，如荔枝湾的水上花市、"三月三·荔枝湾"、"五月五·龙舟鼓"等老广州民间艺术节以及仁威庙的民俗祭祀活动等。依靠粤曲、粤剧在西关的深厚群众基础，目前区内粤剧爱好者自娱自乐的"私伙局"就有40多个，荔湾每年举办一届民间音乐曲艺"私伙局"大赛。据统计，现在全区共有19个非物质文化遗产项目，其中粤曲、广州玉雕、岭南木偶戏为国家级，非遗传承人27人，其中国家级3人、省级15人。

得益于丰富的文化遗产资源，荔湾区先后被评为中国曲艺之乡、广东省实施"南粤锦绣工程"文化先进区、广东十大传统美食之乡，沙面街被评为中国历史文化名街，粤曲《情醉珠江》《西关食通天》《南音新唱十三行》荣获国家群星奖。2014年，荔湾区更被国家文化部评为"全国文化先进区"。

二 荔湾岭南风情区文化遗址保护和产业转型面临的严峻挑战

当前，荔湾区在文化遗产保护和产业经济发展上面临的严峻挑战主要有：旧建筑等文化遗产遭受破坏，新建筑与旧城风貌不协调；旧城区保护和改造体制的不完善，改造手段的单一和成本居高不下；本地居民的居住环境较差，旧城空心化和老龄化严重；产业转型升级滞后，仍没有摆脱观光旅游的低端业态。

（一）"旧城改造"造成古建筑破坏严重，新旧城风貌不协调

由于大规模的"旧城改造"，房地产管理开发无序，地产商绑架规划、

破坏文物保护的现象较为严重，致使很多珍贵的文化遗产遭受破坏。因为早期"旧城改造"的标准过分简单，主要是根据建筑物面积大小和质量好坏，而不是根据其历史价值来决定拆还是留，致使大量历史建筑被夷为平地。比如，被民间誉为"广州最美老街"的恩宁路骑楼街大片西关大屋被毁，金声电影院、李小龙祖居、八和会馆、宝庆大押、銮舆堂、泰华楼和一片古老民居也是摇摇欲坠。与此同时，新旧建筑参差不齐，乱象重生。不适当的新建（主要是大型市政建设及部分高层建筑等）造成历史建筑的外在环境与原始风貌被严重破坏，产生不可逆转的损失。

（二）旧城保护和改造体制的不完善，改造手段的单一和成本居高不下

旧城保护和改造是一个复杂的综合系统工程，它涉及社会效益、经济效益、环境效益、文化效益等多方面的平衡与完善，关系政府部门、房产开发商和普通居民的利益博弈。由于目前广东省对于成片旧街区的保护和改造仍处于探索阶段，改造手段单一，工作体制不完善，公众参与仍然薄弱。加上广州是全国房价较高的城市之一，随着旧城保护和改造力度的加大，传统改造模式的成本居高不下，政府和开发商面临巨大的财政压力。

（三）老城空心化和老龄化严重，本地居民居住环境恶劣

由于辖内民居年代久远，房屋建筑因岭南潮湿炎热的气候显得格外破旧，市政公共服务设施严重老化杂乱，部分老西关居民的居住条件甚至可以用"恶劣"形容。例如因为地势低洼和排水设施落后，"落雨大、水浸街"的现象时有发生，许多家庭的家具都长期垫高近20厘米；很多居民家里甚至没有厕所，仍需要到街道的公共厕所解决。群租和历史遗留的多户共住现象突出，特别是公屋产权关系复杂，更新维修困难。居住环境一直得不到改善的结果是本地人的大量迁出和外来就业人口的涌入，旧城的空心化和老龄化无疑进一步加重了老建筑的破落，也对社区归属感和幸福感产生极大的冲击，缺少"人"的历史街区其活力和生命力都是大打折扣的。

（四）产业转型升级滞后，旅游业仍没有摆脱观光旅游的低端业态

成行成市是荔湾旧城的经济业态特征，以批发业最具特色。但批发业态旺丁不旺财特征明显，如十三行服装批发市场，大量外来就业人口涌入，给辖内带来较大的卫生环境、交通、消防、维稳等压力。此外，由于广州商业发达，致使有限的资源基本上集中到传统的商贸和零售业，加上旅游业长期得不到应有的重视、发展思路定位不清、布局混乱、配套设施不全、旅游产品更新换代滞后，所以，荔湾区的旅游业至今仍没有摆脱观光旅游的低端业态，基本上停留在本地居民节假日自娱自乐阶段，与现代服务业的发展、新经济活力的提振以及发展模式转型升级等的要求都有较大差距。辖区的旅游运营商停留在低层次的"零售"阶段——以组团参观、接待旅游团和收取服务费为主，基本上没有实现由运营向投资的转变，新增的旅游投资较小，直接影响旅游消费和旅游收入，与荔湾丰富的旅游资源极不相符。

三 荔湾岭南风情区文化遗址保育与活化的战略构想

（一）新文博模式借鉴：博物馆旅游和生态博物馆

解决荔湾面临的问题，需要有创新的思路和手段。博物馆旅游和生态博物馆的提出为荔湾打造岭南风情区奠定了坚实的理论基础，也为荔湾文化遗产的保护性开发、城区软实力提升提供了可资借鉴的方法和模式。

1. 博物馆旅游：强调文化遗址的整体保护和开发建设的"原汁原味"

广义上讲，山西的平遥，云南的丽江（包括大研古镇、束河古镇和白沙古镇），安徽的西递、宏村等，都属于博物馆旅游的一种形式。由于这些古城遗址、古镇遗址、古村落遗址等都是保护完好的博物馆，原住民的生产生活、民俗民风、风物器具等都是"活文物"，而且是零赝品的展品。博物馆旅游通过对文化遗址的整体性、保护性开发，不仅原汁原味地保留了文化

遗产的真实性，而且直接满足公众与游客对展示对象的深度参与和体验需求。

2. 生态博物馆：调和居民生活条件改善与文化保护之间的矛盾

生态博物馆是由公共权力机构和当地居民共同策划、共同修建、共同经营管理的一种文博模式，因最大限度地尊重当地居民的生活诉求和民俗习惯，其有效解决了旧城区开发过程中出现的文化保护矛盾与困境。目前，全世界的生态博物馆已发展到300多座。1995年中国和挪威两国政府联合在贵州省六枝特区梭嘎乡建立中国乃至亚洲第一个生态博物馆，即梭嘎苗族生态博物馆。迄今为止，中国已有各种形式的生态博物馆超过十座，成功地保护了苗、侗、瑶、汉等民族村寨的传统文化。

（二）总体思路：一心—两轴—四门—五带—六集—八馆

从荔湾区面临的矛盾和问题出发，顺应新型城市化的发展趋势，借鉴生态博物馆模式和博物馆旅游经济的成功实践，我们认为，荔湾区打造岭南风情区的总体思路是：以建设生态博物馆集群为载体，谋求博物馆旅游经济发展，构建"一心—两轴—四门—五带—六集—八馆"为核心节点的旅游综合体系，形成以岭南商业文化特色为核心的休闲度假产业聚集，进而把荔湾北片（俗称老西关）打造成为具有国际影响力的遗址保护与开发的国家级示范区，在此基础上建设世界级商业文化旅游名街（见图1）。

本思路的核心要点包括以下几个。

1. 岭南商业文化展示是岭南风情区的核心落脚点

岭南商业文化是具有较高国际知名度的独一无二的历史文化品牌，是荔湾建设岭南风情区的落脚点。为此，荔湾生态博物馆集群应当立足于岭南商业文化的特色进行打造，把岭南商业文化融入岭南风情区的相关元素之中。首先，以休闲度假旅游为目标，把生态博物馆集群打造成为"西关生活情景体验街区"：针对现代都市生活的喧嚣、快节奏、压力大等负面问题，通过功能分区和配套功能完善等方式，把荔湾旧城区定位为"闲生活""慢生活""静生活"体验区。其次，以展示西关市井生活的真实情景为目标，在

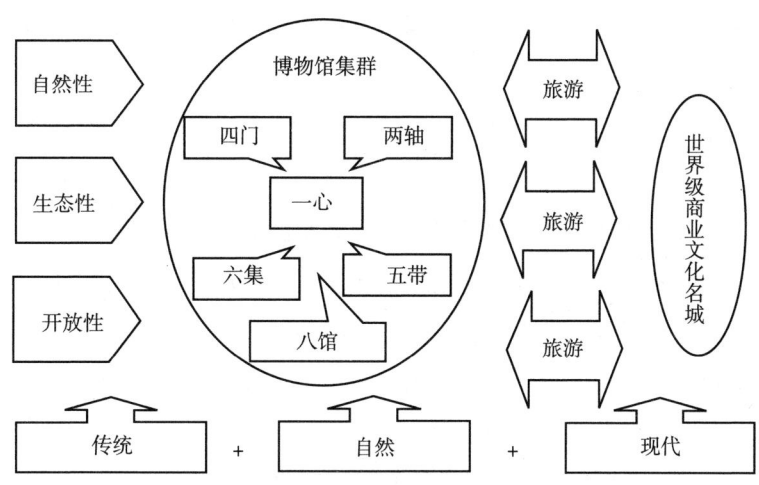

图1 荔湾遗址保护与开发国家级示范区示意

再现昔日荔湾商业繁华的同时,通过保护性修复改造赋予其时代内涵。在此基础上,吸引休闲度假相关业态的进驻,让老荔湾产生新的价值。

2. 以文化创意提升岭南风情区的休闲度假旅游功能和价值

在体验民居风情的基础上,按照"传统+自然+现代"的指导思想,对历史文化街区植入文化创意产业,目的是在新的时代背景下赋予历史文化街区新内涵——这是一种新型的改造与提升方式。这种方式让历史文化街区改造与文化创意产业二者互相促进、交相辉映。荔湾留存下来的旧建筑较多,在不破坏历史街区风貌的前提下,选择合适的位置,经由有效的旧建筑改造以及对墙体颜色、门窗颜色及质地、遮阳棚、空调、灯光强度等进行重新设计,可以形成具有休闲度假功能的文化创意部落,包括艺术家工作室、艺术品市场、客栈、酒吧、书店等。发展以岭南商业文化为主要创意来源的文化创意产业不仅可以保护传承西关传统文化特色,还可有效避免"千城一面"和提升城市文化软实力。

3. 以生态博物馆集群为主线建设荔湾历史文化街区

事实上,城市风情展示和文化创意提升是近年来许多城市历史文化街区改造中努力做好的事情,差异性不大。但是以生态博物馆集群来建设一个历史文化街区，则是具有独到创新价值的定位。具体思路是，在现有的博物馆（如粤海关博物馆、广东邮政博物馆、陈家祠、广州粤剧艺术博物馆等）基础上，本着"自然性+生态性+开放性"的原则，对荔湾旧城区进行历史遗产挖掘、规划和新建新的博物馆，如十三行博物馆、铁路博物馆等。同时，按照生态博物馆的理念和思路建设开放型博物馆，即展示区，包括沙面欧陆风情展示区、上下九时尚商业展示区、清平中草药养生展示区、荔枝湾水乡生活展示区等。上述博物馆、展示区有些已经成形，有些运作良好并获得一定知名度，有些还有待挖掘、规划和建设。不论是哪一种情形都应当将其纳入生态博物馆集群的盘子（即"一心—两轴—四门—五带—六集—八馆"，这项内容在"规划布局"章节中展开论述）进行重新规划并按照统一的规划和设计进行改造，形成生态博物馆集群，并发挥休闲度假旅游的功能，这样才能把现有文化遗产盘活、用活，改变原来守着文化的"金饭碗"，吃不上美味文化大餐的尴尬境地。

4. 在打造遗址保护与开发国家级示范区的基础上，建设"世界商业旅游文化名街"

荔湾博物馆旅游是岭南风情区的核心，是彰显整个荔湾旅游文化价值和内涵的精神和灵魂。正当我们实现大国崛起、民族复兴的中国梦时期，要本着岭南商业文化的"博大与包容"，对岭南风情区的形象定位进行外延和空间的拓展，以扩大其辐射力。迄今为止，中国还没有以"世界商业文化名街"为核心概念的历史文化街区保护、改造和开发项目。荔湾以"世界商业文化名街"为目标定位，可以获得强大的概念号召力，而且便于打造这一项目品牌的感染力，是荔湾建设生态博物馆集群、发展旅游经济的重要保证。为此，打造荔湾岭南风情区要按照"高目标、高起点、大手笔"的原则，在合适时候实施"世界商业文化名街"的国际认证，有计划地推进世界级商业文化旅游名街的形成。

（三）规划布局和重点领域

要把旅游业做成提振经济活力的文化软实力，应当按照"建设生态博物馆聚群,发展博物馆旅游"的思路要求,对岭南风情区文化遗址的保护与利用以及景区布局、配套设施和旅游商品开发等,进行合理的规划和布局。课题组在实地调研和深入研究的基础上,提出岭南风情区"一心—两轴—四门—五带—六集—八馆"的规划思路(见图2)。

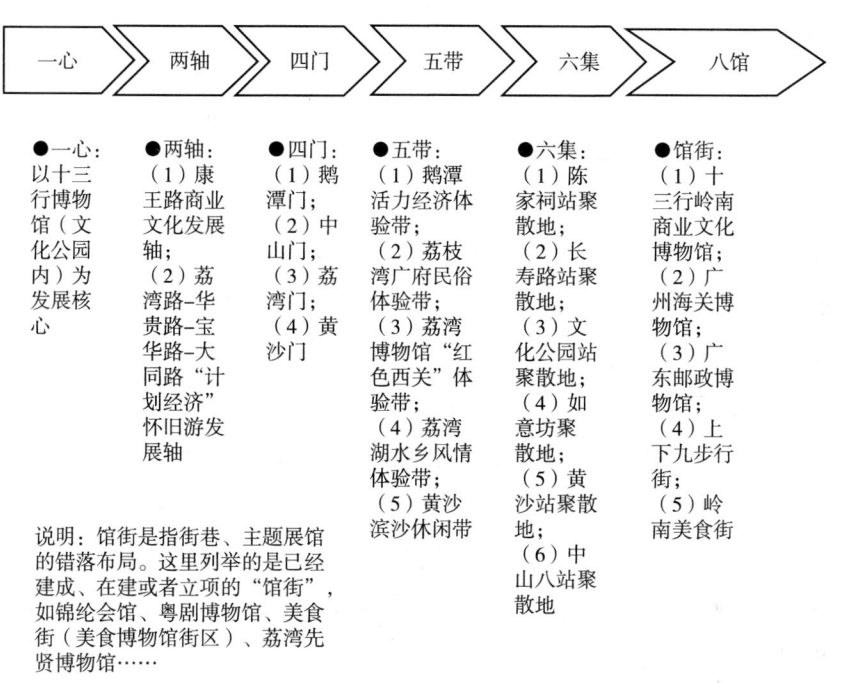

图2　荔湾遗址保护与开发示范区功能规划布局概念

作为生态博物馆集群,荔湾岭南风情区文化遗址除了系列聚散地、门楼、馆街、体验带之外,还需要系列的配套"软"工程。这样,才能确保景区有血有肉,吸引和留住顾客。本报告从情景设计、体验博览、体验游乐、互动体验四个方面,确定示范区开发的重点领域,这是激发景区生机和活力的引擎!

1. 文化旅游情景工程

荔湾、西关、十三行……悠久的历史、独特的商业文化和绝无仅有的岭南民俗,所有这些都要成为岭南风情区的景区内容,除了作为文物展示之外，还要通过旅游用品、主题活动和传播媒介进行有效传播。

（1）对荔湾区的定位进行创意设计和制作，即通过故事梳理与编撰、景区节点体验序列梳理、情景策划与设计等手段，将游客对文化景区的体验纳入深度体验的情境和氛围中。建议拍摄制作历史情景剧《十三行》，类似都市情景剧《外来媳妇本地郎》，用引人入胜的故事、生动的细节、岭南特色的音乐，加上现代的媒介传播手段，让游客体验十三行时代的生活图景，成为景区的重大卖点之一。

（2）在景区策划和制作系列主题西关故事。譬如，以《西关童谣》为主线，通过场景复原、硅胶真人、雕塑、浮雕等多种手段，构造完整的"亲子、快乐、敬老、爱幼、邻里和睦"等主题的经典场景。

（3）通过街巷、著名商号、书院、老房子等故事挖掘和情景编写，展示水上田园、艇仔粥、喝早茶、喝凉茶、粤剧、广彩、广绣、名医、商贩等图景及形象，结合系列项目的改造与提升，构造西关生活全景，使游客在西关游览和体验过程中充分感受到广州人在西关生活的气息。

2. 文化体验博览工程

在荔湾建设岭南风情展示区的过程中，要凸显博物馆旅游的特色和开放式生态博物馆集群的优势，把文化博览这一国内几近空白的卖点充分展示出来，成为岭南风情区的最大卖点。为此，必须站在当今游客体验的角度，对文化体验的博览进行进一步的创意和提升。我们建议：在文化体验博览中要从"闻、读、知、感、乐、购"六个方面着手，充分运用数字化、互动化、演艺化的新体验方式和新艺术表现形式，使景区的文化博览充满吸引力。譬如，选择合适地方开发建设区级非遗基地——"荔湾区非遗体验园"。将"三雕一彩一绣"、剪纸、铜艺、花卉、盆景、石湾公仔等项目汇集一起，集制作、展示、销售、体验、培训、观赏和交易于一体，实现传承历史、弘扬文化、带动旅游、促进经济和社会繁荣发展的目标。一定要避免把博物馆旅游做成僵死的文物展览和文物观赏。作为代表岭南文化特色的展示区，要创新性地以文物的深度开发取胜，把建筑、街巷做成文物。

3. 文化体验游乐工程

无论是打造旅游景区还是发展休闲度假旅游，体验游乐化都是关键的核心命题，即有效解决游客的游憩和体验问题。以博物馆旅游为主题的岭南文化展示区尤其需要关注游客的游憩和体验如何接地气的问题。在众多的游憩方式中，"游乐化"是最为直接和有效的体验模式，即让游客在文化体验过程中"玩"得开心、"玩"得物有所值。课题组建议：在景区规划和设计过程中，选择合适的"街区"定位为"酒吧一条街"。通过创意的业态设计，将岭南商业文化与现代时尚游乐设施、设备与体验方式相结合，增强体验的游乐效果。当然，作为都市休闲度假区域，我们主张"慢、静、雅"，要把岭南特色的"怀旧电影""粤剧""广东音乐"等进行主题设计和游乐设计并嵌入酒吧街。

4. 文化体验互动工程

文化体验是休闲度假旅游的重要环节，也是岭南风情区体验的重要构成部分。为此，通过线路安排、项目设计和活动策划，与游客互动，让游客参与其中——这是提升游客注意力和兴趣点的重要手段。我们建议，在陈家祠、上下九步行街、白鹅潭三地建设具有较高档次和品位的文化广场，定期举办演出和文化交流活动，丰富文化市场和百姓精神生活，提升社会主义核心价值观建设水平。岭南风情区的观光、体验、博览、活动、演艺等产品形态，都应当在适当的环节进行游客互动与参与的创意设计。例如演艺中设置游客参与环节、设计游客参与的交通方式、游客参与景区表演活动等，可以有效提升游客对景区的体验质量，并使游客互动成为示范区吸引力的重要因素之一。

（四）模式构想与理念转变

1. 展示模式：由"文物展示"向"对象展示"的转变

传统的博物馆本质上是文物陈列馆，游客参观博物馆就是简单地看文物、听相关的文物讲解。这是陈旧过时的文博形态和简单的观光旅游——两者都必须转型升级。重新规划和设计的博物馆集群，不但要展示文物而且要展示文物赖以生长的自然环境、人文生态环境、历史积淀等。第一，按照生态博物馆的理念，根据不同片区的资源特色进行旅游业态设计，并提出新业态与环境控制的具体指标。第二，确保岭南风情区文化遗址的完整性，避免岭南文化特色不明显的问题，最大限度地凸显岭南民俗文化。第三，打造发达的景区商业服务体系、微观的市场主体和完善的公共服务体系。

2. 建造模式：由"大拆大建"向"遗址整体保护"的转变

长期以来，伴随着地产商介入旧城区改造和旅游开发，单纯经济效益驱使下产生不少肆无忌惮的"大拆大建"现象。高品位文化遗产性休闲度假景区的旅游开发，必须建立在文化遗产保护基础之上，不以单纯的经济利益为目标。在荔湾岭南风情区的建设过程中必须坚持保育性开发的指导方针，在建造模式上实现由"大拆大建"向"遗址整体保护"转变，同时借鉴旅游开发较为成功的地区（景区），譬如长沙市望城区、厦门曾厝垵等，最大限度地提升岭南风情区的文化旅游价值。第一，在整体性的遗产保护基础上，打造完整的休闲度假产业链。第二，依据对象展示的特点和要求，进行保护性的遗址设计和整体设计改造。要从"景区即文物"的高度充分认识和保护景区范围内的建筑、街巷。在此基础上，把遗产、遗址当作整体的景观进行规划和设计。第三，最大限度地满足现代人休闲度假、文化享受和精神愉悦等多种要求。第四，强化景区服务建设的游憩效果。

3. 运营模式：由"专业人士"向"社区力量"的转变

传统的博物馆是由专业人士开发和管理的文物展示机构。荔湾岭南风情区文化遗址保护与活化要以博物馆旅游模式为亮点，以"社区力量"为主导，通过招商引资等途径形成全方位的博物馆集群的维护、管理和运营机构。第一，政府义不容辞地成为开发实施的主体，并充当景区协调和管理的主角。岭南风情展示区的博物馆集群规划和旅游开发应当由政府主导、市场经营、社会监督，实施统一管理、统一开发的模式。这是决定展示区开发成败的关键因素之一。第二，通过招商引资确定岭南风情区的开发建设和运营机构，以法律的形式明确政府、运营商和分包商的责任关系、收益分配关系和相关义务，导入社会监督机制。第三，引导和激发辖区居民的积极性，共同努力于荔湾岭南风情区的开发建设。根据生态博物馆的理论与成功实践，博物馆区域的原住民是博物馆展示对象的一部分，是确保博物馆集群"生态化"的基本保证，是游客体验西关生活、民俗的合作者、导游。归根到底，岭南风情展示区离不开原住民的支持、配合和参与，必须注意规划设计当地居民的参与途径和安置方式，妥善处理管理者、经营者、居民与游客的利益关系，形成可持续性的、兼顾街区旅游发展与文化保护的运营机制。

四 荔湾岭南风情区文化遗址保护与活化的几点建议

（一）从建设"一路一带"的国家战略高度，认识培育荔湾岭南风情区的重要意义

当前适逢习近平总书记提出建设"丝绸之路经济带和21世纪海上丝绸之路"的利好时期，丝绸之路经济带和21世纪海上丝绸之路的提出顺应了时代要求和各国加快发展的愿望，为中国沿海和内地丝绸之路沿线的地区提供了一个包容性巨大的发展平台，广州以其独特的深厚历史渊源和人文基础成为国家"一路一带"投资的一个重点区域。作为历史文化名城广州的重要构成部分、岭南文化的核心区，荔湾拥有海上丝绸之路明清时期300多年中国唯一的通商港口——十三行，还拥有海上丝绸之路佛禅文化的中国第一港——西来初地，荔湾必须抓住国家战略机遇，寻找未来发展的突破口、新增长点和动力源，不但要把自己建设成为历史文化名街，而且要代表广州乃至广东引领海上丝绸之路广州站的文化交流和商旅文化产业发展，商旅文化产业城市不仅仅是高楼大厦和商业繁荣，同时还是特色文化和生活品质的代言人。为此，要在现代服务业、文化产业、旅游产业和区域文化软实力等方面，成为珠三角城市群的典范。从这一高度看，建设荔湾岭南风情展示区，

不但要有效地吸引人气、实现产业聚集，而且要培育独具特色的核心服务，避免成为收入单一的观光型景区。此外，还要突出休闲度假的核心地位，不断拓宽产业延伸，达到优化荔湾区产业配套和提振区域经济的目的。

（二）坚持规划先行，孕育景区式文化旅游产业聚集区

在旧城区兴建博物馆集群，发展休闲度假目的地，国内虽然已经有一些成功的先例，但是在广州乃至广东省还属于首创，要达到优化地区经济结构、提振发展活力的目的，需要规划先导，准确定位，确定景区的功能结构和合理布局。第一，通过规划理顺旅游经济与产业聚集的发展逻辑和脉络，达到推进产业升级和结构调整，实现优势再造的根本目的。第二，围绕景区规划盘点旅游资源、产业发展资源，进行有效的遗产转化。必须针对荔湾区旅游业发展存在的实际问题，按照生态博物馆的总体思路、博物馆旅游的目标和要求，瞄准世界商业文化名城和世界级城市群的方向，对于适宜进行旅游开发的遗址进行开发分期、开发强度和开发控制措施的设计，将旅游开发对文化遗产的消极影响降至最低。第三，设计遗产转化方式。从旅游策划角度，合理设计各类适宜开发文化遗产资源的旅游产品转化方式，明确重点开发的核心产品和辅助产品，构建系统的旅游产品谱系，包括重新布局展示区、休闲区、商业区、聚散区、体验区，旅游线路、服务项目、旅游产品等。在此基础上，策划和设计相应的休闲产品和体验项目。第四，在规划过程中贯彻保护性开发的各项要求。要系统梳理、挖掘街区内的文化遗产资源，通过科学评估，确定各类文化遗产的保护等级和保护方式，甄别出应谨慎进行旅游开发或者近期不具备开发条件的文化遗产。同时，通过合理规划避免博物馆重复建设、展品大同小异、差异化不足等问题。第五，通过合理规划建立景区与外部环境的生态连接。文化旅游产业聚集区在空间上的构成，不是一个文化景区能够单独完成的，需要地域空间、其他景区、配套服务的整体支撑，最终要在区域性的格局上来培育。需要通过旅游线路连接、文化元素移植和嵌入等多种方法，构筑高品位的景区与环境的共生系统。

（三）发挥政府在岭南风情区开发、建设和运营管理过程中的主导作用

经过改革开放 30 多年的经济腾飞，物质上富裕起来的国民开始寻求内心的宁静和精神上的休憩，由此产生空前的休闲度假需求空间，政府应当义不容辞地发挥"有形之手"的作用，最大限度地整合资源并满足国民的精神需求。第一，以政府为主体，成立景区开发管理委员会，负责主导规划、立项。在此基础上，制订项目的开发政策、管理政策、招商引资政策，协调推进项目、基础设施建设和宣传推广。第二，发挥企业在景区开发和运营过程中的积极作用。总而言之，企业家对发展文化经济、对荔湾岭南风情区的开发建设抱以浓厚兴趣和积极态度。应该通过招商引资的方式，吸引商家积极介入岭南风情区的开发建设。第三，发挥专业的投资、策划和运营机构介入岭南风情区的开发和运作。专业策划机构和运营机构能有效促进景区文化的开发，提升开发的质量和品位，确保景区在高起点上发展。第四，发挥客栈、酒吧、特产店、旅游用品商家对景区开发的特定作用。这类商家规模不大，但是数量多，联系顾客紧密，是景区开发过程中不可小觑的作用力量。必须重点关注并给予优惠政策吸引其进驻经营。第五，发挥管理委员会在景区开发、运营和管理过程中的协调作用。建设荔湾岭南风情展示区、发展博物馆旅游过程中难免出现开发商、运营商、政府管理部门与原住民的认识分歧、利益分配不一致等问题。在这种情况下，政府的管理委员会应当成为得力的协调者——这是确保景区健康发展的基本要求。

（四）加大旅游品牌营销和宣传推广力度，把岭南风情区培育成为广州文化经济的活"名片"

荔湾区文化遗产属于高品级文化旅游资源。在开发过程中，不但要避免低层次的开发思路，同时还要注重品牌打造，出高端品牌。第一，鉴于荔湾街区的规模较大，独立性突出，应当与国内外知名品牌，尤其是广州海上丝绸之路始发地等进行密切合作，以便塑造自身独立的品牌。第二，把展示区

的宣传推广当作景区规划的重点工程进行规划和实施。选择适合的品牌打造方式，制定长期的品牌营销和宣传推广策略，确保其旅游品质升级，持续增强景区的市场影响力，为景区的发展和保护争取更多的支持与关注。第三，在加大宣传力度促进景区概念传播和市场认同的同时，通过招商引资吸纳相关资源，共同建设荔湾岭南风情展示区。第四，着力推进展示区的名片化。在深入挖掘荔湾特有的岭南文化底蕴的同时，通过文化创意的演绎、引入、塑造项目特色，进一步把主题创意形象、概念和活动落实到景区的方方面面。第五，借助互联网的传播优势，实施O2O（即线上互动、线下体验）的营销传播模式，通过微信、微博、制作微电影、微电视等手段，扩大和渗透展示区的形象影响力，最终打造荔湾文化遗址保护与活化示范区的新名片。

（五）不断创新运营模式，提升景区的服务质量和美誉度，确保景区的持续发展

旅游景区是"折旧率"相对较高的产品，没有更新即变旧，就会被游客抛弃。必须以运营模式创新为主线不断提升景区的服务质量和美誉度，方能确保景区旅游的可持续发展。第一，坚持高标准定位，如"高品质生活方式的供应商""不同凡响的休闲度假供应商""体验都市慢生活的供应商""再续乡愁的服务供应商"。第二，以运营模式创新为龙头，引领从策划到规划、设计、运营的全链条整体创新。真正做到每个环节是特色化、差异化、个性化的独一无二的休闲度假体验。第三，坚持以创意引领景区的持续升级换代。坚决反对和杜绝靠"门票"收益的单一旅游开发思路，坚持依靠创意、依靠文化、依靠科技夺得旅游开发和运营的辉煌和成功。譬如，整合荔湾区乃至广州市非物质文化遗产精华，从广东音乐、民间舞蹈、粤剧、民间美术、传统手工技艺、民俗、荔湾童谣等门类中，提取具有表现力和休闲度假体验价值的非物质文化遗产资源，并进行创意、创新和开发，形成独具特色的旅游商品创意和生产。第三，推进景区服务与社区力量的有效融合，打造全方位的景区开发力量。譬如，用综合的理念经营物业，通过旅游

提高物业利用率，提高辖区物业的附加值；用人才的观点发动市民，使市民也成为景区的运营者、开发商、文化的传承者和工艺美术师，最终成为社区力量办博物馆的积极力量。

参考文献

广州市荔湾区地方志编纂委员会办公室：《荔湾大事记》，广东人民出版社，1994。
苏东海：《关于生态博物馆的思考》，《中国博物馆》1995年第2期。
苏东海：《生态博物馆在中国的本土化》，《中国文物报》1999年3月2日。
广州博物馆：《广州历史陈列图册》，文物出版社，2009。
王晓玲：《广州讲坛演讲录》，商务印书馆，2010。
荔湾九章编委会：《荔湾九章》，岭南美术出版社，2010。
余压芳：《景观视野下的西南传统聚落保护：生态博物馆的探索》，同济大学出版社，2012。
于欣淼、秦洛峰、戚爱飞：《历史街区的改造与更新模式研究——以杭州河坊街、南宋御街、小河直街为例》，《建筑与文化》2012年第5期。
周永广：《旅游规划实务》，化工出版社，2013。
韩国C3出版公社：《dlle（No.2）——生态恢复与边界性景观设计》，于风军、杨惠馨、王平译，大连理工出版社，2013。
广州荔湾区妇联：《西关名姝》，广州经济出版社，2013。
徐坚、丁宏青：《景观规划设计》，中国建筑工业出版社，2014。
朱江：《老广州旧时光》，花城出版社，2014。

B.11 广州市花都区古村落保护性开发的路径研究

李仁武[*]

摘　要： 文章针对当前古村落保护性开发值得关注和反思的突出问题，提出文化提升与产业融合发展的新思路，并就如何对广州市花都区炭步镇古村落进行保护与开发问题给出若干对策思考。

关键词： 文化与产业融合　保护性开发　炭步镇古村落

在现代化进程中，如何加强对历史文化古村落的保护和利用，让其发挥出既传承历史又映照未来的功能和作用，是当前统筹城乡发展、推进城镇化建设亟待研究和解决的重大课题。尤其在经历改革开放30多年快速发展的广州，伴随着率先实现现代化的整体布局和变革步伐，整个城市都在发生由传统到现代的历史性剧变，"三旧改造"的全面铺开无疑要成为推进现代城市化发展的必然选择。在这样的背景下，研究和探索如何对传统古村落进行保护性开发的问题就显得特别重要和急迫，不仅需要学术研究的高度关注，更需要各级政府的高度重视。

一　当前古村落保护性开发值得关注和反思的突出问题

随着自然经济的不断萎缩和城市化过程的不断推进，农业、农村和农民

[*] 李仁武，哲学教授，现任中共广州市委党校哲学与文化教研部主任，近年来主要从事马克思主义哲学基本理论及城市文化发展等现实问题研究。

的出路问题成为社会发展必须解决的突出问题。为了在传统与现代的转换过程中保持一种相对和谐和稳定的社会局面，我们在推进城市化的过程中选择了不触及深层矛盾和问题的渐进式解决方式。由于渐进式的改革没有让城乡二元结构的问题得到根本性的解决，而在走向现代化的过程中这一问题的解决又是无法回避的，而且仅仅通过以征地拆迁让农村消亡为代价来换取城市化发展的做法也越来越受到抵制。于是，我们党在十六届五中全会做出了加快社会主义新农村建设的重大决定，提出实施以"生产发展、生活宽裕、乡风文明、村容整洁、管理民主"为内容的新农村建设战略。建设社会主义新农村目的是要通过统筹城乡发展和以工促农、以城带乡等途径，缩小城乡差距、扩大农村市场需求，提升农业、农村和农民的现代化生产与生活水平。这是解决"三农"问题、全面建设小康社会的重大战略举措。在建设社会主义新农村的实践中，旧村改造出现了前所未有的热潮，因为人们期待通过旧村改造项目来实现农村从传统到现代的华丽转身。这其中所取得的成绩固然值得肯定，然而所面临的突出问题也不容忽视，特别是对那些传统文化古村落的保护性开发更需要重新认识和反思。

（一）缺乏规划，盲目求新求洋，在建设中破坏

应该说，这些年社会主义新农村建设取得了显著成效。通过政府推动，新农村建设的确带来了农村发展面貌的重大改观，通路、通电、通广播电视等给农民的生产和生活带来了前所未有的改观，而且涌现了一批面貌焕然一新、令人向往的"美丽乡村"。但是，新农村建设其实是一项系统工程，它包括发展新产业、建设新村镇、构筑新设施、培育新农民、树立新风尚等丰富内涵。如果把新农村建设仅仅归结为或简单理解为旧村改造，这是对新农村建设的认识偏误。在一哄而上的旧村改造热潮中，由于没有进行认真规划，只是让村民拆旧建新，结果在村容村貌发生新变化的同时，许多有历史文化价值的古旧建筑被钢筋混凝土建筑取代了。这样的旧村改造，虽然改善了农民的居住生活环境，但是因为传统建筑形态被破坏或拆除，农村的文化

个性和文化风格被消解。这种盲目"求新""求洋"的新农村建设,在很大程度上又导致了各种无序开发的新乱象。

(二)模式单一,热衷于千篇一律的旅游开发

本来,依托农村独特的地理位置、优美的生态环境和丰富的文化资源进行旅游开发,是新农村建设一个非常值得肯定的发展方向。比如,安徽省黄山市的西递、宏村,依托黄山独特的旅游资源和自身浓郁的文化特色,让旅游者趋之若鹜;又比如,四川省成都市的三圣乡先后打造了"花乡农居""幸福梅林""江家菜地""荷塘月色""东篱菊园"五个主题景点,成为一个集商务、休闲度假、文化创意、乡村旅游为一体的旅游休闲胜地,先后被国家旅游局、建设部、文化部等部门授予"国家AAAA级旅游景区""首批全国农业旅游示范点""中国人居环境范例奖""国家文化产业示范基地"称号。但是,我们也要清醒地看到发展乡村旅游还受到诸多条件的限制,并非所有的古村落改造都可以通过旅游开发来获得成功。目前,广州对文化古村落的改造开发也主要是走发展古村落旅游的路径,如海珠区的黄埔古村落、番禺区的沙湾古村落、海珠区的小洲村、从化的溪头村等。但是,由于种种原因这些古村落的旅游并没有真正发展起来,"有投入没产出"的结局让古村落改造开发面临难以为继的尴尬局面。

(三)缺乏融资渠道,古村落改造的经费支持严重不足

按照建设社会主义新农村的要求,生产发展是中心工作和第一要务,是实现其他目标的物质基础。如果把建设社会主义新农村看成是修建一幢大楼,那么生产发展就是这幢大楼的基础。如果基础不能筑好、筑实、筑牢,大楼必将在风雨飘摇中倒塌。同样,如果农村经济不发展起来,那么再美好的蓝图也无法变成现实。从这一意义上说,古村落保护性改造开发必须以推动农村经济的转型升级、促进产业的新发展作为着眼点和落脚点。但是,目前的旧村改造项目基本是上靠政府财政投入来支撑的,而且旧村改造更多的还是以考虑如何改善农民的生活居住环境为主,对推动农村产业转型和培育

新的经济发展优势考虑不足。这就使得旧村改造项目的实施跟培育新产业之间缺乏有效对接。而没有企业作为融资主体的广泛参与，这种没有产业支撑的"输血性"投入在政府财政紧张和村民经济实力有限的情况下，必然造成"有多少钱做多少事"的被动局面。所以，到目前为止许多旧村改造都处于举步维艰甚至停滞不前的境地。

（四）缺乏保护措施，古村落改造丧失自身的文化特色

古村落建筑是历史记忆和文化传承的重要标识，保护古村落建筑及其相应的文化个性是古村落开发的重要环节。在新农村建设过程中，不少古村落的古建筑得到了加固和修缮，村道、水道、公共卫生等综合环境也得到较好整治，古村落面貌在总体上有了焕然一新的变化。但是，也有许多古村落的老祠堂、老民居等作为文化遗产的古建筑被随意翻新，古建筑周围的历史空间环境被所谓的"现代建筑空间"所取代，古村落的文化内涵没有与现代生活方式形成互补式对接。一些地方政府盲目照搬其他地区的古老改造模式，不尊重和保护本地古村落所形成的文化特色，在取向所谓"现代化"的改造当中大兴土木、大拆大建，使传统古村落的空间格局、传统风貌和文化特色荡然无存。

二 古村落保护性开发应走文化提升与产业融合之路

在城市化的快速发展和现代产业不断扩张的趋势下，传统古村落的保护性开发必须正确处理保护与利用的关系，认真探索如何走出一条保护与利用并重之路。没有保护的利用将导致古村落文化遗产的破坏，而没有利用的保护又是不可持续的保护。其实，经过历史的沧桑巨变和岁月洗礼而留存到今天的传统古村落是一份十分珍贵的文化遗产。它不仅内含着农耕时代的生活方式，可以品味延续至今的人伦关系、传统习俗和文化特征，而且它具有原生态博物馆的意义，可以让我们追溯社会历史变迁的过往足迹，从那些曾经鲜活的村落故事中解读出人类文明不断演进的历史文脉。但是，在城市化过

程中古村落的经济功能越来越弱化，在传统与现代之间形成巨大的反差，靠简单的保护很难让其存在的价值凸显出来。要想在传统与现代之间让古村落重新焕发出自己的活力，就必须在传统与现代的结合上找到保护性开发的有效出路。

（一）在传统与现代的结合上找到对古村落保护性开发的出路

那么，在传统与现代的结合上可以让古村落复活的出路在哪儿呢？我们认为最根本的是要在加强古村落保护的同时，对古村落进行文化提升，使之能够与现代产业的发展相融合。所谓文化提升，并不是说要改变古村落原有的空间布局和文化遗存，用现代建筑和现代工业文明的布局取而代之，而是要让传统古村落的文化元素得到保留、保护和活化。既将那些破损的古旧老屋按照历史原貌进行修复，又将那些已经渐渐被淡忘的文化内容和历史记忆再现出来，让古村落整体的文化风格得到复原、文化品位得到彰显、文化价值得到提升。对古村落进行文化提升的关键不仅是在物质形态上对古建筑、村落环境的修葺和完善，更重要的还在于从内容层面对古村落的文化形态进行补充和完善，让它在传统与现代之间展现出自身应当受到尊重和值得向往的独特魅力。就其意义而言，古村落的文化提升意味着民族文化和传统精神家园的重建，成为现代人可以在心灵上实现穿越、寻找田园梦想的地方。这种提升不仅可以让古村落得到文化的复活，而且可以对接现代文化旅游、健康休闲、文化鉴赏、创意设计、电子商务等一系列新兴产业的发展，使古村落成为以文化内容为主题、与现代产业融合发展的重要基地。

在推动古村落保护性开发中的保护与利用的良性互动，促进文化提升与现代文化产业的融合发展，对解决古村落保护性开发过程中所面临的突出问题具有重要意义。首先，它可以解决保护性开发缺乏产业支撑的问题，而促进农村传统产业的转型发展这恰好也是新农村建设所要求的推动"生产发展"迫切需要解决的突出问题。其次，它可以解决保护性开发所需要的资金保障问题，因为政府公共财政对古村落保护的经费支出总是有限的，有产业引入才可能扩大融资渠道，有产业经济的发展才能使资金来源得以保障。再次，它可以解决保护性开发所需要的人才支撑问题，古村落的保护性开发需要进行文化提升，而文化提升的前提还在于整体文化高素质的提升，现代文化产业向古村落的聚集必然带来高素质人才的引入，使古村落的人口结构将发生巨大改变。最后，它可以解决农村社区向城镇社区转化的问题，解决城乡二元结构的消解可以是城市化过程中农村被城市发展所吞没，也可以是农村自身发展向城市文明自觉过度，文化提升与现代产业的融合则刚好是推动古村落由农村社区向城镇社区，甚至是城市社区过度的最优选择。

当然，作为一种路径选择，推动古村落的文化提升与现代产业的融合发展也不能纯粹地异想天开，还需要因地制宜地考虑各种可实现的具体条件。也就是说，在推进文化提升与现代产业融合发展的具体实践中还必须根据古村落的实际情况进行文化类型和产业选择的可行性论证。然而，如果说这样的路径选择在理论上有合理性，可以作为城市化过程中旧村落自主走向现代化发展的新探索，那么，为了把这样的路径选择变成现实，就需要我们在推动旧村改造的实践中通过观念创新、体制改革、制度设计和政策指引，来创造推动古村落文化提升和现代产业引入的各种有利条件，使这条新路的探索能给新农村建设带来发展的新机遇、新优势和新希望。

（二）古村落的保护性开发需要做好基础性工作

1. 转变古村落改造开发的传统思维模式

古村落的保护性开发不能简单停留在观光旅游的层面来考虑，而要从文化提升和产业融合的新视角来设计和布局。其中，文化提升是重中之重，不能把眼光停留在古祠堂、古书院、古建筑的修缮和保护方面，还要深挖古村落在历史上留存哪些重要文化传统、文化特色，研究哪些文化元素在今天还有让它复活的价值，也不能从封闭的视角来孤立考虑如何对传统古村落进行保护，还要从古村落与现代都市的文化融合来考虑其存在的价值，让其具有融入现代都市生活的可能。古村落与现代产业的融合发展是一个大的方向，观光旅游是值得考虑的一个重要方面但不是唯一，而要考虑古村落在地理位置、文化特色、生态环境等方面有没有与现代产业发展相融合的可能,能不能通过文化提升、环境改善和设施配套等方面的努力使之与现代产业的发展相适应。

2. 按照功能分区对古村落进行空间再造

在城市化的快速发展过程中,一些古村落已经被城市所包围成为城乡二元结构下最有代表性的"城中村",一些古村落虽然还在城市的边缘但随时都可能成为"城中村",还有一些古村落虽然远离城市但现代交通也能让这种空间的距离变得近在咫尺。可以说,以城市化为标志的现代文明发展已经为古村落对外开放和开发提供了前所未有的条件和机遇。但是,由于古村落代表着落后的社会生产和生活方式,缺乏自我变革和创新发展的机制,在城市化过程中总是处于"被城市化"的状态,甚至变成城市化过程的负担或障碍。为了避免古村落在城市化过程中被淘汰,古村落的发展就要在保护其物质文化遗产的基础上进行必要的空间和功能再造。比如按照现代产业园区的总体布局对古村落进行合理改造,在保留古村落原有建筑风格和外观特色的基础上,按照文化创意产业的发展要求进行宜居宜业的创意设计,使之成为布局合理、功能齐全、配套完善、环境优雅的现代文化产业发展新区。

3. 引入观赏农业,改变传统的农耕模式

土地的农用性质是制约古村落保护性开发的最主要障碍,尤其在今天严格的耕地保护制度下,古村落开发很难获得用地指标的支持。这一问题的解决无疑需要政府政策的支持,把城市化过程中农村的自留用地纳入古村落保护性开发的总体布局当中,给予其实现产业引入的必要空间。另外,在古村落的保护性开发过程中要充分注意农村、农业和农民三者作为不可分割的整体,不能只考虑古村落而忽视农民和农业。要在考虑如何保护古村落遗存的古旧建筑、文化传统以及如何改善村民的居住环境的同时,考虑如何把农村一直延续着的、以家庭为单位的种养方式也进行产业升级,让农民也参与到现代产业的发展当中。比如,引入现代观赏农业来改变传统的农耕模式,让农村经济自身实现走向现代化的提升。

三 对花都区炭步镇古村落改造开发的若干对策建议

目前,花都区炭步镇有朗头村、茶塘村、藏书院村等古村落,每个村落都有保存相对完好的祠堂、书室、书院、住宅等明清时代的青砖建筑群。这些村落依山傍水、各有特色又彼此相邻,共同彰显着浓郁的岭南古建筑文化风格,具有保护性开发的重要价值,很适合统一规划、协同开发。基于文化提升与现代产业融合发展的基本思路,花都区炭步镇应当对这样的古村落群进行保护性开发的积极探索。

(一)目标定位

1. 项目主题

利用旧村改造的相关政策,对炭步镇的古村落群进行保护性开发,以古村落保护为前提,在修缮古旧建筑、完善配套设施、改造村落环境的基础上,围绕古村落传统文化的继承与弘扬,对接现代文化产业的发展,打造具有古村落特色的现代文化产业综合发展集聚区。

2. 产业方向

依托广州作为岭南文化中心地的丰厚文化资源以及文化产业发展的辐射效应,充分挖掘炭步镇古村落群的文化内涵,利用炭步镇古村落群得天独厚的地缘优势和人文环境,把逐步做大做强以文化智造为核心、以市场为导向的现代高端服务业作为产业发展的基本方向。

3. 产业引入

依托古村落群的保护性开发,对村落环境进行系统改造,把旧屋村的古建筑进行修旧如旧的适度改造,使之成为可以容纳现代产业发展的空间,引入创意设计、软件设计、动漫设计、艺术工场、古玩鉴赏、高端拍卖、产权交易、休闲养生等方面的文化企业,逐步形成现代文化产业的集聚效应和发展优势。

（二）项目开发

1. 项目开发主体

在镇政府的统一领导下，对古村落群的保护性开发进行系统而全面的规划，并由有实力的战略投资者在当地注册成立一个具有法人资格的开发公司来负责具体的项目实施。

2. 项目开发方式

政府主导、村民参与、企业运作、风险共担、利益共享。其中，政府主导是指政府要对古村落群的开发给予宏观指导，并对确定每个古村落应当列入的保护范围、给出相应的保护政策、提出具体的保护要求，对可利用的土地给出开发指引；村民参与是指村民（主要为旧村房屋所有者和土地出让者）通过入股分红的形式参与本村项目的合作开发，并优先获得就业机会；企业运作是指开发公司在法律和政策规定的经营范围内，对项目开发实行自主的融资、招商、租赁、销售等商业运作，努力实现经济效益和社会效益的同步最大化。

3. 项目投资组合

一是政府按三旧改造政策安排重大基础设施建设的财政支出，二是开发商以旧村改造的商业项目进行融资（借贷、参股、入股、合作等），三是农村转让土地经营权所获得的集体留用资金。其中，要以古村落商业项目的融资为主，它是古村落保护性开发与现代产业融合发展的结合点，在保护的基础上对古村落实现向融入现代经济社会生活起着举足轻重的作用。

（三）空间布局

1. 核心区

核心区主要是指古村落中最有代表性的古牌坊、古宗祠、古书院等重点文物区。这一区域要在保护其原有风貌的基础上，进行全面加固、修缮，将其打造成具有农家特色的小型博物馆、精品体验馆、古玩鉴赏馆等，让其成为古村落休闲旅游的好去处。核心区是古村落保护的重点，是整个古村落最能凝聚人气的地方,要充分彰显出古村落特有的文化内涵和文化价值,其中的展览、陈设主要是以公益为主、免费参观,但是也可以适当进行有限度的商业展示、品牌宣传等。

2. 休闲区

休闲区主要是古村落前面的水塘、公共绿地、绿道及古村落周边的林地等生态区。要通过专业的园林设计,将其打造成环境优美、曲径通幽的健身休闲区域,使古屋、古树、古井、古桥相映成趣,与周边的青山、绿水、花园、果园融为一体、相得益彰。休闲区是古村落开发最有韵味的区域,园林设计要充分考虑园林景观与古村落之间的协调,让人走出城市喧嚣之后能够在古村落的漫步中真正体验到田园风光的种种惬意。

3. 工作区

工作区主要指古村落里的一栋栋年久失修的古旧民房。这些房屋有较长的建筑历史,现在已基本没有村民居住,有些已经破败成危房,开发公司可以跟屋主协商承租方式和承租价格,在村民保留房屋产权的基础上全部承租过来,通过全面加固、修缮和有个性的装饰,将古旧民房打造成适应文化人工作需求、有个性化审美情趣的艺术创作和展示空间。

4. 服务区

服务区主要是指诸如茶塘村所处地段的公路沿线及村委办公楼等。这些地段基本没有古村落的旧建筑,属于可以进行商业开发的区域,可以改造成餐饮店、咖啡屋、书屋、品酒屋等。受古村落的空间限制,服务区的店面不宜太多、太散、太乱,尽量做到精致、有特色、有档次,具有现代都市生活的情调。

(四)改造工程

1. 旧屋改造

在保护古村落建筑风格的基础上进行空间再造。把老房子变成适宜艺术创作和创意设计的工作室(间),使之能与现代文化产业的发展相适应,能够获得文化人的青睐,使那些没人居住的旧屋变成招商引资的香饽饽。旧屋

改造可以由开发商同村民（房屋所有者）协商，在全部承租之后，按照规划和功能布局进行系统改造，然后进行商业招租，也可以根据规划和功能布局，由承租人（商家）向村民（房屋所有者）直接承租之后，按照古村落的风格，作修旧如旧的个性化改造。

2. 旧村改造

在保护古村落整体布局的基础上进行环境再造。把旧村落提升为品味田园风光的现代都市文化生活空间。用环境再造来改变古村落的卫生环境和落后面貌，让古色古香的传统古村落焕发出令人陶醉的文化魅力。推进农村城镇化建设是政府的重要职责，因而旧村落的公共道路、自来水管网、用电管网等基础设施建设应纳入市政建设规划，改造工程的经费主要由财政支出。

3. 景观改造

在保护古村落生态环境的基础上进行景观再造。通过对古村落周边的鱼塘、水渠、山冈、林地进行系统的园林景观设计提升古村落群的生态美感；同时，在古村落群之间打造一条能够相互连通的水道，使古村落群落成为相互联系的整体，形成一个绿树成荫又可在水上泛舟的"世外桃源"。古村落改造必然会占用村前村后的农地，而要改变农地的使用性质又受到各种限制，如何用好、用足、用活"三旧改造"政策，给予适度的用地指标来推动古村落发展，是政府必须考虑的突出问题。

（五）开发优势

1. 花都区炭步镇交通便利，古村落融入现代城市发展的区位优势明显

炭步镇毗邻广州新白云国际机场和花都高铁站，约20分钟车程可到达机场或高铁站，便于国内外高端文化人才的交往。高速公路直接通达广州中心城区，与佛山、深圳、珠海、香港、澳门的联系十分紧密，从高速公路的炭步出口就直接到达古村落群的茶塘村。这样的地理位置，对于古村落的保护性开发而言具有得天独厚的便利条件和区位优势。可以说，花都区炭步镇的古村落群并不是广州城外的古村落群，而是广州城内的古村落群。广州要实施新型城市化发展战略，首先就要把这样的古村落保护和开发好，让其在城市化发展的过程中展示出古村落的文化优势和可以引入文化产业与其融合发展的优势。利用其人文基础和交通条件，特别是空港、高铁，探索一条可以集文化旅游、文化产业引入、文化市场开发为一体的古村落保护与开发并举的发展新路。

2. 花都区炭步镇古村落整体保护完好，有鲜明的岭南文化风格和特色

炭步镇的古村落主要由朗头村、茶塘村和藏书院村组成，古村落之间可以连成一体进行保护、规划和开发。其中，朗头村的起源可追溯到南宋末年，村民的祖先从南雄珠玑巷迁居到此，当初立村时，只有两三间小泥屋。如今800多年过去了，朗头村还保留着34间书室、18条古巷、17座炮楼、30座首尾相连的古建筑群。茶塘村目前有较为完整的明清建筑约120座，其中庙宇、祠堂、书院、书室共有20多座，古建筑坐东朝西、布局规整、排列整齐、规模宏大，保存最好的洪圣古庙是广州市文物保护单位。另外，藏书院村等也保留着较完整的古村落建筑和原生态的乡村风貌。走进这些古色古香的古村落，我们不难发现，古民居的滴水檐、屋脊都广泛使用精美绝伦的灰塑装饰，麒麟、喜鹊、双狮等图案争相媲美，岭南文化的内涵十分丰厚、气息十分浓郁。这些文化元素既是农耕文化在当下的重要遗存，也是进行文化创意不可或缺的重要源泉。对这些文化资源进行很好的保护和利用，可以为文化产业引入提供难得的文化基础和形成张力的文化空间。我们有理由期待，在挖掘古村落传统文化内涵的基础上，将其与现代文化产业的发展融为一体，打造成最能体现岭南文化风格的梦想家园。

3. 花都区炭步镇属于经济后发地区，古村落周边的整体生态环境良好

影响和制约文化产业发展的两个关键因素：一是文化因素，二是环境因素。如果没有文化因素和文化氛围，就没有文化产业发展的基本前提；而如果没有好的环境，尤其是没有适合文化人才生活居住的环境，就不可能有文化产业发展的生态空间。对于发展高端文化产业而言，还需要有专业化的文化产品交易市场、成熟的投融资服务体系、保险服务、律师会计师服务等。对于炭步镇古村落保护性开发而言，它不仅可以依托广州、深圳乃至香港和澳门在文化产业发展上已经具有的各种地缘优势，把人才、资金、技术、市场等因素汇聚过来,形成现代文化产业聚集发展的复合效应,而且可以利用自己丰厚的古村落文化底蕴和保持良好的生态环境,把没有污染的高端文化产业作为产业转型升级的主导方向,推动本地区的经济社会实现跨越式发展。目前,浙江的"乌镇模式"和成都的"三圣乡模式"对花都区炭步镇的古村落保护性开发都有借鉴价值。但是,"乌镇模式"主要是以文化旅游为主的发展模式,目前它向其他领域的拓展也受到许多局限;"三圣乡模式"主要是生态旅游为主,却缺乏文化内涵的支撑。花都区炭步镇的古村落开发可以探索"文化+生态+旅游+产业"的新模式,考虑将古村落群进行统一布局、整体开发,既对接广州美院等文化研发机构,也对接深圳华强集团等文化产业发展的龙头企业,还能对接"红砖厂"等文化产业园区,使之成为华南最大的文化产业集聚发展区。

参考文献

罗长海、彭震伟:《中国传统古村落保护与发展的机制探析》,《上海城市规划》2010年第1期。

董虹、马智胜:《中国古村落保护与开发的经济学思考——以流坑古村为例》,《科技进步与对策》2003年第7期。

姚春雷:《苏州古镇古村保护的实践与探索》,《苏州科技学院学报(社会科学版)》2009年第1期。

肖佑兴:《广州古村落旅游开发研究——以国家历史文化名村大岭村为例》,《城市观察》2010年第2期。

文化产业篇

Culture Industry

B.12 广州市文化旅游产业融合发展的对策研究

广州市发展改革委员会课题组*

摘　要：	本文在对有关部门、企业、文化旅游景区进行认真调研的基础上，总结了广州市文化旅游发展情况，分析了存在的问题，提出了"政府引导、市场运作，点面结合、加强联动、重点突破、稳步推进"的工作思路，并建议通过完善规划、打造品牌、提升服务配套水平、鼓励引导企业、培育消费市场、改革创新机制等进一步促进广州市文化旅游产业融合发展。
关键词：	文化旅游　产业融合　广州

---

* 课题组成员：邓宏永，广州市发展改革委副主任；陈建年，市发展改革委社会处处长；高持白，广州市发展改革委社会处调研员；陈苑，广州市发展改革委社会处主任科员。

一 广州市文化旅游的发展情况

近年来,全国各地高度重视促进旅游业改革发展,不断创新发展理念,加快转变发展方式。2014年8月,国务院印发出台了《关于促进旅游业改革发展的若干意见》,鼓励各地坚持融合发展,尤其是重视文化旅游的融合发展,以增强旅游业发展动力和潜力。广州作为国家中心城市,紧跟国家战略部署,提出了建设"世界文化名城""国际旅游中心城市"等战略目标,并在完善文化旅游规划政策、打造品牌项目和产业基地、促进龙头企业发展等方面开展了一系列工作,文化旅游融合发展取得一定成效。

(一)文化旅游业相关规划政策逐步完善

根据广州产业发展战略,广州市在《关于促进"三个重大突破"发展的实施意见》中明确提出了"9+6"战略性主导产业的发展目标,即九大传统优势产业和六大战略性新兴产业,其中,文化旅游被确定为九大传统优势产业之一,并被赋予战略性主导产业的地位。2012年,广州市委市政府出台了《关于培育世界文化名城的实施意见》,强调文化旅游资源要挖掘保护,提出广州要打造"海上丝路""十三行""广交会""北京路"等城市名片,重点抓好"千年商都"历史文化遗产保护利用,传承弘扬地方特色民俗文化、重塑岭南古城文化风貌、擦亮近现代革命策源地品牌。《广州旅游业"十二五"规划》也将促进文化旅游产业发展列为重要内容,提出要"充分挖掘和发挥广州市丰富的历史、人文、生态资源优势,提升旅游的文化内涵,推动旅游产业与文化产业互动发展,积极发展高端旅游产品,培育一批主题突出、特色鲜明、文化内涵丰富、具有国际化水准的旅游精品项目,形成旅游新增长点,提高广州旅游业的核心竞争力"。一系列规划政策的制定和出台,为文化旅游发展提供了强大的支撑。

（二）文化旅游精品项目路线不断涌现

近年来，广州市致力于文化旅游资源的积极整合，努力打造一批在华南地区拥有广泛影响力的文化旅游精品项目。

1. "近代革命史迹"主题旅游产品

整合三元里抗英遗址、黄埔军校旧址、孙中山大元帅府、中山纪念堂、黄花岗七十二烈士墓、辛亥革命纪念馆、农民运动讲习所、中共三大会址纪念馆等旅游资源，着力打造红色旅游精品线路。

2. "岭南文化"主题旅游产品

传承广州花城历史，近年来广州规划建设了一批城市绿道、花景、岭南花园、花田花海等景观，大力弘扬花文化、岭南园林文化，打造千年花城品牌。重点突出以陈家祠、波罗诞和天后诞庙会、广绣广彩广雕、南越国宫署遗址等为代表的岭南建筑艺术、岭南工艺艺术和岭南历史文化，以及以粤剧为代表的岭南文化剧场等广州夜间文化旅游产品。

3. "海上丝绸之路"主题旅游产品

整合南海神庙、黄埔古港、十三行、太古仓等历史文化资源，加强历史风貌的保护和开发，建设中国海上丝绸之路遗址公园，跨区域整合海上丝绸之路丝文化旅游资源，积极申报世界文化遗产，打造广州历史文化旅游产品的拳头品牌。

4. "千年商都"主题旅游产品

利用"广交会"和其他有影响力的国内外会展和商务活动平台，积极推进集购物、休闲、文化、商务等为一体的游憩商务区建设，重点建设主题购物街区，联动开展各类旅游、购物、餐饮、文化等促进活动，突出旅游购物品牌，推进商务会展旅游。

（三）文化旅游特色产业带正逐步形成

1. 打造了一批文化旅游特色镇

积极开展名镇名村创建工作，形成海珠区黄埔古村、增城市派潭镇、花都区炭步镇朗头村、从化市狮象村等一批名镇名村，挖掘特色文化旅游资源。以番禺区沙湾镇为例，该镇充分利用沙湾 800 年历史文化和丰富的自然生态资源，通过推动沙湾古镇旅游景区、龙湾峡湿地片区、滴水岩鸟类保护区、珠宝产业园观光购物区联动发展，着力打造沙湾精品文化生态旅游名镇品牌，2013 年旅游总收入 4588 万元，接待游客超过 150 万人次。

2. 培育了一批旅游休闲度假区

将番禺长隆旅游度假区、从化温泉旅游度假区、花都九龙湖旅游度假区、增城白水寨旅游度假区作为国家级旅游度假区建设目标大力发展，不断创新旅游度假产品开发模式，形成环广州旅游度假区产业集群。其中，长隆旅游度假区借助其野生动物世界作为电影《爸爸去哪儿》拍摄基地的契机，大力策划并推出一系列亲子游，将休闲旅游与文化元素巧妙地结合起来，发挥了良好效果，吸引了更多游客。近年来，广州市大力促进观光休闲农业做大做强，先后认定 37 条观光休闲农业示范村、78 家星级农家乐、11 家特色农庄。南沙永乐农庄被评为全国十佳农庄之一，广州市世外桃源度假村等被评为广东省休闲农业与乡村旅游示范点，一批观光休闲农业品牌正逐步形成。

3. 挖掘了一批生态文化旅游资源

广州市现有城市公园 239 个，森林公园 49 个，自然保护区 2 个，绿道 2520 公里，越秀风华（越秀公园）、云山叠翠（白云山）、湿地唱晚（南沙湿地）等景点入选新世纪羊城八景，流溪河、石门、大夫山、白水寨、火炉山等森林公园已成为市民观光旅游、休闲度假、健身运动的好去处，仅白云山年接待游客规模就达 2000 多万人次。

4. 积极探索发展旅游装备制造业

广州市共有船舶企业 40 多家，具有船舶修造能力的企业 20 多家，完成船舶工业总产值超过 200 亿元，具备发展游艇装备制造的能力。广州市抓住发展游艇相关产业的契机，充分利用国家三大造船基地、游艇码头基础设施条件好的优势，探索发展游艇装备制造业。其中，中船黄埔文冲船舶有限公司拟开展铝合金中大型游艇设计建造技术研发及游艇产业化能力建设，以此为基础打造一条铝制游艇专业生产线，并逐步把公司建设成为华南地区拥有高端游艇制造能力的大型豪华游艇建造基地。

（四）文化旅游龙头企业实力日益壮大

着力培育具有较强竞争力的品牌文化旅游企业是广州旅游经济进一步发展壮大的重要因素。近年来，广州市特别重视培育文化旅游企业，一批优秀的文化旅游龙头企业正在快速成长。其中，长隆集团经过25年发展，成功打造了全国首批国家5A级景区的长隆旅游度假区，下辖长隆欢乐世界、长隆酒店、广州鳄鱼公园等8个经营实体，年接待游客量连续6年超过1000万人次，2013年接待游客达1300万人次，正逐步由地区性旅游品牌成长为民族品牌，迈入世界级旅游王国行列。南湖国旅业务涵盖出境旅游、国内旅游、自由行、电子商务、票务、旅游产品百货销售、景区投资和管理等，2013年接待游客量超过225万人次，营业额超过26亿元，被评为"全国十强旅行社集团"之一，其营业规模、品牌认同和发展速度均引领着广东地区旅行社的发展。同时，南湖国旅积极探索传统旅行社发展之路，不失时机地推进电子商务业务的发展，现旗下运营网站包括南湖国旅官网、西部假期网、马尔代夫假期网、淘宝白云山机票等，电子商务已成为企业谋求转型升级的重要切入口，为企业发展注入了新的活力。

（五）文化旅游宣传策划力度持续增强

1. 推出了"360度看广州"极具广州本土文化特色的广州一日游线路

以陈家祠、黄埔军校等最具广州本土文化特色的旅游景点为基础，形成包括"珠江沿岸文化史迹游""岭南园林文化游""先烈路近代革命史迹游""广州文化艺术游""广州大学城游""广州建筑游"等在内的文化旅游主题线路。

2. 利用各种旅游交流平台强化对广州文化的宣传推广

广州市每年各类旅游宣传推广活动中，岭南文化宣传均被放在突出的位置，依托广州旅游网、各类境内外旅游推介会、宣传刊物、大型节庆活动等

载体,广州的文化旅游得到了大力宣传。

3. 利用宣传折页做好广州文化旅游的宣传

编印了"广州特色建筑游"系列宣传折页,从建筑的角度诠释了广州从古至今尤其是近现代历史文化的发展。编印了《海上丝绸之路——旅游线路推荐》宣传手册,共有"海丝扬帆之旅""海丝文化之旅""古南越历史之旅""海丝宗教传播之旅"四大篇章,涵盖了海上丝绸之路的重要文化景点。

4. 通过重要的节事活动强化对广州文化的宣传推广

收集整理全市重大节庆活动情况,并按春、夏、秋、冬四季制成宣传折页等资料在国内外各类旅游推广活动中使用,以吸引更多人到广州来参与活动并观光旅游。

二 广州市文化旅游发展存在的问题

广州市文化旅游发展虽然取得一定的成效,但其发展瓶颈和不足之处也客观存在。一是文化旅游融合发展的程度还有待提高,二是具有全国影响力乃至世界影响力的文化旅游精品不多。与北京、上海、西安、成都等文化旅游发展较好的城市相比,广州市缺乏闻名中外的著名景点。美国著名媒体CNN于2013年3月在其官网上评出了中国最美的40个景点,广东只有开平碉楼入选,广州市文化旅游的吸引力和影响力有待进一步提升。三是大型文化旅游总部企业仍然较少,除了长隆集团、南湖国旅等本土大型企业,广州市具有全国影响力的大型文化旅游企业不多。2014年公布的第六届中国文化企业30强中,北京有万达文化产业集团、保利文化集团等5家企业入选,深圳有华侨城股份有限公司、华强文化科技集团等2家企业入选,而广州市无企业跻身此排行榜,广州市引进和培育国内外知名文化旅游企业总部的力度须加大。四是文化旅游市场的潜力还需要进一步挖掘。虽然广州市已形成"近代革命史迹""岭南文化""海丝之路""千年商都"等旅游路线品牌,但还需加大宣传推广,进一步挖掘提升这些品牌线路的市场潜力。五是推进文化旅游融合发展的体制机制有待建立健全。广州市各部门必须拓宽思路，务实推进，进一步促进文化旅游提升发展。

三 推进广州市文化旅游产业融合发展的总体思路

文化旅游作为产业融合发展的方式，为广州传统优势产业注入了新的活力，越来越受到关注和重视，广州具有发展文化旅游的资源禀赋（历史文化、民俗文化、生态文化），具有较好的产业发展基础条件（逐步完善的规划政策、较齐备的服务配套设施），具有先进的服务业和不断升温的文化旅游消费需求（国家服务业综合改革试点城市和全国第三大城市经济体），文化旅游可成为广州市重要的经济新增长点。建议按照"政府引导、市场运作，点面结合、加强联动、重点突破、稳步推进"的原则来逐步推动文化旅游业的发展。

（一）政府引导、市场运作

政府在加强规划引领和完善制度建设等方面对文化旅游业进行总体引导，市场主体（有关企业和文化团体）自主参与，创新发展理念，以市场力量推动文化旅游融合发展。

（二）点面结合、加强联动

立足广州实际情况，从促进广州文化旅游发展水平整体提升的角度，加强部门之间、市区之间联动，破除制约文化旅游发展的体制机制障碍，同时，加强与国家和广东省级有关部门沟通协调，积极争取政策、资金支持。

（三）重点突破、稳步推进

根据广州市文化旅游资源特点和产业发展基础，有步骤、有计划地加强文化旅游发展政策的研究制定，加快发展一批具有竞争力的文化旅游精品项目、品牌路线、产业聚集区和龙头企业，在项目策划、建设、配套、宣传、推广等诸多环节加大投入，不断增强广州文化旅游业核心竞争力。

四 推进广州市文化旅游产业融合发展的对策措施

（一）完善规划，加强产业融合发展

强化规划对广州旅游产业发展的指导作用，出台《广州旅游总体规划》，更加注重文化对旅游的提升作用，丰富完善文化旅游片区、文化旅游景区、文化旅游产品专项规划，重点开发广州的历史文化旅游产品、商贸文化旅游产品、宗教文化旅游产品、园林和建筑文化旅游产品、民俗文化旅游产品、岭南艺术和创意文化旅游产品，推动广州旅游文化融合发展，提升广州文化旅游产业竞争力。

（二）突出重点，打造文化旅游品牌

结合广州地域特色，进一步加强项目策划力度，打造更多具有代表性的文化旅游品牌。

1. 加大文化基础设施保护和建设力度

大力推进黄埔军校、大元帅府及孙中山文化中心等一批具有重要文物价值项目的改造提升，加强对历史街区的保护性利用，加快南汉二陵博物馆、海事博物馆、粤剧艺术博物馆等一批新建重大文化基础设施建设，进一步扩充提升广州市文化旅游资源。

2. 积极着力打造旅游重点项目

加快推进番禺长隆三期、增城挂绿湖、花都万达、黄埔南海神庙文化旅游产业区等重点项目建设，开发番禺沙湾古镇、海珠黄埔古港古村及生态城、荔湾荔枝湾涌等重点文化旅游精品项目，进一步发展红砖厂创意生活区、太古仓文化旅游艺术创意区和珠江琶醍啤酒文化创意艺术区，延伸文化旅游产业链条，全面打造一批生态环境优美、文化特色明显、服务品质上

乘、综合效益良好、市场竞争力较强的核心景区。

3. 深化特色专题文化旅游发展

以越秀北京路文化核心区为重点，推动文旅融合发展，突出岭南文化、海丝文化、近现代革命史文化等广州本土文化特色。有序推动珠江游、游艇旅游等海洋旅游重点业态发展，串联珠江沿岸景区景点。策划老字号、传统工艺、粤剧等非物质文化遗产的展示形式，办好广州乞巧节、波罗诞、老广州民间艺术节、广府庙会、迎春花市等具有广州文化特色和旅游吸引力的民俗节庆活动，全方位满足游人游玩、体验等多元化需求。

4. 发展生态文化旅游

完善森林公园生态景观系统，挖掘森林公园生态文化特色，打造推广"流溪香雪""流溪红叶""石门花海"等品牌生态文化旅游线路。突出旅游休闲度假主题，发展休闲农庄、家庭农场、森林客栈、温泉养生、徒步旅游等休闲旅游基地，推进"美丽乡村"资源统筹及北部山区生态旅游业发展。

（三）优化环境，完善服务配套设施

一是加快旅游公共服务建设。运用《广州市旅游集散中心规划研究》成果，推进广州市旅游集散中心试点项目建设，完善广州市旅游交通设施配套服务。二是高效推进"智慧旅游"建设。从"2014年中国智慧旅游年"主题入手，加快推进广州国家智慧旅游试点城市建设，加速建设旅游公共服务数据库，推进"各类广州旅游资讯"手机客户端的应用。三是发挥旅游标准化示范效应，继续推进创建全国旅游标准化示范工作，制定完善系列旅游行业标准及旅游服务规范，强化标准规范对提高服务质量的引领作用。

（四）鼓励引导，支持企业做强做优

积极推进四大类重点旅游企业发展：以骨干旅行社为核心的具有国内、国际影响力的品牌旅行社，以国际品牌酒店和国内品牌酒店为龙头的品牌酒店集团，以国家级5A景区（点）为样板的生态、休闲、观光企业，以及大型综合性旅游企业集团。通过改善整体经营环境、落实总部企业认定奖励等政策，在扶持本地旅游总部企业做大做强的同时，吸引国内外大型文化旅游企业落户广州，进一步繁荣广州文化旅游业。引导企业按程序组织符合条件的项目申报战略性主导产业发展资金，扶持文化旅游企业不断发展壮大。

（五）转型升级，培育新兴消费市场

一是巩固扩大国内外客源市场，通过拓宽与境外媒体、旅游企业合作领域，在国际上全方位推广广州旅游资源及产品。通过加强与国内其他旅游板块间的协作，加大网络宣传推广力度，持续开展主流媒体、户外形象广告宣传，强化广州旅游整体形象和城市名片打造，提高广州文化旅游品牌知名度。二是宣传推广游艇旅游、房车旅游等新兴旅游消费方式，开发岭南美术工艺品和动漫、游戏等新型文化旅游产品，推动形成购买、租赁、大众活动共同发展的消费市场，扩大新兴消费方式的群众基础，为促进广州旅游装备制造业发展创造有利条件。

（六）抓住机遇，做好海丝申遗工作

以广州海上丝绸之路史迹被列入《中国世界文化遗产预备名单》为契机，按照《广州海上丝绸之路史迹申报世界文化遗产工作方案》，积极推进申遗有关工作，加快编制保护规划，逐步整治改善环境景观，加强历史价值基础研究，推动广州海事博物馆建设，同时关注世界纪录遗产与无形遗产的申报，为擦亮广州"海上丝绸之路"文化旅游品牌奠定基础。

（七）改革创新，激发文化旅游活力

认真贯彻党的十八大关于全面深入改革的战略部署，抓住广州市列为全国旅游综合改革试点城市的机遇，创新管理体制机制，强化市区之间、部门之间的联动，进一步整合文化旅游资源，促进旅游业与广州市丰富的历史文化资源相交融，推动文旅、体旅、商旅、交旅、工旅、农旅等产业融合发展，催生一批文化含量大、附加值高、产业链条长的文化旅游新业态，激发文化旅游业的创意与活力。

B.13
广州市越秀区文化创意产业发展调研报告

广州高新区黄花岗科技园管委会2014年课题调研组*

摘　要：	在介绍越秀区文化创意产业发展现状的基础上，分析了越秀区文化创意产业发展过程中的主要举措和成效，并针对其中的问题提出相应的建议。
关键词：	文化创意产业　实施路径　越秀区

"十二五"期间，越秀区围绕"文化引领、提升总部、创新驱动、融合发展"的核心战略，存量提升与增量培育相结合，构建以文化为灵魂，以商贸、旅游、信息、科技和金融为支撑、相互融合的文化创意产业体系，以产业融合渗透带动文化创意产业转型，使文化创意产业实现快速发展并在全市处于领先地位，成为促进产业转型升级的重要切入点和推动经济发展的新动力源。

一　越秀区促进文化创意产业发展的举措及成效

为加快促进文化创意产业的发展，越秀区通过机制、规划、政策、平台、重点项目等五个方面的工作为产业发展注入生机活力。

---

* 课题组成员：谭溱，广州高新区黄花岗科技园管委会副主任；张思健，广州高新区黄花岗科技园管委会副主任科员；黄胤，广州高新区黄花岗科技园管委会科员；刘梦特，广州高新区黄花岗科技园管委会科员。

（一）越秀区促进文化创意产业发展的已有举措

1. 机制保障

为加快推进文化创意产业发展，越秀区联合市科信局、市文广新局等单位共同成立了"越秀区创意产业发展领导小组"，负责对创意产业发展的指导与协调，初步形成市区两级、区各部门之间密切配合联动的工作格局，共同推动文化创意产业的发展。成立了华南地区首个文化创意产业协会和知识产权促进会，与国内外行业组织建立联系，组织企业参与国内外创意产业信息交流会、产品博览会。充分发挥越秀区文化创意产业协会的行业中介组织作用，建立发展交流平台，开发和共享信息资源，举办文化创意产业发展研讨会、报告会、咨询会，编辑出版各种文化创意产业书刊、音像制品。

2. 规划先行

越秀区注重结合区域实际深入创意产业的理论探索，取得一批可操作性强的研究成果。结合区域实际和产业特色，先后制订和发布了《越秀区创意产业发展指南目录》《越秀区创意产业发展规划》等文件，通过对创意产业发展战略与规划的研究，深入分析产业发展现状、趋势，进一步明确发展的定位、目标和重点，并及时完善促进创意产业发展相关政策。继续贯彻实施"文化引领、提升总部、创新驱动、共建共享"四大发展战略，以"广府文化源地，千年商都核心，公共服务中心"作为越秀区核心平台，将发展文化创意产业作为提升"越秀文化"影响力和竞争力的重要内容。

3. 政策引导

越秀区在全市率先颁布了《关于加快创意产业发展的若干意见（试行）》及配套实施办法，设立了每年不少于1000万元的"越秀区创意产业发展专项资金"，从融资、房租、创意作品与产品研发和信息发布、人才奖励、服务平台建设等方面给创意企业和人才以资助；2010年新出台了《越秀区关于加快经济发展方式转变的若干意见及配套实施办法》，每年由区财政安排1200万元资金，专项用于支持科技企业、创意企业开展技术创新、新产品研发和产业化运营，配套扶持其获得国家、省、市立项或奖励的科技项目、优秀成果和原创创意作品等。

4. 平台建设

通过建立功能完善、实用性强的创意产业公共服务平台,包括"两个中心、两个平台、一个云服务系统"①,为创意企业提供动漫技术、工业设计、产品发布、展示交易等公共服务,直接降低企业成本,提升企业研发、制作水平。通过公共技术服务平台的搭建,引入国内外知名技术服务中心和创意设计实验室,为企业提供服务;通过搭建企业交流平台,聘请国内外创意产业先锋人物开展创意沙龙、论坛等活动,增强企业间的交流与合作。

5. 重点项目带动

大力推进创意大道项目建设。该项目是越秀区全面实施广州市"中调"战略、"退二进三"规划而自主投资的现代服务业重点项目,是广州市重点建设的创意产业基地。2011年被广东省发改委批准的首批现代服务业集聚区,2012年被广州市发改委认定为首批市战略性新兴产业基地。"创意大道"通过对原太和岗工业区旧建筑重建改造、环境整治、产业转型升级、腾笼换鸟等方式打造立足广州、辐射华南地区的体现当代科技与先进文化互为融合的新兴创意产业带、知识密集型服务业的特色产业高度集聚区、新型现代服务业升级再造的示范区。"创意大道"以国家高新区黄花岗科技园为依托,以越秀区太和岗区域为核心,建筑总面积3万多平方米,由越秀区自筹资金2.1亿元建设,包括创意总部企业集聚区、公共服务区和公共研发区三个部分,以及与其配套的创意产业技术创新中心、动漫游戏设计、工业设计公共技术服务平台等。目前主体工程已全部竣工,一批文化创意骨干企业将陆续进驻。

(二)越秀区文化创意产业发展的成效

2010年以来,越秀区创意产业快速崛起,动漫原创、文化传媒、出版

---

① 科技创新中心、展览展示及会议中心、动漫制作与培训平台、工业设计平台、动漫制作及工业设计云服务系统。

展演、创意设计、创意衍生产品展贸市场等领域领先发展，成为广州市创意产业的集聚地。

1. 产业规模不断扩大

经过大力培育引导和政策扶持，越秀区文化创意产业实现跨越式发展，一批具有领先创意和自主品牌产品的重点创意企业迅速成长。2014年，越秀区文化创意产业实现年营业收入1000亿元以上，占越秀区营业收入的11%左右。作为创意产业主要基地的黄花岗科技园区全年实现技工贸总收入约400亿元，同比增长25%左右。目前，越秀区共有通过认定的国家级动漫企业13家，国家级重点动漫企业5家，国家级重点动漫产品12个，国家级重点动漫企业和重点动漫产品占全国比例均超过10%，形成国内动漫龙头企业的集聚区。

2. 形成较为完整的产业链

越秀区文化创意产业已形成创意创作、产品制作、传播媒体、创意产品展示、体验和销售平台、交易消费市场、服务体系等较为完整的产业链，为创意产业持续发展提供了强大支撑。越秀区文化创意产业与各相关产业链的各个环节相关联，表现出很强的产业关联性。其核心业务——创意工业设计为众多行业生产提供服务，表现为对多种行业或产业的渗透和融入；创意商业服务则为相关制造企业提供产品展示平台、创新产品销售方式，从而增加产品的附加值。这也是创意产业成为高成长性产业的基础。而且创意产业中一些设计类企业的设计产品直接为第二、三产业服务，对产业的融合起到很大的推动作用。

3. 形成城区特色的产业布局

越秀区文化创意产业的空间聚集形式有写字楼模式和街区组团模式，已初步形成空间聚集形态，"一大道、两园区、三集群、四功能区"①的文化创意产业布局，走出了一条以产业园区建设带动产业发展的特色之路。

---

① "一大道"是指"先烈中路·太和岗"创意大道；"两园区"是指广州创意产业园和黄花岗科技园；"三集群"是指流花创意展示、文德路文化商业和一德路创意衍生品区域；"四功能区"是指环市东路商务区、东风东路商务区、五羊新城创意中心区和沿江路创意功能区。

文化创意产业园区与周边多元文化相融合，对周边地区的发展有很强的辐射作用。创意产业的集聚对于提升集聚区的文化价值、经济发展都有突出的作用。各创意园区的发展不仅为各区的经济发展、解决就业问题做出很大贡献，而且对周边的商业、房地产业、旅游业等有很强的带动作用。

4. 形成区域领先的产业人才集聚

越秀区的文化创意产业经过20多年市场化的运营，行业发展已逐步与国际接轨，培养了大批具有国际视野和较强策划创意能力的专业人才，在品牌特色、市场拓展和专业化服务方面已具有很强的竞争能力。文化创意产业已成为越秀区的主导产业，并被纳入"十二五"规划重点发展。据不完全统计，越秀区的文化创意人才超过5万人。越秀区拥有雄厚的文化创意人才，聚集了广东工业大学艺术设计学院、广州市动漫公共技术服务平台暨人才培训基地以及众多创意设计培训机构，为文化创意产业发展提供丰富的专业技术人才资源，每年输送专业人才超过1000人。

二 越秀区文化创意产业发展存在的问题

目前越秀区文化创意产业已经取得较为显著的成效，但在发展的过程中仍存在诸多问题亟待解决。

（一）产业发展环境亟须优化

越秀区在文化创意产业发展管理机制、企业认定、统计口径和标准体系、政策扶持等方面还有待健全，对文化创意产业的认识有待进一步提高，对知识产权保护的力度有待加强，产业发展还有待提高；此外在文化创意人才的界定，对行业领军人才、高层次人才、应用型人才等专业化人才的发现、培育、引进和使用机制等方面，也存在机制的不完善、不健全，对吸引文化创意人才、企业的进驻造成一定的负面影响。

（二）产业集群效应尚未形成

目前，广州创意产业园和黄花岗科技园等产业载体已经聚集部分文化创意产业企业，但普遍存在企业规模相对较小、业态分散的问题，难以形成集群效应和品牌效应。部分较具规模的企业大多拥有独立的产业体系，与区内其他产业的协作、共享尚不充分。此外，区内大部分楼宇由民营企业开发和运营，在楼宇出租时主要考虑租金和资金回笼等因素，较少考虑楼宇内同类企业的集聚效应，建设具有完整产业关联的文化创意产业集聚区的难度较大。

（三）企业融资环境仍不理想

文化创意产业是新兴产业，大多数企业还处于初创阶段，规模较小，知名度不高，信用等级较低，不能满足融资的资格和条件，并且文化创意企业的经营场所多是以租赁为主，缺乏以固定资产向银行担保的条件。企业的自我生存和造血能力还不强，经济效益体现得还不够明显，融资比较困难，需要政府给予较大力度的扶持和帮助。

三 加快越秀区文化创意产业发展的对策建议

（一）制定文化创意产业发展规划

按照区委、区政府建设核心功能提升区、黄花岗创意及网络经济区的总体部署，结合文化创意产业发展趋势和国家、省、市产业政策，研究制定《越秀区文化创意产业发展规划》，确定全区文化创意产业总体布局，结合产业导向，明确各产业园区的具体产业布局。联手构建以园区及园区企业为主体的创新集成网络系统，以实现全区创新信息共享。同时研究建立文化创意产业之间的互通合作机制，打造完整产业链，进一步加快越秀区文化创意产业发展。

（二）推动建设产业发展平台

产业平台是政府推动文化创意产业发展的重要载体，以区内重点产业园区为核心，建立共享机制，着力打造文化创意产业创新平台、产业营销平台、产业公共服务平台、产业活动平台，整合政府和企业资源，建立开放共享的文化创意产业服务支撑体系，提升文化创意产业整体实力，吸引相关企业集聚发展。

（三）优化文化创意产业发展环境

推进文化创意产业健康发展，加快文化创意产业功能区基础设施建设。因为文化创意企业的资产是以文化资源和知识产权等无形资产为主，相对于其他有形资产较多的产业，较难取得融资。通过设立各类文化创意产业发展基金、产业发展补助等措施，创造多元化、高效率、低成本的投融资环境，为文化创意产业相关企业的入驻、运营提供良好的环境。

（四）实施高端人才集聚工程

加快培养吸引文化创意产业科技领军人才，鼓励引导产业人才创业发展。建立文化创意产业人才数据库，加大对人才的开发和服务力度，现有人才政策向文化创意产业倾斜。加大对文化领域高端高层次人才的引进力度，积极引进文化创意产业领域的知名学者、专家来越秀区交流合作。选择部分园区或企业作为试点单位，研究实施文化创意人才专门培训计划，根据产业发展实际，探索设立文化创意职称系列与岗位资格证书。

（五）加大文化创意产业创新力度

以文化创意和技术创新能力为核心，建立品牌形象。加大对技术开发、技术创新和技术基础性工作的投入和奖励力度，形成有自主知识产权的专利和专有技术。抓住文化创意产业的高增值部分，发展原创内容，提升原创能力，形成有自主知识产权的专利和专有技术。鼓励越秀区企业与国内外科研机构、高等院校合作,支持文化创意产业项目研究开发和成果产业化。

(六)实施创意产业示范工程

强化越秀区文化创意对外形象宣传,实施产业示范工程,着力打造"一条创意大道、两大创意产业园区、三大特色产业群、四大高端产业功能区"并使其成为文化创意产业示范基地。重点布局文化创意产业总部企业、公共服务平台、研发中心、产业技术创新中心等。通过塑造区域特色产业品牌,将越秀区打造成为创新活跃、效益显著、配套完善的新兴产业基地;通过引进和培育行业龙头,扶持打造一批优秀动漫形象,形成一批具有代表性的名牌企业;加强会展品牌建设,并将其打造成为吸引高层次创意人才和招商引资的重要平台。

(七)推进知识产权保护工作

文化创意产业的核心资产是知识产权,从文化创意产业本身发展来看,其产品创造成本高、投入大,但复制成本较低的特征十分显著。没有政府对知识产权的保护,创意主体的合法权益就得不到保护,创意主体也就不会有创意动力。加强知识产权保护是文化创意产业健康发展的必要措施。完善知识产权管理和执法体系、建立与知识产权制度有关的市场秩序。针对文化创意产业企业设立知识产权保护服务机构,对企业和产业项目提供产业园区知识产权保护等综合服务。建立文化创意产业知识产权交易平台,完善产权交易体系,为文化创意企业产权交易提供高效、便捷和规范的服务。

参考文献

王焕清:《2014年越秀区政府工作报告》,2014年2月26日。
王奋强:《打造国际化现代化文化创意产业聚集区》,《深圳特区报》2014年5月16

日。

吴源：《广州文化创意园旅游产品开发初探》，《特区经济》2014年第12期。

汪春阳、陈军光：《文化创意产业投融资机制构建研究》，《合作经济与科技》2014年第24期。

程金亮：《文化创意产业协同创新实现路径研究》，《当代经济》2014年第23期。

李雪平：《文化创意企业融资问题研究》，《中国管理信息化》2014年第23期。

尚洁：《文化创意产业集群创新研究》，厦门大学硕士学位论文，2014。

B.14
广州市"四地"文化资源产业化对策研究

仲恺农业工程学院课题组*

摘　要：	广州作为"岭南文化中心地""古代海上丝绸之路发祥地""中国近现代革命策源地""改革开放前沿地"(简称"四地"),拥有丰富的历史文化资源。课题组充分挖掘广州"四地"文化内涵,评估资源类型;总结、分析城市文化产业的发展现状,并对"四地"文化资源产业化过程中的困难和问题进行解析,从而对广州今后继续推进"四地"文化资源的产业化发展提出发展思路和具体对策。
关键词：	广州"四地"　文化资源　产业化

一　广州"四地"品牌文化建设的战略意义

城市是一个不断发展、更新的有机整体,城市的现代化建设是建立在城市历史发展的基础上的。纵观世界中心城市的发展轨迹,当代城市步入后工业化时期,文化将会逐渐成为城市经济、城市消费、城市吸引力和城市竞争力的核心部分。城市文化品牌是一个城市的重要符号,是最具传播力、影响力、感召力的文化价值载体。重视对城市文化品牌建设的研究,是贯彻落实

---

* 课题组负责人：王明星,博士,仲恺农业工程学院文化产业规划与研发中心主任、教授、硕士生导师；课题组成员：刘斌、牛冬梅、罗碧璇、杜晓燕、侯羿君、杨晓蕾；执笔人：王明星、刘斌。

中共十八届三中全会精神，正确把城市文化精神价值和传播形态有机统一的重要体现，同时是加快广州城市产业结构调整，促进城市转型发展的必然要求。当前，广州正处在城市发展的关键时期，我们要紧紧抓住国家大力发展、繁荣和提升文化事业与文化产业的历史机遇，从城市发展的战略高度，重视广州"四地"文化品牌建设等无形资产的培育和投入，通过理念创新、体制机制创新、组织形态创新，大力营造广州"四地"文化品牌建设的氛围，在有效推进广州"四地"品牌文化产业发展的进程中，进一步塑造和凸显广州城市文化的形象，提升广州城市文化的软实力。

（一）不断丰富的文化内涵是广州"四地"品牌发展的核心支撑

独具特色的历史文化和高度发达的现代化工业的巧妙融合，几乎是世界上享有国际声誉的著名城市的共同特征。"大城市以文化论输赢"的命题，已经为越来越多的人所认同。而城市文化的载体又通常大多以城市的品牌来体现，广州的文化资源特色集中地概括为"四地"。2001年8月，中共广州市委、市政府召开"广州市第六次文化发展战略研讨会"，明确提出要研究广州"四地"的课题，深入挖掘和优化整合历史文化资源，建设现代化中心城市文化体系，以提升广州城市的文化形象和文化品位。据此精神，广州市社会科学界和政府相关部门经过多方面的合作、沟通和研讨，尤其是广州炎黄文化研究会与其他单位合作，从2002年1月至2006年初，依次召开了"海上丝绸之路与广州港""中国民主革命策源地与广州文化""改革开放前沿地与广州文化""岭南文化中心地与广州文化"等广州"四地"品牌打造的学术研讨会。作为广州名城的"四地"文化资源的文化内涵，为后来提出的广州要打造"世界历史文化名城"提供了根基、支撑以及切入点。"四地"文化品牌在不同历史发展时期会有不同的表现形式，但其灵魂是文化。当今时代，消费者无论是对有形"工业产品"还是无形"文化产品"的品牌消费的热衷，其实质都是消费者对其所承载和蕴涵的文化价值的认同与追随。在品牌消费时代，品牌具有五种文化价值：一是诚信度高、质高量优的价值，二是能够彰显个性的文化创意设计价值，三是溢价能力较强的价值，四是消费忠诚度高的价值，五是文化传播效应好的价值。因此，文化的引领和支撑是"四地"品牌形成和发展的关键环节，也是"四地"品牌发展取得持续动力的重要源泉。

（二）"四地"品牌建设应成为促进广州文化建设的文化战略

品牌文化通常与品牌所在区域的文化基因紧密相连。在某种意义上，品牌甚至可以代表一个国家、一个城市的文化形象。因此，要从培育文化产业战略性资源的角度，根据品牌成长的规律和广州"四地"品牌的"文化养基"，形成浓厚的"四地"品牌文化氛围，把"四地"品牌文化建设作为重要内容和主要任务纳入广州建设"世界历史文化名城"和"国际商贸中心"的战略框架之中。因此，品牌形成的过程也就是一个文化逐步认同的过程，文化是品牌发展成长的"土壤"。所谓品牌文化就是指推进品牌建设相关的组织文化、管理文化和制度文化等一系列文化软环境的建设。因此，品牌文化建设也是城市文化建设的重要内容。国内外城市文化建设的发展实践显示，从宏观的城市品牌、中观的产业品牌，到微观的企业品牌和产品品牌，品牌已经成为城市、区域和企业集聚资源、人才、技术，实现消费价值提升的最有力的市场竞争工具。因此，必须把加强"四地"品牌文化建设作为广州市的一项重要的战略举措。切实站在促进城市转型的战略高度，进行顶层设计，把"文化创新、品牌驱动"文化战略作为引领城市转型，实现发展突破的综合抓手之一，即通过"四地"品牌文化发展，激活广州的无形文化资源，挖掘"四地"品牌的文化价值并逐步完善"四地"品牌建设的文化环境，从而拉动和扩大文化产品的内需，提高城市文化产业的附加值，进一步提升广州在珠三角、华南地区乃至全中国、全世界文化产业中的话语权、定价权和主导权。

二 "四地"文化资源开发的现状、难题和开发困难的原因

（一）"四地"文化资源开发的现状和难题

20世纪80年代以来，尤其是步入21世纪以来，在政府相关部门的重

视下,"四地"文化资源的保护、研究和开发取得了相当的成绩。广州先后召开若干次学术讨论会专题研讨"四地"文化,有力推动了"四地"文化的研究,深入挖掘了"四地"文化内涵,为相关文化资源的开发奠定了学术基础。与此同时,与"四地"相关的重要历史遗迹也陆续得到恢复与开发,在此基础上设立了一大批相关主题的博物馆、纪念馆、艺术馆及其他文化场馆。相关的文化产品不断得到开发,产品形式日益丰富,以"波罗诞庙会"为代表的节庆会展成为"四地"文化产品着意开发的典型代表。旅游开发是"四地"文化资源开发最重要的方式之一,近年来,相关部门围绕"四地"文化打造了"千年羊城"系列历史文化旅游精品、"岭南都会"系列城市休闲旅游精品、"亚运新貌"系列体育文化休闲旅游精品等重点旅游品牌;将以陈家祠、西关、荔枝湾涌、上下九、北京路等为核心的文化旅游资源打造成广府民俗与文化休闲产业集群;2011 年,在纪念建党 90 周年和辛亥革命 100 周年等重要活动中对外宣传和推介相关的革命旅游资源。"四地"文化资源开发的成绩有目共睹,但毋庸讳言,相关资源开发的成效还不尽如人意,仍存在着不少难题亟待破解。

1. "四地"文化品牌的整体知名度较低

若论"海上丝绸之路",则泉州的名气已盖过广州,湛江的"南海一号"几乎成为广东"海上丝绸之路"遗迹的代名词。历史上广州赫赫有名的"十三行"商馆区已荡然无存,明清时期驰名中外的黄埔港如今只是珠江边一个逐渐沉寂的古村落,别说外地人不知道它的存在,就是广州本地人也对其知之甚少。若论岭南文化中心地,则岭南文化本身的知名度尚须提升,与同为地域文化类型代表的海派文化、东北乡土文化相比,岭南文化虽然历史源远流长,但其知名度与前两者不能同日而语。粤剧知名度远低于越剧、昆曲、黄梅戏,让广州人颇为自豪的"西关大屋"却远不如徽派建筑、晋商大宅知名,以"王老吉"为代表的凉茶文化或许是少数几个在全国具有影响力的广州文化品牌之一。论近代民主革命策源地,则辛亥革命首义地武昌、中共"一大"召开地上海、英雄城南昌、革命圣地井冈山、革命摇篮延安等均驰名中外,而作为近代民主革命策源地的广州却湮没无闻,甚至于很多广东人也未必能把洪秀全、康有为、梁启超、邓世昌、孙中山、毛泽东、周恩来等赫赫有名的人物与广州联系在一起,很多慕名而至参观三元里抗英古战场的游客备感失望。改革开放前沿地在广州"四地"品牌中知名度最高,但在深圳特区、珠海特区以及近在咫尺的香港、澳门的映衬下,广州开放、发达的形象并不凸显。经过30余年的改革开放,内地城市和其他沿海城市的建设取得了突飞猛进的发展,广州城市现代化的吸引力大为削弱,曾经在全国风头十足的白天鹅宾馆、白云宾馆已不再耀眼,曾经是广州建筑典范的中信大厦也早已被不断超越,直到亚运前后随着新白云机场、广州南站、广州塔、珠江新城中央商务区、亚运城、海心沙等标志性建筑的建成,广州建筑才重新跻身国内顶尖之列。

2. "四地"文化产品结构比较单一,创新能力不足,未能形成文化产业集群

目前,"四地"文化产品主要以文博场馆和历史文化旅游等产品形式存在,也出现了以"波罗诞庙会"为代表的综合开发模式,其他形式的文化产品,如文学作品、影视产品(包括影视娱乐产品、纪录片类影视作品等)、动漫产品、游戏产品、纪念品等,类型和数量都比较少,存在很大的拓展空间。

3. "四地"的文化旅游产品品牌效应不突出,拳头产品开发力度不够

"四地"文化资源数量众多,进行旅游开发时应主次分明、重点突出、系统规划,形成不同类型的旅游产品,以满足不同兴趣游客的文化体验需求。现有的"四地"旅游线路较少,且以单纯的景点参观为主,内容比较单一,对相关资源和周边文化产品的整合不够。重点旅游景点和旅游线路的开发力度不足,如三元里抗英斗争纪念馆、孙中山大元帅府纪念馆、西关大屋建筑群等重点景点格局太小,与游客的心理期待存在落差。"海上丝绸之路发祥地"旅游则尚未开辟水上观光路线,未能将南海神庙、黄埔古港、琶洲会展中心、沙面等景点整合开发,使游客的文化旅游体验大打折扣。此外,旅游配套服务不够完善,专门的旅游公交线路(包括陆上公交专线与水巴旅游航线)数量很少,旅游信息获取机制和游客权益保障机制尚待健全。

(二)"四地"文化资源开发困难的原因

1. "四地"文化品牌知名度低与粤语文化的特质及广东的文化形象宣传有关

从地缘角度看,广东偏处南疆,远离全国主流的政治中心地域和教育、文化中心地域,且粤语文化圈外向(面向境外、海外)比较开放,与港澳文化圈的交流频繁;而内向(面向内陆)则具有相对封闭性的特征,与国内主流文化圈乃至主流媒体圈的联系反而不够密切。以广府文化为代表的岭南文化较少做出由地域文化上升为主流文化的努力,因而很难进入国内主流文化叙事中,也较少出现在国内公众视野中。在中国历史上,岭南在很长的时间内被视为文化荒野,直到近代中国文化受西方文化冲击,广州得地利之便、领风气之先,才由文化僻野、边疆转化为欧风美雨先行浸染之地,文化形象在整个近代完成一次"华丽转身"。但是,改革开放以来,广州经济的率先崛起使得经济的光芒再一次盖过了文化的光芒,以至于"文化沙漠"逐步成为不少外地人对广州的固定印象,文化整体形象不佳直接降低了"四地"文化品牌的知名度。

2. "四地"文化资源开发存在的难题与开发时间较短、经验积累不够有重要关系

岭南文化注重实干和经济效益,与此相应的弊端即是对文化资源需长期锲而不舍的开发的重视不足,在很长一段时期内广州文化资源的开发严重滞后于经济发展,与国内其他文化开发先进城市存在不小的差距。以"近代民主革命策源地"文化资源的开发为例,资源的开发与品牌的提出存在不小的时间差。新中国成立后广州就亮出了这一文化品牌,但几大知名的历史遗迹建成文博场馆的时间却很短,黄埔军校旧址纪念馆设立于1984年,孙中山大元帅府纪念馆建成于2003年,中共三大会址纪念馆建成于2009年,辛亥革命纪念馆则于2011年纪念辛亥百年之际才落成开放。总体上看,对"四地"文化资源的全面挖掘整理和利用开发只有十余年的时间,尚处于文化产业开发的发展期和文化品牌的培育期。

三 广州"四地"文化资源产业化的发展思路和具体对策

以科学发展观和"实现中国梦"思想为指导，紧紧抓住国内外文化产业、创意产业大发展的机遇，围绕国家文化产业发展的战略部署，落实党的十八届三中全会和国务院《关于文化产业振兴规划》的精神，紧密结合"十二五"广州"新型城市化发展进程"的战略任务和目标要求，有效对接《广州市国民经济和社会发展第十二个五年规划纲要》和《广东省文化产业振兴规划（2011～2015年）》，站在全市社会经济发展的战略高度，动员诸多行业和区域重视和参与到"四地"文化产业化的进程中，构筑具有广州地域特色的"四地"文化产业新体系，逐步把文化产业培育成为促进广州社会经济整体转型的新引擎。"四地"文化资源产业化的发展思路和具体对策，可以实行"三个导向""三个聚焦""四种路径""四大对策"的"3＋3＋4＋4"运行模式。

（一）三个导向

1. 以国家发展战略为导向

国家"十二五"发展规划纲要提出粤港澳要通力合作，共同打造"中华民族的精神家园"；2013年中共广东省委、省政府在实施《珠江三角洲地区改革发展规划纲要（2008～2020年）》中，提出珠三角地区到2017年要率先基本建成全国创新型区域。由此，应实事求是地分析广州文化产业存在的不足和面临的困难，立足于"重视不足、开发不足"的现实，突破"四地"文化生态资源转化为市场与产业优势的难题，立足于找准"四地"文化资源比较优势。形成"四地"文化品牌的市场竞争力，把解决"四地"文化资源产业化进程中的关键问题作为未来3～5年发展的着眼点、突破口和着手处。

2. 以民众市场需求为导向

以广州市经济和社会发展需求为依据，以文化消费需求作为出发点和落脚点，准确把握区分本地消费和外来消费的不同需求，大众市场和高端市场的不同消费偏好，有所为，有所不为，立足于"四地"文化产品的品牌特色细分市场，从而做深做透，确保"四地"文化资源产业化发展更加顺应现实市场的发展趋势。

3. 以重大项目建设为导向

"四地"文化资源的产业化进程要以重大项目为抓手和载体，立足于文化创意产业的辐射效应和带动效应，逐步做长产业链，做大衍生效益，按照市场化和企业化的运作和经营方式，按照项目管理的技术和方法，创新思路，寻求产业突破，实现"四地"品牌文化产业的规模化发展。

（二）三个聚焦

1. 聚焦重点区域

2013年5月，广州市委、市政府通过《广州市功能片区设计方案》，针对广州7400平方公里土地面积在不打破原12个行政区划的情况下，设置了22个功能片区。其中6个中心城区（又称"老六区"）与南沙新区分别独立形成功能片区，在文化产业和文化事业的建设中体现的功能定位是：越秀区作为广州城市核心，建设成为广府文化发源地、千年商都核心；荔湾区围绕打造"中调"战略示范区、现代服务业集聚区、岭南文化展示区的发展定位，重点发展文化创意为主的现代服务业；天河区独立形成中央商务区和天河智慧城"双核"发展的功能片区，成为建设智慧、低碳、幸福广州的示范区；海珠区要以生态城建设为契机，着力打造国际展都、广州绿心、文化名区、幸福海珠的理想城市建设典范区；黄埔区要全力开展长洲文化休闲慢岛的整体开发建设；南沙新区是粤港澳全面合作的综合试验区，要成为以生态、智慧和休闲为特色的国际化滨海新城。"四地"文化资源遍布全市12个区，但主要还是在"老六区"的所辖范围。其产业化发展要着力于资源的聚焦和整合，在基础条件较好、重点项目明确的区域集中投入有限的人

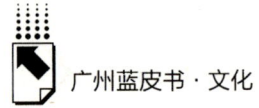

力、物力和财力，进行重点布局，避免"遍地开花"。采取以点带线、以点带面的发展战略，逐步形成广州"四地"文化产业的"四核（即四地）七区多点"的空间总体布局。

2. 聚焦重点品牌

围绕《广州建设文化强市　培育世界文化名城规划纲要（2011~2020年）》的目标、任务和全市文化产业发展体系，培育建设具有国际影响力、中国一流和广州特色的文化创意产业品牌，以品牌赢市场的理念，凸显广州历史文化名城品牌，建立"一城（历史城区）、二带（城市传统中心轴线和珠江两岸景观带）、多区（多片历史文化街区）"的保护框架，改造提升"三雕一彩一绣"等传统工艺制作流程和水平，推动传统文化品牌（如各类"老字号"等）产业化、市场化、国际化。加大"四地"文化资源保护力度，充分发挥文化创意品牌价值的溢出效应、关联效应和乘数效应，实现市场价值，重点打造黄埔古港、南海神庙、波罗诞、镇海楼、黄埔军校和十三行遗址等核心内容的文化旅游品牌。

3. 聚焦重点产业

《广州建设文化强市　培育世界文化名城规划纲要（2011~2020年）》指出，要在全市范围内构建现代化文化产业体系，到2015年，文化及相关产业增加值占全市生产总值比重达到10%以上，到2020年要达到12%以上，文化产业成为广州的重要支柱产业和战略性新兴产业。在"四地"文化资源产业化的进程中，要充分做大做强新闻出版发行业，以图书、报纸、广播电视、期刊、印刷、发行、电子音像等为重点，积极引入高新技术手段和现代经营管理方法，将新闻出版发行业打造成"四地"品牌产业的重要组成部分和文化产业的重要增长点。要充分做优文博会展业，以"展、会、节"联动，推动会展产业一体化，扩大与提升产业整体规模和综合竞争力。要充分做强文化旅游业，充分利用"六脉皆通海，青山半入城"的老城区历史格局，全面梳理广州三大城市轴线（古代传统中轴线、近代传统中轴线和广州新城市中轴线）的资源特征、文化价值和功能意义，体现"四地"资源特色。在构建传统内涵与现代精神相结合、本土特色与国际气魄相统一的多层次城市文化景观体系的过程中,整合、开发、推动文化旅游业的发展。要催生和发展新型产业业态,利用"四地"文化资源特色,大力促进以文化创意内容为核心的设计产业、网游动漫产业、新媒体产业与信息产业融合发展,形成文化产业与其他相关产业相互促进、共同繁荣的局面。

(三)四种路径

从文化产业在世界特大型城市发展的经验来看,有四种可行性的路径可供广州"四地"发展文化产业参考和借鉴。

1. 老城区改造更新发展路径

文化产业、创意产业与城市老城区改造有机结合,可避免整个城市文脉的中断,不仅能保留具有历史价值的建筑,而且通过历史与未来、传统与现代、东方与西洋、经典与流行的交叉融合,为城市增添历史与现代交融的文化景观,不仅对城市经济的发展产生巨大的推动作用,而且使城市更具魅力,给人以城市的时尚繁华感、文化底蕴的厚重感和时代的生机感。比如英国的泰晤士河南岸区、德国鲁尔区、美国纽约苏荷区、日本北海道小樽运河区和上海苏州河两岸,都是由19世纪制造业大发展时建造的厂房、仓库改造而成的。这些旧式的建筑很好地保留了城市的人文遗产,结合了城市文脉的传承与创新,既保护了历史,同时又可成为文化产业、创意产业发展的源源不绝的动力。当然,这些老城区从工业生产区转变为商业文化消费区,其华丽转身通常是需要由政府主导、机制创新、全面规划来实现的。

2. 文化资源演绎开发路径

一些具有历史文化积淀的物质载体、民间传说、民俗风尚、小说故事及各种学术成果等,均可纳入发展文化产业资源的范畴,加以开发和利用,成为促进经济发展和增长的有用资源。这些资源开发和利用的成功与效果取决于城市管理决策者对人们创意的发挥和文化资源的开发与演绎。国内"文化创意之父"厉无畏先生认为:文化资源的演绎开发过程存在多种形式,其中"秀"和"聚"两种形式较为普遍。前者是指这类共生体是随着时代变化不断更新的,跟随游客需求变化不断升级;后者是指这类共生体类型、规模、形式、层次均众多。"秀"形式取得成功的关键是要有吸引游客的创意亮点,要有持续创新能力,能编出令人感动的故事,产生品牌效应。其主要通过高科技、多媒体和大众演艺等的融合,将传统文化中的精髓部分较好地延续并创新和发展。文化资源"秀"形式演绎开发成功的代表作有:广西桂林市阳朔地区的"印象刘三姐"、河南嵩山少林寺的"禅宗少林·音乐大典";河南开封清明上河图的"大宋东京梦华";山东泰山的"封禅大典"等。"秀"形式是一种动态融合模式,其最明显的特征是在文化创意旅游共生体中所体现的时代性和多元性。"聚"形式主要是指以文化的某一主题切入为主,在城市整体转型中,建立旅游业与文化创意产业融合发展的共生体占领市场,迅速进行"1+1>2"的产业扩张,培育品牌,扩大影响力,逐步综合配套,从单一景点、景区走向旅游综合体,如文化主题公园、文化创意产业集聚区、城市经济聚集带(环)等,再多渠道推广、开拓市场,制定行业标准,引领某一行业的发展。江苏常州的恐龙主题文化公园的创生、发展就是一个完美成功发展的案例。

3. 旗舰项目综合运作路径

文化旗舰项目综合运作通常是指通过诸如歌剧院、美术馆、展演设施、会议设施、体育设施等综合文化功能设施的建设和利用,以及一些地标性文化建筑建设和开发,来带动地方文化创意产业的发展和地方经济的重生。西方国家在20世纪后期和我国的北京、上海乃至广州等一线城市,在世纪之交或新世纪初期均在市中心建设了一大批文化旗舰项目,诸如文化及娱乐商区、歌舞剧院集聚区、大型综合文化广场、美术馆和博物馆、会议中心和体育中心等,通常这些场所会聚合演出、展览、购物、体育、餐厅等功能进行综合开发,体现出复合性的设施内涵。文化旗舰项目的功能性是将文化活动和不动产项目、商业功能整合在一起,促进市场的交互作用,产生良好的经济效益。世界上最有名的旗舰项目代表有芝加哥千禧公园、西班牙毕尔巴鄂古根海姆博物馆、澳大利亚的悉尼歌剧院以及北京的国家大剧院、上海的"新天地"等。以上海为例,"新天地"就是结合上海石库门建筑的改造,融入现代城市的时尚元素,最终成为上海新的地标性文化景观。文化旗舰项目的综合运作，可以盘活文化资源使其成为可持续经营的文化艺术资产，其品牌无形资产的运作和文化体验的价值不断挖掘，使得文化产品呈现出从"整合式"融合共生到"扩展式"融合共生，再到"引领式"融合共生的演进发展轨迹，其最为成功的文化造城项目就可成为全球性的国际城市地标。

4. 文化旅游产品开发路径

文化旅游与自然风景旅游最大的不同是旅游者注重文化体验，希望能够借助旅游体验异时或异质的文化类型，感受由时空距离带来的美感。因此，文化旅游资源开发者必须抓住游客的这一心理进行产品设计，注重细节设计，着力营造现场感，合理设置一些可供游客参与的项目，让游客能够深度体验文化。参加"岭南文化"的旅游是观察和体验传统岭南文化；参加"海上丝绸之路发祥地"的旅游是追寻古代各国商旅络绎不绝的历史记忆，"吸睛点"是异域风情与古时海上商贸盛况；参加"近代民主革命策源地"的旅游是通过近距离瞻仰著名的历史事件发生地，实现自身与历史的交融；参加"改革开放前沿地"的文化旅游是见证改革开放的成果，想观看国际化、现代化的物质载体。旅行者进行文化旅游的过程可以看成是一场追梦、入梦的过程，因此进行旅游开发时，应根据游客的上述心理营造相应的氛围，从细节入手，尽力打造一个完美的梦境。

（四）四大对策

1. 加强"四地"品牌的宣介工作，使其融入广州"新型城市化进程"和广东对外开放发展的大格局中

提升"四地"文化品牌影响力，要加强宣介力度，提升品牌辨识度，抢占制高点、制造焦点，"走出去"与"请进来"相结合，有针对性地开展宣介工作。

（1）抢占制高点即不应将目光局限在珠三角地区，要有大气魄，着眼于打造国内外知名品牌，将城市品牌定位于国内一流，与北京、上海比肩，在国内同类型文化资源、旅游资源中居于领先地位。

（2）制造焦点即制造新闻热点，吸引传统媒体和各种新式媒体，聚焦"四地"文化资源。制造热点的方式灵活多样，如既可借助国际国内大型体育赛事、会展活动进行宣传，也可主动出击，与国内外媒体合作，结合资源特质，通过举办大型庆典、纪念仪式、节庆民俗活动等，提高知名度。比如南海神庙每年一度举办的"波罗诞庙会"，就是由广州地域民俗提升为中国"海上丝绸之路"的文化象征活动。再次，"走出去"与"请进来"相结合，即要与主流文化圈保持密切的沟通与交流，邀请主流文化圈的领军人物参与广州举办的文化活动，密切与中央媒体及其他具有重要影响力的媒体之间的交流，让广州的文化活动频繁进入主流文化名人和主流媒体的视野中。

（3）要推动广州文化人士"走出去"，积极宣传推介广州的优势文化资源，纠正一些人的"广州无文化"的错误观念。针对特定对象制定宣传策略，根据受众的信息来源渠道进行有针对性的信息投放。

（4）举办"四地"文化高峰论坛，利用广州"四地"品牌有较为坚实的学术研究基础，扩大"四地"文化品牌的地域影响。对国外受众宣传时，可与各个国家当地具有影响力的传统媒体、网站等进行合作，根据受众兴趣点提供信息；针对海外华人华侨宣传时，则需要根据华侨的族群文化属性、教育背景、主要兴趣点等，量身定制宣传方式与内容。面对国内受众时，要善于利用影响力大的宣传渠道如电视、电影、门户网站、微博等进行宣传，在央视综合频道、中文国际频道与英语频道等频道投放广州宣传广告，赞助拍摄以广州"四地"文化为背景的影视作品，通过官方微博宣传"四地"品牌。

2. 加强"四地"品牌资源建设，依照文化创意产业的发展路径，以品牌核心资源的开发带动广州文化创意产业全行业的整体开发

（1）"岭南文化中心地"文化资源中亮点较多，最具知名度的有南越王系列文化资源、西关民居建筑群、荔枝湾、东山建筑群、粤剧、岭南画派、广州美食、岭南传统中医药文化等，应把它们分成南越王文化系列与岭南传统文化系列两个重点开发模块。具体一是南越王系列文化资源是十余年来的开发重点，硬件设施较为完善，品牌建设的重点在于通过制作影视作品、开发游戏软件等方式扩大影响。二是对于岭南传统文化资源应采取整合开发的办法，将西关大屋建筑群与荔枝湾打造成岭南文化的集中展示区、体验区，把具有代表性的岭南传统工艺、岭南戏曲文化、岭南音乐美术、岭南传统医药文化、岭南美食文化和其他非物质文化遗产集中放置到这一区域，把它建成岭南文化的品牌形象代表。

（2）"海上丝绸之路发祥地"文化资源中，在国内外具有较高知名度的有南海神庙、古黄埔港、清代"十三行"商馆区，应重点打造这些品牌资源。一是借国家打造"海陆丝绸之路经济带"的历史契机，提升"波罗诞庙会"的影响力，将这一由古代国家祭祀典礼衍生而来的广州地域民俗活动提升为国家相关部门主持的祭典活动，并将其提升为中国"海上丝绸之路"的文化象征。二是拓宽黄埔古港码头，疏浚港口，修复黄埔挂号口，工作人员统一着清代官吏服饰，设计具有海上丝绸之路旅游标识的旅游通行证，仿照洋船挂号形式，由古港给每位游客加盖有黄埔古港标识的挂号方印。将黄埔古村合为一个景区，在古村中展示明清时期的传统建筑与民俗文化。三是修建清代"十三行商馆"缩微景区，重现洋商在商馆区往来贸易、居住生活的历史景象。

（3）"近代民主革命策源地"文化资源中最具知名度的是三元里人民抗英斗争相关纪念地、孙中山相关文化资源、黄埔军校相关资源、中共"三大"相关资源，应将这些文化资源建成品牌产品。一是加强三元里人民抗英斗争纪念馆周边环境的整治，新建展馆，增加历史陈列，用现代声光电手段将三元里人民抗英斗争的宏大场景立体呈现出来，将与两次鸦片战争相关的广州史迹、文物以合适的方式表现出来。二是拓宽大元帅府纪念馆的发展空间，将周边闲置地块归并帅府旧址，新建展览馆全面展示孙中山及主要革命领导人相关的文物和生平事迹，将其建成全国规模最大的综合性的孙中山纪念馆。三是黄埔军校旧址纪念馆、中共三大会址相关纪念场所，应借重要纪念活动的契机进行宣传，持续扩大社会影响力。

（4）"改革开放前沿地"的文化主要体现在形而上的政策层面，广州塔、海心沙等具有代表性的建筑也能直观地反映广州改革开放的成果。对

"改革开放前沿地"文化资源的开发应从形而上与形而下两方面入手。一是拍摄展现广州改革开放历史的纪录片，重点论述"改革开放前沿地"的文化内涵与形成过程，全面展示广州在全国改革开放中所发挥的作用。二是从上海"东方明珠"等案例来看，广州塔无疑可以充当广州现代化标识的资质，应面向国内外征集以广州塔为主题的歌曲（仿《东方之珠》先例），围绕广州塔的设计、建造、使用等拍摄纪录片，鼓励以广州塔为拍摄背景的影视作品，让广州塔真正成为深入人心的广州城市标识。

3. 加强"四地"文化品牌的认知作用，将其纳入广州中小学乡土教材的编写、出版工作，使其对广州的新一代市民产生终身的文化影响

中小学教材是对每个人的一生具有持久影响的重要认知资源，广州"四地"文化中不少资源完全有资格进入中小学教材。"四地"文化资源属于历史文化资源，可以纳入广东乡土文化读物、中小学乡土历史教材、乡土地理（人文地理）教材中。教育行政部门应具体研究确定"四地"文化资源中哪些可以写入教材，以及在教材中如何表述等问题，并与教材编写、出版机构商讨落实。"四地"的概念、内涵等相关表述如能渗入中小学教材（尤其是人教版等影响力较大的教材则效果更佳），对于广州"四地"文化品牌的树立和推广有极为重要的促进作用，会对广州的新一代市民产生终身的文化认同。

4. 加强"四地"文化品牌的体验作用，开发文学、影视、游戏、动漫等类型的消费文化产品，使民众对广州"四地"形成"中华民族精神家园"的意识

历史文化资源转化为优秀、经典的文学、影视等产品的案例为数众多，这种开发不但拓宽了历史文化资源的产品类型，增加了文化资源的使用价值，而且有助于扩大文化产品的社会影响力。"四地"文化资源具备进行消费文化产品开发的深厚潜力，比如，小说等文学作品，电影、电视剧和纪录片等影视产品，舞台剧、音乐剧等艺术产品，游戏、动漫等新式娱乐产品。如果开发成功，其经典作品会对广州"四地"作为"中华民族精神家园"产生深远的文化影响。

B.15 广州市海鸥岛旅游文化产业发展调研报告*

广州大学广州发展研究院、广州番禺知联会联合课题组**

摘　要： 海鸥岛是广州市近郊重要的乡村旅游文化产业基地，其现有产业结构以生态农业、农产品加工业和休闲文化产业为主，在发展创意文化产业方面具有生态和产业政策的双重优势。目前文化产业发展的主要问题在于产业生态以低端的"农家乐"为主，基本处于自发开发状态，缺乏清晰而统一的产业规划。后续发展需要突出文化创意特色，确立发展文化创意产业的重点领域，加强创意人才的培养，将"岭南水乡"和"岭南乡愁"打造成国际文化旅游品牌。

关键词： 海鸥岛　广州文化　创意文化产业

　　海鸥岛地处广州市番禺区石楼镇东部，面临狮子洋，为珠江主航道和莲花山水道所环绕，是一个典型的由珠三角河流冲积而成的内河岛，全岛面积约36平方公里，岸线长37.96公里。就行政区划而言，海鸥岛辖海心、沙北、沙南、江鸥四个村，2013年统计常住人口为21562人。从产业结构来看，岛上传统产业以种养业为主，种植的主要作物有水稻、香蕉、花卉等，

---

* 本报告系广东省普通高校人文社科重点研究基地广州大学广州发展研究院、广东省教育厅"广州学"协同创新发展中心、广州市教育局"广州学"协同创新重大项目的研究成果。

** 执笔人：谭苑芳，博士，广州大学广州发展研究院教授、院长助理。

养殖以青鱼、草鱼、鲢鱼、鳙鱼为主，特色养殖有稻田养鱼、虾及养殖禾虫（疣吻沙蚕）等。2013年，全岛四村经济总收入为705万元，从人均收入来看，以沙北村最高。

随着广州及其周边城市化进程的加快和休闲产业的发展，海鸥岛便捷的交通和区位优势日益凸显，其毗邻广州、东莞、深圳，岛北端有海鸥大桥飞架莲花山水道与岛外相通，逐渐形成具有一定区域辐射效应和影响力的休闲农业基地。十余年来，海鸥岛大力发展旅游休闲产业和现代生态农业，形成了以农家乐（如垂钓、采摘、餐饮等）为主，民俗宗教和都市休闲（包括骑行、自驾）为辅的特色产业格局，为当地村民增收提供了新的渠道，带动了当地农产品创牌意识和第二、三产业发展，也为番禺区发展文化产业提供了新的载体。但参照其他发达城市周边休闲产业发展状况，海鸥岛的文化休闲产业仍处于自开发状态，缺乏清晰的产业规划的布局，需要在政府的相应政策倾斜和扶持机制下确立发展方向和目标定位，促进海鸥岛的生态保护和产业结构调整与转型升级。

广州市委书记任学锋在2014年10月考察番禺期间，看中了海鸥岛独特的自然条件和人文条件，提出了"用3~5年时间，把海鸥岛打造成为具有乡愁乡情的生态旅游岛和社会主义新农村建设的示范区"的目标。根据这一目标，海鸥岛需要转变发展思路，凝聚新的产业方向和共识，形成以"乡愁文化体验"为核心的发展规划，发挥岭南水乡的独特优势，以打造文化旅游和现代农业的拳头产品，融入国家"十三五"时期文化大发展、大繁荣的潮流之中，并力求独树一帜。

一 海鸥岛旅游文化产业与生态农业的发展状况和产业结构

海鸥岛作为一个靠近陆地的小岛，其发展的主要优势在于自然生态资源和得到较好保存的人文生态环境。这也决定了海鸥岛目前的产业结构以农业和服务业为主。凝聚"乡愁文化体验"的基础在于结合以农业为基础的文化产业形态，因此，平衡好二者的结构比例与发展重点，是整体提升海鸥岛社会经济水平的关键。

（一）生态农业与农产品加工业

在传统上，海鸥岛内以种养业为主，除了上文所述的作物类型，还有两个独特的水沥（天然河道形成的大型渔场，面积分别为822亩和1723亩）。就农业发展而言，尽管海鸥岛有着长期的农业传统，但事实上其土壤主要类型是三角洲沉积物形成的水稻土，土层深厚，总体肥力水平一般，且土壤长期处于潜育还原状态，含盐量较高，质地偏砂质，养分含量中等，并不利于旱生性地带的植物种类生长，用于农作物种植并不十分合适。而且，甘蔗、水稻等反映珠三角原生态农业的作物受市场因素影响，价格一直不高，目前海鸥岛农民的生产积极性已大受影响。因此，在海鸥岛大面积进行农业开发并不合适，却可以有效地利用农业基础，向第二、第三产业转型提升，前者可以发展农产品加工业，注重农产业的深加工和创意种养，打造绿色、生态、有机等品牌效应；后者则可以适当发展现代生态观光农业，扶持以服务业为主的农业体验经济。

从农产品加工业来说，海鸥岛基础条件优越，番禺区和石楼镇两级政府对农业发展的社会组织和企业成长提供了较好的扶持与指导，引入"公司（合作社）+基地+农户+科技"模式，形成一批相对固定、富有市场影响力的农业企业。2006年，海鸥岛被确定为国家级万亩水产健康养殖示范区。目前，岛内种养总面积达42363亩，共有国家级农业龙头企业（海大集团公司）1家，市级农业龙头企业4家，专业水果农场12家，水果种植面积为1140亩；另有渔番品、豪万星、阿泰哥、池记水果等10余家农业专业合作社，其中省级示范社（华名禽畜养殖专业合作社）1家，市级示范社1家（渔珍水产品专业合作社），涵盖了禽畜、水产品干货、水果等主要农产业加工领域，并有多家合作社通过了食品质量安全QS认证。海鸥岛的农业专业合作社共有社员300余人，带动农户千余户，成员收入比非成员收入高20%以上。尤其需要指出的是，海鸥岛现有规模渔业企业10余家，养殖面积约1万亩，占全岛水产养殖面积的38%以上。这些规模渔业企业功能齐全，具有良好的产业配套，已经发展出较为完善的海产品系列。

以大中型农产品企业和为数众多的专业合作社为基础，番禺区、石楼镇两级政府积极有效地推进了农业发展，特别是农产品加工工业，引导涉农企业打造品牌。目前，海鸥岛已有多家农产品企业申请注册商标，其中海鸥岛麻虾等产品还被评为"番禺区十大名特农产品""广州市名优农产品"。目前，海鸥岛有佳硕木瓜、祺丰火龙果、德记番石榴、业丰丝瓜、美好南美白对虾等多个农产品被农业部认证为"无公害产品"。充分有效地利用这些产业资源，尤其是独特的海产品，与文化创意产业做深入结合，是海鸥岛涉农产业进一步发展的方向。这不但要求海鸥岛持续发展农产品加工业，在产业技术上有所突破和创新，还需要将产品与服务相结合，形成"产品+服务"的特色文化产业模式，推动第一产业向第二、第三产业转移。海鸥岛在围绕国家级龙头企业海大集团布局的基础上，先后与广东省水产健康安全养殖重点实验室建设基地、华南师范大学产学研示范基地、番禺区名优水产养殖试验基地合作，并以其为依托，尝试打造集传统养殖、品种开发、试验研究、技术推广、农业科普、教学培训、生态观光为一体的现代农业科技孵化基地。2012年海鸥岛现代渔业园被确定为广州市8个现代农业发展园区之一，并连续两年获得市级现代农业发展平台专项扶持资金2000万元。海鸥岛以"农家乐"为农业的延伸和配套。目前，海鸥岛约有40家成规模的休闲农庄可提供餐饮，仅有1家提供简单住宿。因此，在生活服务与农业相结合方面海鸥岛仍有较大发展空间。

2009年前后，番禺区规划分局编制了《海鸥岛村庄生态农业旅游整治规划》，提出海鸥岛走超越"农家乐"的现代观光农业之路。经过招商引资，海鸥岛引进南国水乡旅游度假区、百利恒泰渔乐世界、世界花果大观园、中心农贸市场等多个生态旅游项目，预计通过这一系列项目的打造，进一步突显绿色生态旅游的辐射功能，使海鸥岛成为广州大都市的"后花园"。但海鸥岛下属四个村均属于纯农业村，所有农业地又都属于基本农田保护区，根据国家相关政策，禁止在农保区内进行农业生产基础设施和土地硬底化建设，因此，2010年广州市规划局下发《关于暂停审批海鸥岛开发建设项目规划业务的通知》，叫停上述项目。这对海鸥岛发展的影响较为明显，直至现今海鸥岛的"农家乐"项目仅停留在初始阶段，且都以当地农户自发的小型家庭和个体户经营形式为主，远未形成产业化、规模化。

产业化、规模化的"农家乐"是农户式乡村旅游接待形式的升级版，是具有一定规模效应的现代观光生态农业。尽管都以品尝河（海）鲜、钓鱼、采摘瓜果等为主题，但规模化企业的经营能形成更为强大的市场研发力量，特别是在确立海鸥岛要打造"乡愁文化体验基地"的市场定位之后，充分的前期规划有助于改善乡村的基础设施与自然环境，更重要的是可以为现代化的文化创意介入海鸥岛旅游文化产业提供更为有力的智力资源，从而推动海鸥岛产业结构的升级。

（二）乡村旅游与休闲文化产业

近年来，番禺区旅游业发展迅猛，带动了乡村旅游的发展，海鸥岛以自发性、初始化的乡村旅游为主的休闲产业也得到了促进。周末和节假日到海鸥岛旅游的城市居民为数众多。据统计，海鸥岛周末日均客流量在1万人左右，车流量可达3000辆，基本是来自广州城市居民家庭和亲友自驾游。目前海鸥岛自发形成的乡村旅游与休闲产业主要包括岛内骑自行车观光、珠三角沙田农家餐饮、海边沙滩嬉戏、垂钓、采摘水果蔬菜、购买特色农（水）产品，参与民俗宗教活动。

一般来说，乡村旅游对都市游客的吸引力在于自然的亲近性和体验经济（现代生态观光农业、农家生活）所特有的参与性。从海鸥岛的产业实践来看，大力发展海鸥岛乡村旅游项目，能借助旅游对当地经济的带动，改善乡村的基础设施和环境，为当地农民致富与建设社会主义新农村提供新的增收渠道。

2010年前后，番禺区区委、区政府就制定了海鸥岛生态环境保护和旅游的相关规划，将海鸥岛纳入番禺区东部高端休闲度假区的发展规划，对周边有关旅游的项目开发做了大量前期工作，如"珠江日游"游船项目、游艇码头项目、邮轮母港项目、世界名花主题公园等项目都得到了不同程度的开发。这一次对海鸥岛的规划主要目的是凸显区域整合优势,将海鸥岛与隔海相望的莲花山做深度关联,在海鸥岛的旅游开发思路上纳入莲花山旅游区,使莲花山渔港经济区,以及大岭古村、珠江深度游、邮轮港口、游艇码头、亚运文化村、世界名花主题公园、体育公园等项目资源形成整体效益,统筹珠江、莲花山和海鸥岛而形成"渔港文化+莲花山宗教历史文化+海鸥岛都市农业生态"的三角格局,以此来推动海鸥岛的旅游开发上档次、上规模。但这一发展模式很容易抹杀海鸥岛的独特性,一些高端旅游的产业样态混入海鸥岛"农家乐"等以普通市民为消费主流的大众旅游项目之中,难以形成有机融合。海鸥岛依托自然生态与乡村生活形成的独立品牌优势会湮灭于"番禺东部度假区"的大品牌之中,这不利于海鸥岛的深入开发、品牌建设与市场推广。

海鸥岛的乡村旅游休闲产业建设并不缺乏资源,而是缺乏围绕某一创意核心而形成的整体规划。有了具体的创意核心作为发展方向,海鸥岛现有的"点状"资源就能得到恰当的规划和激发,并发展出新的文化商业模式,使新旧产业形态有机地融为一体,真正推动海鸥岛乡村文化产业的转型升级。

广州市委书记任学锋在考察海鸥岛时提出的"乡愁乡情"是具有极强生命力和市场适应性的核心创意,从中可以生发出大量富有市场前景的产业增长点。围绕"乡愁乡情"的指导思想,深入挖掘其文化内涵及其与海鸥岛产业生态的契合点,统筹规划海鸥岛现有自然生态资源、农业及其加工业,对乡村旅游休闲产业资源做深入和统一的规划与开发,整合与提升,包装与推介,引入新的相关文化创意产业项目作为抓手,是可以使海鸥岛文化产业形态获得跨越式发展的。

目前海鸥岛已经在番禺区政府的规划下,加强对"乡愁乡情"的建设和开发,预计完善休闲绿道,将现有的绿道建设成为景观绿道,贯通观音、狮子洋、水乡人家、大田园风光、果树林和农渔种养体验区,成为一个多层次的风情观光带;对岛屿东面的红树林区(约190亩)加强保护,修建亲水平台、栈道,开发小型游船等水上活动项目;改造岛北端与莲花山观音像相对的禅修广场,目前广场面积相对较小,仅400余平方米,需要对放生台、祭坛等设施和周边景观加以完善，形成具有一定规模和宗教活动接待与策划能力的文化载体；发挥珠三角沙田地区的特点，打造三个农业体验园，分别以水稻播收、甘蔗种植、鱼塘捕鱼为特色，还计划在江鸥北段组织建设以"水上人家"——疍家生活生产文化为特色的怀旧村落，以切近"乡愁乡情"的文化体验，同时结合餐饮、住宿等"农家乐"形式，形成一条"水上人家怀旧游"路线。另外，政府还将选择适当区域，建设庭院式"农家乐"经营示范区，并为相关品种农产品（如甘蔗、水稻等）提供补助，以确保岛内保留有反映珠三角原生态特色的农作物，为发展体验农业和保持乡愁风貌提供资源。

应该说，这样的产业规划是颇有远见的，它能够为海鸥岛现有产业的横向整合提供良好的平台，同时有利于如"农家乐"和体验农业的纵向发展。但深入打造"乡愁乡情"文化体验，还需要在此基础上发展和培育出更为凝练的创意符号，来作为统合海鸥岛发展业态的基础，引入更有文化创意属性的项目来避免与周边其他乡村文化旅游的同质化竞争。这需要综合分析海鸥岛的产业优势与不足。

二 海鸥岛打造乡愁文化体验基地的优势与问题

从目前海鸥岛已有的产业规划来看，除了"水上怀旧村"项目外，其他文化休闲活动多与一般乡村文化旅游雷同。也就是说，海鸥岛的基本定位仍是"农业旅游＋生态旅游"，这必然面临与周边同类旅游区的竞争，如横沥生态旅游度假农庄、百万葵园、化龙农业大观园等。面对都市居民有限的旅游时间和众多目的地选择，海鸥岛以现有规划而言，其优势并不显著。这就需要产业规划者深入、综合考虑海鸥岛发展文化产业的优势及其存在的相关问题，扬长避短，以赢得市场。

（一）海鸥岛发展创意文化产业的优势

1. 生态优势

与周边其他乡村文化旅游项目相比，海鸥岛的最大优势在于其生态环境。它是珠江口为数不多、仍然存有"芭蕉河汊鱼虾，小桥流水人家"风貌的生态水乡小岛，这一自然禀赋的生态旅游资源有着极高的稀缺性，应该被置于提升整个番禺区文化创意产业水平的领跑者之地位加以考察、规划和开发。

具体来说，海鸥岛的生态优势包括原生的农业生态环境，水乡景观、冲积平原地形等。作为位于珠江河道的大型岛屿，海鸥岛拥有较为完整的生态体系，岛内基本上无工业化干扰，建设量较小，村居、农田、鱼塘脉络分明，肌理细腻，是广州重要的生态区域；除了周边江海景观外，海鸥岛位于珠江水道之中，岛内水网纵横，与珠江通过水闸相连，具有很好的规划开发基础。更重要的是，它在珠江入海口近端，完整地被珠江水环绕，而珠江是整个珠江三角洲的"母亲河"，珠江源（母）与海鸥岛（子）遥相呼应，可以形成非常好的"乡愁"文化意象。

另外，还值得注意的是，中国大陆三条候鸟迁徙路线之一就穿过珠江三角洲地域，珠江河口正是候鸟休憩落脚之地。虽然目前海鸥岛尚未完整开发出对候鸟迁徙的观察和摄影文化产业基地，但无疑它具有吸引鸟类的地缘和生态上的可能性。如果充分利用这一优势，就可以在中国南方形成新的鸟类科考与文化创意中心。

海鸥岛地下水位高，深度常在50厘米以内，是比较典型的湿地类型。沿广东省滨海地带错落有近30个红树林分布区，红树林植被有助于保护湿地，同时可以提高岛内生态价值，而海鸥岛的自然地理条件完全可以为更大面积地种植红树林提供便利，以优化岛内自然条件。目前海鸥岛正在计划于岛东面投资建设190亩红树林湿地公园，而国家林业总局划定湿地面积8亿亩红线，海鸥岛可以考虑将红树林湿地公园纳入国家统筹保护的湿地范围，充分利用国家湿地保护政策，积极申报国家级、省级湿地公园或自然保护区，以此扩大影响，树立新的品牌。关于这一点，可以借鉴海南省海口市东寨港红树林湿地保护的经验，通过地方立法，退塘退养，并辅以一定程度的商业开发，对其加以活态保护与科研再利用。

总的来说，海鸥岛的生态资源保护完好，其处于原生态的地域面积可达

980.6公顷，可以营造大型湿地生态景观。而海鸥岛的城市区位又极富中心地位，它处于珠三角9个城市的几何中心，华南快速干线、京珠高速、广深高速、虎门大桥等大大便利了海鸥岛的对外联系，距离每一个城市都在两个小时车程之内，这为海鸥岛发展旅游业奠定了非常难得的市场基础。全岛南北贯通一条15公里长的区级公路（海鸥公路），在建的南二环高速（虎门二桥）经过岛南端，并设有出口，四个村落都有公路和绿道相通，基本生活设施也较为完善。可以说，就其生态条件而言，海鸥岛是珠三角大都市城镇群落中独一无二的绿色生态岛屿。

2. 政策优势

海鸥岛地理位置优越，生态环境良好，是广州新城的重要组成部分。近年来，番禺区委、区政府一直试图通过科学规划、合理布局，加强公共基础设施建设，加大政策扶持和资金投入，推进海鸥岛生态休闲旅游农业发展。

根据《番禺区国民经济和社会发展第十二个五年规划纲要》，"加快建设文化强区，提升文化软实力"是番禺区"十二五"规划的重要发展目标和任务。完成这一任务的渠道，除了充分依托星海文化品牌，积极打造作为高雅艺术典范的星海艺术节、星海合唱节等高端活动外，还有必要在"文化创意"和"岭南水乡"（乡土）的结合上下功夫，挖掘番禺地区乡土文化的独特内涵，使乡土文化与高雅文化相为映衬，丰富番禺区文化产业的乡土元素和创意元素，提升其产业格局，以显现区域文化软实力的多样性和时代性，从而应对"十三五"的开局。

从政策倾向来看，2005年颁布的《番禺区文化强区建设规划纲要（2005～2010年）》提出以"文化古邑、水乡新城"为目标定位；2010年番禺区《政府工作报告》则要求实施以"激发文化活力，全力打造岭南文化传承区"为核心的文化战略，其中首要挖掘自身传统文化内涵，突出"千年古邑、岭南水乡"特色。2011年发布的《番禺区"十二五"旅游发展规划》提出"文化水乡、旅游乐园"的口号，计划将"番禺打造成亚太区域旅游休闲中心"。综合近年来番禺区文化产业发展的若干指导意见来看，"立足水乡""传承文化""走向亚太"是三个重要的大方向。这三个方向

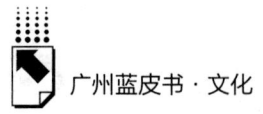

综合起来，以"乡愁乡情"作为立足点和核心，创意文化产业布局就呼之欲出了。以海鸥岛现有旅游产业转型升级和创意开发为中心，推动番禺东部地区文化产业格局提升，有助于这三个方向目标的达成。

为了充分保护开发好海鸥岛，广州市、番禺区和石楼镇三级政府在近年来出台了多项相关政策，如根据广州市农业局2011年出台的《广州市农家乐服务质量等级评定办法》，海鸥岛有多家"农家乐"被评为市三星级农家乐，提升了其规划发展水平。其中，特别值得注意的是2007年番禺区规划分局和石楼镇编制了《海鸥岛村庄生态农业旅游整治规划》（简称《整治规划》），围绕社会主义新农村建设，发挥资源优势，计划把海鸥岛打造成为集水乡生态、旅游观光、休闲度假为一体的具有岭南水乡特色的生态旅游区；2009年，《整治规划》得到了广州市规划局的审批通过。但由于《整治规划》所设计的生态旅游项目建设用地大部分在已核定的基本农田保护区之内，不属于建设用地区，违反了土地控制规划政策的有关规定。因此，根据广州市规划局2010年下发《关于暂停审批海鸥岛开发建设项目规划业务的通知》的要求，《整治规划》的相当计划未能实现。这一政策困境长期得不到解决。不过，按照《关于规范广州市农业产业化生产配套设施用地管理的若干意见》的规定，海鸥岛可以因地制宜发展农业产业化项目，适当申请生产配套设施用地。2011年的新一轮土地规划落实了海鸥岛村经济发展留用地及政府储备用地共82.7亩，用于工商业发展。目前，番禺区规划分局和国土房管分局根据旅游发展的需要，结合建设项目适度调整城市规划和土地规划，给予灵活支持，以求解决适度用地、合理用地的政策问题。而发展文化创意产业的优势之一就是对土地资源的占用较少，例如重庆"农家乐"将火锅餐饮移入蔬菜大棚之中，不但显现出较高的创意性，对城市居民也有很强的吸引力，同时巧妙地解决了商业用地与农业用地的矛盾。

（二）海鸥岛发展创意文化产业存在的问题

除了上述土地政策问题之外，目前海鸥岛打造"乡愁文化体验基地"，发展创意文化产业还存在若干问题。最为明显的是相应配套服务缺失，例如海鸥公路海心段东面建筑物乱搭乱建问题突出，节假日岛内交通拥堵、停车难，沿街摆卖影响交通问题显著，岛内北部和东部等游客集中区的公厕、垃圾桶等设施不足，岛内"断头路"和堤路硬底化工程有待完善，部分区域树木绿化美化需要加以统一处理等。这些问题一定程度上造成岛屿生态环境（如水体）的恶化。

但这些问题都可以通过策略的调整得到较好的缓解或解决，目前海鸥岛正在规范和整治相关问题，如计划在海心村和江鸥村开设土特产市场，在海鸥公路和岛东北区开设两个综合停车场，并配套驿站以倡导使用电瓶车，完善岛内公共交通和旅游交通、自行车驿站、旅游指引标识牌等设施，开展江海路二期工程，接通绿道，成立岛内旅游（餐饮）联盟等。在现有政策条件下，这些加强海鸥岛基础设施建设，完善旅游配套项目的举措对提升现有"农家乐"旅游项目档次，优化服务体系建设是大有裨益的。不过，海鸥岛现有规划尚未论及针对环保问题的具体措施，海鸥岛的环岛路线和沙滩上常有垃圾出现，需要通过增加垃圾桶、设立环保标语等方式加以重点清理。另外，可以发动当地村民组成相关社团，引入广州城市相关志愿服务组织对海鸥岛的环保问题进行宣传和整治，这是引导海鸥岛村民适应旅游场所作为城市公共空间的重要方式，使他们在社会生活层面有市民社会意识，从而逐渐完成社会主义新农村建设从基础设施向人的意识的转变。

海鸥岛发展文化创意产业最为突出且要紧的问题是，产业生态以低端的"农家乐"为主，基本处于自发开发状态，缺乏清晰而统一的产业规划。这造成海鸥岛乡村旅游产业同质化竞争激烈，市场规模长期得不到扩大，影响力有限，而且有使海鸥岛失去原有乡土文化气息和原生态环境优势的危险。这首先需要海鸥岛的整体规划围绕"乡愁乡情"，以统一的视觉识别系统和文化符号，树立海鸥岛的独特品牌形象。例如，目前海鸥岛的一些地名还是沿用果树林、田园风光等一般乡村旅游景点常见的称呼，可以尝试进行带有"乡愁"文化色彩的修订，并辅以风格相对一致的视觉形象，就可以在很大程度上改变海鸥岛现有乡村文化休闲产业一盘散沙的状况；对海鸥岛相关区域植被绿化进行升级改造时，也应该考虑到"乡愁"特色，让游客不但在建筑风格（如水上怀旧村）上，还能在植被类型与植物种类上，获得犹如回到家的感觉，比如种植油桐树、油茶树。这是粤北地区常见树种，许多家庭在房前屋后种植，凡是在这一地区长大的游客，都会对它们有亲切的感觉，这就是一种带有很强体验经历和想象色彩的"乡愁"文化意识。

海鸥岛突破传统"农家乐"项目，发展文化创意产业还需要全面引入"文化"意识，以"创意"为具体抓手，全面提升海鸥岛的产业规划水平，从度假、康体、休闲的服务业向带有知识产权创意和文化滋生的现代服务业转型，超越一般的旅游消费，而成为真正的乡愁文化体验基地和广州重要的文化创意产业园区。

三 构建海鸥岛"乡愁文化体验基地"整体战略的相关建议

海鸥岛构建"乡愁文化体验基地"的优势在于"岭南水乡"的自然生态和文化生态。以"文化创意"对接自然生态，以"乡愁乡情"融合文化生态，既体现文化生态旅游岛的自然特色，又凸显乡愁文化体验基地的精神意蕴，对于尽快把海鸥岛打造成为"具有乡愁乡情的生态旅游岛和社会主义新农村建设的示范区"非常重要。从整体战略和顶层设计角度出发，对海鸥岛进行深度开发，打造地方文化旅游的品牌效益，是可以吸引广州市民之外的游客群体，唤起游客在休闲娱乐之外的更高旅游诉求，如怀旧、乡愁、养生、教育、科研等，从而使海鸥岛的文化旅游品牌摆脱"都市后花园"和"农家乐"的狭隘定位，而成为全球华人文化乡愁的体验基地和相关文化创意产业的集聚园区。

（一）制定海鸥岛发展规划必须突出文化创意特色

海鸥岛的综合开发是一个系统工程。它一方面关乎当地如何从以农业（种植业）为主向旅游观光业为主的第三产业转型升级；另一方面也关乎海鸥岛综合开发与转型升级如何搭上国家重点扶持的文化创意产业的快车。

　　海鸥岛现有的旅游产业形态是非常低端的种植业和简单的"农家乐"餐饮业，还有少量的原生态体验，如采摘和垂钓等，产业链条松散，价值空间有限，发展前景黯淡。如何既保留原有的生态优势又实现产业转型升级？关键是在充分保护原有的岭南水乡的原生态特色基础上，注入文化创意元素，增加文化创意含量，培植"海鸥岛风情"，讲好"海鸥岛故事"，只有这样才能实现市领导要求的海鸥岛"乡情乡愁体验"的文化价值，建设成社会主义新农村示范区。为此，政府应尽快制定和完善海鸥岛的综合发展规划，在原有基础上突出文化创意特色，这样既可以保护海鸥岛的原生态，又可以快速推进海鸥岛的产业升级；尽快启动海鸥岛规划设计的国际招标，这样既可以发动国际顶尖人才为海鸥岛发展献计献策，也可以形成海鸥岛开发的国际宣传效应，起到先声夺人的效果；市、区两级政府要尽快立项，并责成市区两级规划、旅游管理部门和番发集团公司、石楼镇政府等单位划出海鸥岛的规划红线，坚决防止有人利用海鸥岛开发"乱圈地、乱搭建、乱开发"的现象，提前保护好海鸥岛的原生态环境。

（二）确立海鸥岛发展文化创意产业的重点领域

　　文化创意产业是当前发展快速的新兴产业，其涵盖的范围十分广泛。海鸥岛在引入文化创意产业时不可能面面俱到，四处开花，而应该根据自身的特色和优势，择其善者而从之，既要实现海鸥岛的快速转型升级，也要避免与周边地区的同质化竞争，实现错位发展。海鸥岛具有得天独厚的水乡生态资源，岛内居民大多以种植业为主，民风淳朴，尚保持着"岭南水乡"的生活氛围。这些都是确立文化创意产业发展重点的基本依据。在近阶段的前期开发中，海鸥岛仍应着力建设若干特色"农家乐体验餐厅"和农村水乡生活体验区，开发水稻耕作、种植甘蔗、捕鱼体验园区，建设一批富有岭南水乡特色的民居，延长游客停留时间。同时，要注意强化"乡愁乡情"的主题和特色，开发有特色和规模的湿地公园，既强化现有土地的原生态保护，又培育人们思乡重情的人文情怀，以此作为中期开发的重点工程。另外，还可以以"水上怀旧村"的现有农舍为基础，按照岭南村居特色进行适当的修葺和整改，建设"岭南水乡风情农舍连片聚居区""岭南水乡养生园"等特色文化产业园区，吸引专业群体进驻和特色人士长住，待以后条件成熟后再进行更加高端的文化创意产业的综合开发。这可以借鉴杭州西溪湿地打造西溪文化创意园的经验，以设立工作室的形式，吸引了潘公凯、余华、麦家、朱德庸、蔡志忠、杜维明等文化名人入驻，形成规模化的文化集聚，获得了相当大的社会效益与经济效益。

（三）筑巢引凤，吸引创意人才，形成人才集聚效应

通过"文化创意"与"岭南水乡"的对接，把海鸥岛打造成为"具有乡愁乡情的生态旅游岛"，关键是吸引创意人才参与和进驻，形成创意人才的集聚效应和特色创意文化氛围。

第一，筑巢引凤，建设具有岭南水乡的"乡情乡愁"特色的民居村落，吸引各地文化创意、设计人才的关注和进驻。既可以以现有的岛上民居为基础，进行必要的整理和修葺，也可以鼓励村民在旧宅基地上推倒重建，当地政府在规划、设计方面进行指导，并对在原址重建的岭南风格新居给予必要的资金补偿，提高村民改造或翻建旧居的积极性。

第二，进行主题设计和政策扶持，吸引文化创意人才进驻海鸥岛。建议汲取深圳大芬村、海珠小洲村等地的经验，通过主题规划和政策扶持，如税收、房租优惠及其他便利条件，让广州及珠三角地区从事文化创意设计的人士前来海鸥岛设立工作室，开展艺术创作，在岛上安家定居，进行文化产品交易等，形成文化人才的集聚效应，营造文化创意的浓厚氛围。

第三，在海鸥岛策划大型文化主题活动，形成轰动效应和持久影响。目前，海鸥岛虽在周边地区具有一定的影响力，但范围很有限，远未形成著名的文化旅游品牌。这就需要寻找重大的创意题材，如电影外景地、重要文化活动等。外省有许多成功经验。比如浙江舟山东极岛自从成为韩寒导演的电

影《后会无期》的取景地后，迅即成为旅游热门景点。又如杭州西溪湿地，也受益于冯小刚导演的电影《非诚勿扰》。显然，海鸥岛同样具有海岛、湿地等优势，如果打造"水上人家怀旧村"完全可以参考上述案例，使其既成为"乡愁文化体验"电影的拍摄基地，也可以成为文化人士集聚的据点。此外，在主题设计方面，还可以依托海鸥岛北端观音广场建设禅修基地，发展禅修养生产业，与入驻的宗教社团联合引入相关教育培训机构，建设禅修体验中心等。

（四）围绕"岭南水乡"题材，凸显岭南文化特色

海鸥岛打造"乡情乡愁"文化体验基地的优势，主要在于生态环境，其构成要素一是水乡，二是农业。海鸥岛保留了完整的岭南特色种养农业，而且珠江环绕四周，形成独特的水乡生物链。但是，如果只是将游客引入耕地、果园、苗圃、花场、鱼塘等去耕种、采摘、垂钓，并无充分的"乡愁"文化资源可供挖掘，也无法与其他同类生态农业旅游产品形成差异竞争。因此，海鸥岛若打造"乡愁文化体验基地"必须围绕"岭南水乡"设计题材、做创意、讲故事，将故事和创意融入自然生态、乡村体验、渔家休闲、乡村民俗、节事庆典之中。

第一，海鸥岛要适当退塘退养，还林还海，以最大限度地打造"岭南水乡"和乡愁特色。海鸥岛土壤主要是三角洲沉积物形成的水稻土，总体肥力水平一般，且地下水位高，并不适合种植。如果依据恢复生态学原理，退塘退养，使海鸥岛沼泽和湿地得到更好的保护，就可以进一步形成以阔叶林、灌木丛、草地、水面、田园和湿地等自然生态景观为主，结合人工绿化的"岭南水乡"特色风光。

第二，有关部门要统筹海鸥岛的土地规划。海鸥岛的建设要寓农业于纯自然之间，将湖沼、浅水森林、草地沼泽、湿地灌木林、湿地密林以及鱼塘、小块林地等景观交错布置，其间由步行小径和水网沟通，形成带有某种神秘感的复杂景观，使游客在游览观赏的同时体验捕鱼、种植的乐趣。这便是海鸥岛独有的地貌优势，一般"农家乐"或生态农业观光都难以企及。

利用得好，就可以为海鸥岛建构"乡愁文化体验基地"提供良好的生态环境，并为文化创意元素的注入提供空间。

（五）着力打造"岭南乡愁"的国际文化旅游品牌

广州市委书记任学锋提出将海鸥岛打造成为具有"乡愁乡情"的生态旅游岛，这个目标应与番禺区建设"亚太区域旅游休闲中心"的目标相对接。在这一点上，海鸥岛具有独特的资源优势和发展愿景。这既包括独特的岭南水乡生态资源，也有石楼镇及周边的侨乡资源。

石楼镇是广东省著名侨乡，现有旅居港、澳、台乡亲及海外侨胞3万多人，仅获广州市历届荣誉市民者便有27名，其中以岳溪村应塘坊的澳门前特首何厚铧为代表的何氏家族最具代表性。海鸥岛要建设"乡情乡愁"的"生态旅游岛"，应充分利用这种侨乡的资源优势，打造"岭南乡愁"的国际文化旅游品牌。

第一，吸引侨领、侨商参与海鸥岛开发建设。既要引资，也要引智。依靠和吸收海外华侨的国际化视野和丰富的经验，高起点、高水平打造"岭南乡愁"的国际文化旅游品牌。

第二，举行全球投票活动，推选一位或数位国际化影视明星和文化名人作为海鸥岛形象代言人，统一海鸥岛的对外宣传和市场营销，建立"岭南乡愁"的国际文化旅游品牌。形象代言人应具岭南韵味，可以引发人们对故园、故国、故乡、故友、故人、故事的思念和怀旧。围绕这一形象代言人，开发影视、音乐、旅游演艺等作品，让文化创意元素深度融入海鸥岛的整体开发之中。

第三，开展系列文化活动，打造国际文化旅游品牌。既可面向全球华人开展岭南水乡怀旧情感征文、乡情乡愁摄影以及老照片、旧家书征集等活动，初步营造海鸥岛旅游开发的文化创意氛围，也可设立以宗亲、家风、孝道、族谱、方志等为主题的与乡情、乡愁相关联的年度全球华人文化主题论坛，以乡情乡愁融会水乡生态，呼唤游子情怀，还可在海鸥岛旅游开发基础上，引入国际品牌深入开发旅游产品，促使海鸥岛生态农业与第三产业高度融合，提升文化创意附加值。

总之，综合开发海鸥岛的黄金时代已经到来。海鸥岛的开发要用"文化创意"对接"岭南水乡"，注重规划设计，确立发展重点，加快人才集聚，凸显岭南风情，打造国际品牌，使"岭南水乡"的自然生态与"乡情乡愁"的文化创意有机融合，努力实现把海鸥岛打造成文化生态旅游岛和新农村建设示范区的目标。

B.16
广州市北京路文化核心区"文商旅"融合发展的战略研究*

广州大学广州发展研究院课题组**

摘　要： 本文对广州市北京路文化核心区"文商旅"融合发展的基础以及存在问题进行了剖析，提出了其发展的战略定位与发展原则，深度分析了广州市北京路文化核心区"文商旅"融合发展的关键点，并建议从体制机制、政策资金、土地需求、人才队伍等方面提供保障。

关键词： 北京路　文化核心区　"文商旅"融合发展

广州市北京路文化核心区规划范围以北京路为核心，东起东濠涌（连至二沙岛），西至人民路，北接环市路，南到沿江路，总面积约11平方公里。其中起步区东起仓边路、东濠涌，西至人民路、解放路、吉祥路，北接越华路，南到沿江路，总面积约3.2平方公里。该区域不仅是广州传统商贸中心，也是广州历史文化资源最为富集的区域，加强区域内文化、商业、旅游资源的整合，促进文商旅融合，带动周边产业提升和楼宇经济发展，是广州市北京路文化核心区建设的重要战略选择。

---

　*　本报告是2014年国家社会科学基金重大招标项目"核心价值视域下维护国家文化安全研究"（14ZDA057）和广州市教育局2012年首席科学家培养项目"非传统安全视域中的文化安全研究"（12A013S）、广东省高校人文社会科学重点研究基地广州大学广州发展研究院的研究成果。
　**　课题组组长：涂成林，成员：曾恒皋、周凌霄、黄旭、谭苑芳、吕慧敏、汪文姣、丁艳华、温朝晖；执笔人：涂成林、曾恒皋。

一 广州市北京路文化核心区的发展存在的突出问题

1. 历史文化资源利用度较低，文化对经济拉动力不够，文化经济"两张皮"

（1）许多宝贵的历史文化资源没有得到合理的保护和开发。核心区历史文化资源丰富，但许多文化资源处于"沉睡状态"，没有被活化利用，文化资源未能充分以文化产品、文化服务的形式实现价值扩张。高第街、昌兴街、越秀上下街、府学西街等历史文化街区保护开发利用进展缓慢，潜在价值没有被充分挖掘。像高第街目前以经营低端内衣、泳衣、袜子等产品为主，非常珍贵的历史文化建筑资源——许地内部街巷杂乱不堪，大部分历史建筑沦为仓库，与高第街深厚的历史文化底蕴极不相称。

（2）文化与经济融合度不够。文化对经济的推动力不足，没有形成文化带动经济、经济反哺文化的良性互动。北京路步行街一带拥有众多历史文化资源，但像千年古道与步行街成功融合的案例还非常少，周边的大佛寺、大小马站书院群、药洲遗址、西汉南越国水闸遗址等众多历史文化资源还都没能有效整合进来，没有发挥这些宝贵资源应有的经济价值。比如，南越国千年水闸遗址位于光明广场地下一层，目前由商场代管只开放半天，由于处于地下一层，位置较偏僻，且指示标识不明确，不容易找到，虽然免费开放，但游客稀少。非常好的历史文化资源，却没能带动旅游业发展，更没有促进商业，实在是一种资源浪费。天字码头、沿江路风光带、北京路步行街资源整合也不够，没有把天字码头珠江夜游以及沿江路风光带的游客导入北京路步行街，优质商业资源和旅游资源没能实现共享。

2. 商业低端化问题突出，低端经营有损千年商都品牌形象

广州市北京路文化核心区有专业市场167个，很多专业市场规模小、辐射力不强，没有形成品牌，存在占道经营、环境卫生差、交通混乱、消防不过关、配套设施滞后等问题。历史商业街的经营层次大部分比较低端。比如，文德路文化街目前以经营低档字画、画框、相框等产品为主，业态低端，没能真正体现文化内涵。在北京路步行街的黄金地段出现了"5元店""10元店"，一些非品牌店铺甚至还存在售假现象，严重损害北京路商业购物中心品牌形象。商贸业以传统经营模式为主，电子商务发展滞后，信息化水平低，这几年受网络购物冲击较明显，有些街区商户转手频率升高，租金有所下滑，发展的可持续性存在问题。

3. 土地约束性强，增量土地几乎为零，存量土地利用粗放，经济发展后劲严重不足

越秀区作为广州市最古老的中心城区，总面积33.8平方公里，是全市土地面积最小的区，空间承载力不足。越秀区基本没有土地储备，未来土地新增空间几乎为零，与此同时，越秀区的存量土地利用十分粗放，土地利用效率低下，这进一步强化了广州市北京路文化核心区的发展约束性。例如，广州市北京路文化核心区有在建和闲置待建地块（含烂尾楼）58处44.3万平方米，有近20万平方米闲置低效物业，专业市场167个近63万平方米地块处于低效利用状态。

越秀区因空间载体不足以及部分写字楼外观陈旧、智能化水平不高等问题，吸引和留住优质企业的优势不断弱化，具有规模和影响力的一些公司总部外迁，迁出的比引入的多，高端资源呈现向外扩散及转移的趋势。这种状况直接削弱了越秀区的经济发展潜力。据统计，2013年越秀区地区生产总值虽然位居全市第二，但增速仅为10.2%，低于广州市11.6%的平均增速，在全市居倒数第二；公共财政预算收入增速、税收增速都排全市倒数第一，尤其是税收增速是全市唯一一个出现负增长的区。这些数据充分反映出越秀区先发优势正在逐步弱化，经济增长乏力，经济发展后劲严重不足。

4. 人口高密度和老龄化问题严重，环境容量超负荷运转

（1）存在人口高密度聚集与老龄化的双重压力。2010年第六次人口普查结果显示，越秀区人口密度为34250人/平方公里，在各区中排第一位，是全市平均人口密度（1709人/平方公里）的20倍，如此高的人口密度给资源和环境带来了巨大的挑战。越秀区常住人口老少比（老龄人口与少年儿童的比率）为108.76%，高出全市平均水平（58.20%）近一倍，在各区中排第 1 位；越秀区 65 岁及以上老年人口的比重也居全市第一位，为 11.48%，远超过 7% 的国际标准，人口老龄化问题非常严重。

（2）历史街区民居基础设施老化，存在安全隐患。核心区属老城区，旧楼宇数量众多，普遍存在基础设施陈旧老化、配套设施不完善现象，导致一系列问题，如电力、供水设施老化，供水供电不足；环卫基础设施不达标，卫生死角多；排水设施满足不了需求等。此外，核心区原有消防规划不足，城区消防道路不通畅，加之老城区电线线路老化问题严重，存在着消防隐患。同时，老城区房屋结构差，耐火等级低下，且老城区的专业市场、商场等的消防规划和消防设施建设不到位，电线乱拉乱搭，火灾事故隐患突出。

（3）老城区人行道路设施缺乏，停车设施严重不足。北京路一带人流量大，居民步行出行的比例高，但人行道路设施严重不足，而且老城区道路狭窄，客货混杂，交通秩序混乱，道路通行能力差，交通压力大。停车场等配套设施严重不足，现有停车场现代化水平低，没有先进的停车设施和科学的管理设备，"停车难"问题十分突出。交通问题已经成为制约北京路发展的重要因素，直接导致了"有车一族"转向天河等商圈购物，而这些人正是中高端消费群体的主力。中高端客户的大量流失，将会导致北京路业态进一步趋向低端化。

5. 文化特色挖掘与旅游品牌塑造不力，大多数历史文化资源保存不够完整，文化旅游对于游客的吸引力不足

广州市北京路文化核心区内的历史文化资源虽然数量多，但多数保存不完整，仅留下一个门（东园）或一个微缩版公园（药洲遗址），文化资源的美观度已大大降低。而且文化资源呈零散分布，各种文化资源交错混杂，文化旅游缺乏主题与特色。历史街区内的民居整体保护较差，一些老宅由于年久失修，破烂不堪，甚至已经成为危房。由于以前缺乏统一规划和管理，核心区内房屋加建违建现象严重，插花式的高层建筑比比皆是，新旧建筑极不协调，旧城肌理已被破坏，历史街区缺乏美感，对游客的吸引力有限。例如，大、小马站周边吉祥大厦高 120 米、广百大楼高 125 米，目前还有景豪坊、捷登都会两栋高楼正在施工建设中。这两栋高楼一旦建成，将使大、小马站陷入"天井"状。

二 广州市北京路文化核心区的战略定位与发展策略

（一）战略定位

1. 广州延续城市历史、传承城市文脉、彰显城市个性、展现城市品位的重要载体

城市文化"源"于旧城，历史街区是一个城市的文化起点和根基所在。历史街区有如一部史书，记载着城市发展的历史和信息，反映着当时的生活习俗，人们的价值取向、审美标准、生产能力，对延续城市历史、传承城市文化等具有重要的意义。同时，历史街区拥有丰富的历史文化资源和独特的城市风貌，是一个城市区别于其他城市特有的 DNA，是现代化城市中不可多得也不可或缺的巨大财富。在当今这个城市风格"千城一面"、城市个性逐渐消亡、城市形象日趋一般化的时代，历史文化街区在彰显城市鲜明个性、展现城市魅力与品位中的价值更加凸显。

广州市北京路文化核心区是广州城建设之始的所在地，沉淀了大量历史风貌与文化古迹，是"广府文化源地、千年商都核心"，是广州古城沧桑巨变的见证。因此，只有保护和建设好广州市北京路文化核心区，广州千年古城的历史传承和城市文脉才不会割断，广州千年商都的个性风骨和地域特色魅力才会有展现和维持的载体平台。

2. 广州唤醒城市"集体记忆"、凝聚城市精神、促进城市认同的重要依托

柯林·罗的《拼贴城市》认为，城市是历史的沉淀物，每个时期都在城市中留下了自己的印记——城市记忆。而城市记忆大多以物质的痕迹记录下来，传统街区、历史建筑、自然山水格局等都是记忆的载体。当一个城市的"集体记忆"被某种载体所唤醒时，不仅城市历史得以"再现"、文脉得以延续，而且城市集体记忆还会促进城市精神的再次凝聚，有助于民众对城市的价值认同和文化认同。老城区所拥有的文物古迹、历史建筑、旧城肌理是可以唤起人们集体记忆的非常重要的实物形态，是可供人们连续记录这个城市历史文化特点的直接内容，是促进城市精神凝聚的重要依托。如果历史街区这个重要的物质承载体消亡，融入其中的人文精神也会渐渐迷失，出现城市"集体失忆"。

广州市北京路文化核心区内部不仅仅有药洲遗址、古书院群、大佛寺、千年古道等大量珍贵文物古迹，而且保留有大量的历史民居、骑楼街、百年老字号等宝贵历史文化资源，承载着广州从南越到民国，再到改革开放2000多年来的城市文脉和历史记忆，北京路文化核心区是最具广府文化代表性、最能引起广州人内心文化和情感认同的广州历史文化街区。因此，可以说，保护和建设好广州市北京路文化核心区，就是在保护广州2000多年来积淀形成的城市集体记忆和城市人文精神。

3. 广州培育世界文化名城的重要抓手与灵魂所在

虽然国内外学界至今尚没有形成严格界定世界文化名城的通用标准，但一般而言，一座典型的"世界文化名城"必须具备四大要件：厚重的历史积淀，普适的文化内核，独特的文化表征及国际性文化感召力。广州是国家首批历史文化名城之一，被誉为岭南文化中心地、古代海上丝路发源地、近现代民主革命策源地、改革开放前沿地，具有悠久的历史传统与深厚的文化底蕴，历史文化遗产丰富，历史文化年轮清晰，铸就了开拓、传承与创新的文化气质，形成风韵灵魂的广府文化，这是广州提出培育世界文化名城战略的底气和依托所在。

而北京路文化核心区地处广州城建原点，位于《广州市历史文化名城保护规划》划定的历史城区的核心，汇聚了秦代造船工场遗址、南越国公署遗址、西汉水闸遗址、千年古道遗址、千年古楼遗址和大佛寺等大量具有悠久历史的文物古迹，以及北京路、高第街、文德路等具有典型中国岭南特色的城市个性的历史文化街区，是广州历史文化名城内核地、广州千年广府文化集中地、城市历史文化资源聚集地、城市人文精神和城市个性彰显地，也是广州培育世界文化名城的文化根基和重要依托地。

4. 广州提升经济实力和参与国际城市竞争的战略资本

文化构成城市的内核，体现城市的个性与魅力。在经济全球化和知识经济时代，城市间的竞争不仅是经济层面的，也是文化层面的。一个城市是否有吸引力和竞争力，很重要的是看这个城市的文化发展水平，包括历史文化的丰满度和现代文化的凝聚力。现代城市与城市之间的竞争，既是发展硬实力的比拼，更是城市软实力的较量，文化竞争已经成为世界城市发展较量的重要赛场。而在这场城市之间的文化比拼中，文化资源是城市的一种软实力、一种重要的生产资料和战略资本。文化资源越丰富，就越有可能为城市经济和社会的发展创造更好的外部条件，吸引更多的人、财、物资源，从而在激烈的国际城市竞争中抢占发展先机。此外，北京路文化核心区还是目前广州市城市功能最完整、城市化水平最高的地区，这也是核心区最大的区位优势。所以，广州市北京路文化核心区不仅仅是未来广州文化竞争力和城市品牌影响力快速提升的战略资本，也是广州建设具有高度包容性、多元化和竞争力的世界性大都市，吸纳更高层次的优势资源，促进产业升级和整体经济发展水平提升的重要依托，是广州走向国际舞台的一张重要"名片"。

5. 广州传统商业区产业复兴和老城区更新改造的"试验田"与示范区

随着城市规模的不断扩大，"大城市病"逐渐显现，城市中心开始向新城区漂移，日趋老化破败的老城区开始走向衰落，人口老龄化、产业空心化问题严重阻碍老城区的发展。北京路作为广州市的传统城市商业中心，尽管目前依然人气较旺，但其商业地位与天河城商业中心已难以相比，商业中心地位旁落似乎已成事实。广州市北京路文化核心区建设，通过文、商、旅融合模式带动经济发展与产业升级，可以成为广州未来城市更新发展的典型和全市产业转型升级的重要载体，肩负着示范带动整个广州传统商业区产业复兴的历史重任，以及探索老城区更新改造可行路径的神圣使命，其探索的做法和经验能够形成良好的示范效应。

（二）发展思路

依托区域内丰富的文化旅游资源和深厚的历史文化底蕴，秉承"经营城市记忆"的理念,围绕"以文化带动旅游、以旅游复兴商业、文商旅融合带动发展"的整体思路,让文化与商业联盟、商业与旅游互动、旅游与文化交融,共同促进越秀区经济与社会全面发展。

在对历史文化资源进行要素整合、综合保护的基础上,运用产业融合理论进行产业提升、城市形象打造,挖掘其旅游观光、休闲娱乐、文化体验的价值。

在保留本地区住、商混合特色的同时,通过功能置换,适当疏解区域内原有的居住功能,同时补充提升商业和文化展示功能。通过区域环境优化和城市功能转化,把该区域建成集文化、旅游、商贸于一体,时尚生活魅力与历史文化特色和谐共融的复合型城市休闲旅游商业区,为越秀区聚纳总部企业、发展楼宇经济和高端产业提供优质载体。

(三)发展策略

1. 历史文化资源保护策略——活化利用与区别保护策略

历史街区不仅是城市历史文化的传承载体,更是市民生活的现实场所。历史街区保护不是要把它变成被封存起来的、凝固的历史化石,而是使它成为开放的、具有鲜活生命力的城市生活的一部分。因此不能用"冷藏"式的博物馆的思路来保护和建设历史街区,而是要强调历史建筑的活化利用,通过选择性开发,区别利用,充分挖掘各类文化资源的潜在价值,合理处理保护与利用的关系,使其继续服务社会,成为生机勃勃的活态城市遗产,在历史建筑保护中实现经济价值和社会价值的统一。

2. 产业发展策略——以文化促经济的产业融合发展策略

进入 21 世纪后,各国经济发展的实践表明,经济活动中的文化因素和成果已经成为现代生产力的重要构成或促进因素。文化与经济一体化发展趋势日益明显,文化正日益融入经济之中,文化发展逐渐成为推动经济增长的重要力量和社会进步的重要指标。广州市北京路文化核心区在产业发展策略上要发挥自身独特的文化资源优势,以文化为引领,依托区域内丰富的文化旅游资源和深厚的历史文化底蕴,把历史、文化、生态有机融入特色商业街区中,使商业、旅游产业和文化产业相互渗透、互相推动,既拓展传统商业的内涵与外延,又拓宽文化旅游产业的发展空间,实现北京路这个传统城市商业区产业结构的转型升级,并推动该区域由当前的以购物为主的业态结构逐步调整发展为文、商、旅融合,推动核心区和周边区域体验经济、楼宇经济和金融业的聚合发展。

3. 空间优化策略——"嵌合式"空间发展与空间要素整合策略

广州市北京路文化核心区的空间优化策略,就是要在保存城市记忆、延续历史文脉、传承和发展城市文化的基础上,营造满足现代生活需要和市场机制要求的空间环境,引导城市空间合理发展。广州市北京路文化核心区在空间结构上必须保护好历史街巷"鱼骨状"的线型空间肌理结构,最大限度地减弱城市更新改造对历史城区肌理与格局的冲击和破坏。在文化空间与商业空间、公共空间与居住空间相互割裂的现实状况下,广州市北京路文化核心区的空间优化可以采取"嵌合式"空间发展策略,通过功能置换与混合使用,在保持历史街区原有肌理的情况下逐步拓展区域内的公共开放空间和新型产业发展空间,从而逐步优化整个区域的空间布局。同时,要积极采取空间要素整合策略,促进广州市北京路文化核心区内的特色历史街巷与周边区域的道路交通、建筑布局及空间发展方面的相互融合。

4. 人口与交通疏解策略——综合性、可持续疏解策略

任何优雅的城市空间与高密度人口、拥堵的交通都是不兼容的,即使曾经属于高端社区和购物中心的地方,往往会因为超过区域承载力的人口和交通流量而走向衰落。广州市北京路文化核心区位于广州市的核心老城区,要实现商业复兴和城市更新改造,也必须加快人口和交通疏解。

但从世界先进城市的经验来看,要解决老城区人口和交通难题,仅靠控制人口或解决交通拥堵问题难以奏效,必须采取多种手段进行综合性的治理。因此,广州市北京路文化核心区的人口疏解策略需要采取低端人口疏散与高端人口引进同步实施。一方面要采取拆除违章建筑、专业市场外迁等多种方式,降低区域内人口密度;另一方面要同步引进高端创新人才,为产业升级服务,以及缓解历史街区人口老龄化问题。历史街区的交通疏解策略,要采取强化历史街巷的交通管制、完善慢行交通系统，同时大力发展地铁等新型城市公共交通系统、合理规划单行车道，控制私人交通车流量等多种手段进行综合治理，改善历史街巷的交通微循环。

5. 运行管理策略——政府主导与市场运作策略

历史街区保护与开发涉及多元利益主体，其中最重要的是政府、市场（企业）和公众，三者的利益往往并不一致，因此必须建立一种制约与平衡三方利益、兼顾效率与公平的运行管理机制。从国内外历史街区更新改造的经验来看，过去盛行的市场主导、公私合作的管治方式，虽然保证了更新改造效率，减少了政府投入压力，但是相对忽视了原住民利益和社会公平。因此，在广州市北京路文化核心区的保护与开发中，要采取政府主导、市场运作的管治策略。越秀区政府作为公共利益的代言人，其作用举足轻重，扮演着协调、引导、监察和调解角色。既要运用一些激励性政策吸引企业对历史街区保护与开发项目的投入，采取市场化运作模式来弥补政府在历史街区保护与开发工程建设中的资金不足，又要积极维护公众利益，为社区参与创造条件，确保社区利益不被商业利益吞没，激发民众自觉参与历史街区保护的积极性。同时，政府还应当制定与之配套的制度来规范公众参与的方式和行为，要尽量避免公众参与中的个人主义对历史街区更新运行产生的不利影响。

三 广州市北京路文化核心区"文商旅"融合发展的关键点与突破口

综观国内外历史街区更新改造与保护利用，一般包含六个方面的内容：街区建筑的保护（包括立面保存、结构保存、局部保存）；街区格局的保护；建筑高度与尺度空间的控制；基础设施的改造；居住人口及居住方式的调整；街区功能性质的调整。北京路文化核心区"文商旅"融合发展既涵盖了一般意义上历史文化街区更新改造与保护利用的内容，又在侧重点方面有所差异。根据广州市北京路文化核心区"文商旅"融合发展的思路和基本策略，课题组选择战略定位、用地瓶颈突破、要素整合与品牌打造、功能转化升级、环境综合整治、体制机制创新等六个方面作为研究本项目的关键点与突破口。

（一）以大力发展体验经济为突破口，全力打造广州人文休闲旅游型RBD，成为推动楼宇经济发展的优质载体

1. 体验经济时代广州市北京路文化核心区的总体功能定位：人文旅游休闲型城市游憩商业区

通过上述对广州市北京路文化核心区现状的分析，可以看出，北京路商业街作为广州传统的CBD，随着地租上涨、交通拥堵、购物环境恶化、人口老龄化等内部因素对传统零售业和服务业的冲击，以及天河城新型购物中心出现等外部因素导致的市场分流，北京路商业街已难以继续维持城市商业中心的地位，区域功能定位转型已势在必行。

从国内外先进城市的传统商业区升级改造的经验来看，推动传统CBD向城市游憩商业区（Recreational Business District，RBD）转型，是旧城传统商业中心和历史街区更新改造和活力复兴的一种比较明智的战略选择。RBD指城市内具有旅游吸引物、吸引大量旅游者的零售商业区。城市传统CBD与RBD在区位、历史、空间形态等方面有许多类似的地方，而两者最大的区别只在于游憩功能和所服务的对象。RBD的光顾主体为休闲游憩者，包含更多的休闲娱乐业，区位常取决于周边自然资源或人文资源。在功能上，RBD一方面应服务于旅游者，满足旅游者的休闲游憩等基本需要和购物、学习、娱乐、体验等多元需求；另一方面要足够重视本地及周边地区居民的日常休闲需求。

从这里也可以看出，RBD的功能定位显然较传统CBD更契合当下体验经济的发展需要。而且RBD更强调商业功能基础上的旅游、休闲、娱乐等体验性服务功能配置，这有助于推动历史文化街区内部的优势文化资源和旅游资源的合理利用，形成文化、旅游和商业功能的协调合作发展，它显然是广州市北京路文化核心区"文商旅"融合发展战略的一种合理选择。

目前，国内外的RBD主要有四种基本模式：大型购物中心、特色购物步行街、旧城历史文化改造区、新城文化旅游区。显而易见，北京路文化核心区是一种旧城历史文化改造型RBD。但我们从广州市北京路文化核心区的内部文化、旅游、商业资源条件，以及广州城市新老商业区之间分工合作分析，课题组认为，广州市北京路文化核心区更准确定位应该为"以人文旅游休闲为主要特色的城市游憩商业区"。

2. 实现从传统CBD到新型城市RBD转型的策略与方法

（1）强化区域内的休闲游憩功能，实现商业、文化、旅游、居住功能的混合发展。综合使用城市土地，城市多种"共生"功能在一定的地域空间中得到集中，这已成为历史街区集约化开发中的一种新趋势。充分挖掘广州市北京路文化核心区内的历史文化内涵，大力发展都市旅游和文化休闲等服务功能，加强文化景点、文化主题活动和商业街区的结合，形成集民俗文化体验、创意设计、文化演艺、旅游休闲、商业服务等业态于一体的混合型发展格局。这样不仅可以改善购物环境，增强游客、顾客的消费欲望，延长他们的停留时间，增加商业收入，而且可以改善区域形象，增强其独特性，从而吸引外地游客，缔造商业、旅游业双赢局面。

（2）加快空间区域拓展，克服高地租对经济发展的不利影响。与区域历史、旅游资源相结合，加快保护挖掘和开发建设北京路商业街（传统CBD）周边的历史街巷地段，并在这些地段中建设特色商品、美食店铺、休闲场所等，用便捷、舒适、美观的慢行交通系统将其与传统商业区相联系，使之成为吸引游客的新焦点，使传统商业区跳出原来的沿街发展格局，并得以延伸和扩大，构建历史文化街区深度发展格局，拓展产业发展用地和加强商业发展承载力，减少地租对北京路商业街发展的阻碍。

（3）把文化景观元素引入北京路商业街，提升区域的旅游吸引力。加强广州市北京路文化核心区内的历史文化资源的整合和品牌塑造，并通过改造广场、道路等措施把景观内容引入北京路商业街中，增加传统商业区内的景观元素。同时，用"广府文化源地"这个鲜明的文化主题把北京路传统商业中心包装起来，通过文化景点、历史建筑、百年老店和街头小品等元素充分展示其文化个性,使之成为吸引游憩者的手段。

(4)通过文商旅一体化发展,优化环境,为楼宇经济和金融业发展创造良好外部环境。楼宇经济的发展,是和越秀区整体产业发展、环境建设、城市文化品位提升互融互通的。文商旅一体化发展,能够为区域内金融、现代电子商贸与物流、文化创意等的聚集创造优质环境,有利于吸引高端人才流、技术流和信息流,提升楼宇经济整体层次。同时,新型城市RBD的建设,可以促进交通改善、公共服务水平提高、社区环境美化,让市民可以享受到商业、创意等多元化的服务,改善生活品质,同时创造更多的就业机会,使核心区带动整个城区发展。

(二)以推动低效土地、闲置物业开发,整合公有物业为突破口,突破老城区发展土地制约瓶颈

广州市北京路文化核心区人口密度高、居住用地规模较大,密集的空间结构使得留给人群进行文化活动和商业活动的空间不足。产业用地少,几乎没有新增建设用地,用地紧张是该区域经济复兴的最大障碍之一。但同时,北京路核心区存在大量的低效和闲置用地和物业,建设用地节约集约化水平不高。因此,加大低效和闲置存量建设用地的"二次开发",加快低效土地、物业资源的整合与混合使用,向空间要效益,是广州市北京路文化核心区突破用地制约瓶颈、拓展发展空间的关键所在。

1. "住改商"新增商业用地

民间自发的"住改商"行为由来已久,但社会对"住改商"的存在价值争议很大。赞同"住改商"的观点建议立法使之规范化;否认"住改商"的观点认为弊大于利,主张完全禁绝、坚决取缔。广州市在"住改商"政策上曾出现多次"改"与"禁"的政策反复。这种争论直到《物权法》出台才停止。《物权法》第77条明确规定:"业主将住宅改变为经营性用房的,除遵守法律、法规以及管理规约外,应当经有利害关系的业主同意。"《物权法》明确认可了"住改商"的合法存在。

在广州市北京路文化核心区内,居住用地占总建设用地规模的32.5%,

远多于商业服务用地和公共管理服务用地。盘活不同所有制、不同权属、不同级别的现有住宅资源,通过"住改商"方式推动居住用地兼容发展商业、办公、娱乐等功能,从而大幅增加广州市北京路文化核心区商业用地规模,并推动北京路传统商业中心向昌兴街、高第街等历史街区纵向延伸,带动区域整体经济复兴。

2. 专业市场等低效产业用地

城市低效土地是指城市范围内,现状为建设用地,但土地利用集约度低于城市规划条件(或理想条件)或与规划用途不一致需进行调整的土地,即"用而未尽"的土地。广州市北京路文化核心区内的低效产业用地主要集中在专业市场领域。目前,《越秀区关于推动专业市场转型升级的实施意见》已出台,工作目标、工作任务和工作要求都已明确,专业市场的转型升级工作已步入正轨。而且根据已确定的实施方案,北京路文化核心区是此轮专业市场转型升级的首个试点区域。广州市政府明确提出2014年要以北京路文化核心区为重点,有效控制新增以"现场、现金、现货"的"三现"交易为主的低端市场,在起步区范围创建3~7家转型提升示范市场,选取5~10个具备条件的专业市场进行重点突破,推动业态更新转营,试点对2~3家安全隐患突出的低端市场实施关闭搬迁,加大电子商务应用和公共配套设施建设,推动商流物流分离,逐步提升全区专业市场的整体发展层次和服务水平。三年内完成对北京路文化核心区内100家专业市场的优化提升。

广州市北京路文化核心区要抓住这个政策机遇,加快专业市场升级改造或向区外搬迁。其中,不具备区域竞争优势、交通影响和安全隐患大的低端专业市场要限期外迁或关停。但考虑到广州市是一个商贸城市,广州市北京路文化核心区的功能定位又是游憩商业区,专业市场不能简单地一关了之或一搬了之,否则会伤害整个商业区的人气。更多的专业市场应该根据广州市北京路文化核心区的新功能定位,引导专业市场向品牌化购物街(购物商城)、旅游商品专业街、展贸型采购中心、企业总部集聚区等精品化、品牌化商业业态升级。

3. 整合公有物业资源

越秀区有大量的公有物业，以北京路为例，公有物业占了90%以上。但这些稀缺而优质的资源，由于历史原因，现在绝大多数被用来出租为大大小小的批发市场，业态低端化，产生的经济效益和附加价值很低，还带来了一系列社会问题。这些物业，主要掌握在各级行政机关、企事业单位手中，由于彼此权属关系不统一，单位身份和利益关系不一致，仅靠越秀区难以加以充分的整合协调，如果能够由市政府出面进行统合，下决心协调解决，使这些优质资源从低端的专业市场中释放出来，升级为发展总部经济、楼宇经济，将会有效缓解核心区内土地资源不足的问题，有利于产业升级和产业置换。

4. 烂尾楼等闲置产业用地

广州现存的烂尾楼资源大部分集中在越秀区，在市建委公布全市33宗在册烂尾楼名单中，越秀区就占了17宗。近年来广州一直在高度重视烂尾楼的盘活问题。2012年8月，陈建华市长两次对"烂尾楼"做出批示，要求"建委成立专责小组牵头，逐个项目分析，一案一策，加快盘活的进度。力争做到老账尽快清，新账不再欠"。烂尾楼存在严重的消防安全隐患，是城市形象的一道伤疤，但同时也是一种巨大的存量用地资源。因此，要加快盘活广州市北京路文化核心区内的烂尾楼资产，为创意、办公、商业、休闲等功能形态发展提供充足的产业用地支撑。

5. 地下与空中空间开发利用

在旧城区新增建设用地匮乏的前提下，拓展立体化的空间资源是实现历史街区更新改造和活力复兴的重要途径。广州市北京路文化核心区要以交通改造为契机，促使区域交通立体化发展，在地面上最大限度地实现步行化，开发大面积主要用于商业的地下空间，并与地铁交通和地下停车场一起构成地下空间复合型开发利用格局。

同时向高空争取空间，在一些地块较小、建筑密集的区域有条件地加强空中连廊建设与空间开发利用。建设空中连廊是中心城区拓展空间资源的另一种重要方式，在中国香港、日本东京湾台场地区等都有成功实施的范例。

空中连廊具有交通联系、休息停留、空中景观等复合功能，不仅可以节约土地资源，达到比较好的人车分流效果，还可以有效地提升二层商业空间的价值，集聚分散的商业服务业。广州市北京路文化核心区建设，作为核心地段的北京路商业步行街向南、北拓展延伸已成必然，其中在北京路与中山五路、大南路的交叉路口就需要建设具有便捷步行交通、空中景观等复合功能的空中连廊。

（三）以推动资源整体利用与文化品牌塑造为突破口，提升历史文化街区旅游吸引力

历史文化遗产旅游是城市经济发展和城市空间再发展的一个重要方法。广州市北京路文化核心区要实现从传统CBD到新型RBD的转型，关键是要推动文化旅游资源与商业资源的整合利用，大力发展城市人文旅游和休闲产业，并通过文化、旅游和商业的相互借势和造势，通过旅游业和休闲业发展增强传统商业中心的消费体验，带动传统商业区的客流向历史街区流动，实现"以文兴商，以文促游"。北京路文化核心区可通过加快文化旅游资源整合，提升广州市北京路文化核心区内文化资源的旅游价值；采取立体手段加强文化品牌打造与宣传推广，积极创建"国家5A级旅游景区"；以功能置换与更新为突破口，科学引领传统产业升级和综合效益提升；以历史文化街巷的环境整治与品质提升为突破口，恢复老城区发展活力；以管理体制机制创新为突破口，强化对历史文化街区保护与开发的统领能力。

四 北京路文化核心区"文商旅"融合发展的保障措施

（一）体制机制保障

1. 进一步强化管委会职能

成立领导小组和管委会，是政府能够在历史文化街区保护利用与更新改造中发挥主导作用的关键。要在当前管理体制的基础上，适当增加管委会专

职负责人配置和懂项目、精经营专业干部的编制，进一步强化管委会的管理职能。

2. 建立健全管委会项目运作机制

在原有项目办和指挥部的基础上，按照"一个重点项目、一套专班人马、一套推进方案"的要求，强化北京路文化核心区内重点项目指挥部力量。

3. 制定《北京路文化核心区保护与开发管理办法》

依据《广州市历史文化名城保护规定》，加快制定广州市北京路文化核心区保护与开发管理办法，对历史文化街区的风貌保护与有机更新、人口疏解与功能完善、业态调整与招商引资、环境维护与城市管理、广告设置与"住改商"试点等内容进行规范，并将其作为广州市地方性法规下发执行。

4. 建立平台建设进展评估与项目运行监测制度

建立第三方评估机制，引入第三方评价机构定期对北京路文化核心区平台建设进展进行评估与经验总结，并提出下一阶段的解决方案与发展策略。切实落实公众参与原则，推进公众参与的法制化和制度化，让公众通过法定的程序和渠道有效地参与历史文化街区更新改造重大项目的决策和监督。

5. 建立有效打击非法"住改商""住改仓"的管理体制机制

严格落实《广州市房屋租赁管理规定》《广州市历史建筑和历史风貌区保护办法》《广州市人民政府关于加强和改进消防工作的实施意见》，建立城管、规划、国土以及流动人口、出租屋管理等多部门联动机制，加强对商业街区、专业市场周边物业、出租屋的管理和整治，全面清理住宅私自改为仓储用地、商业用地问题，清理生产、经营、仓储场所违规住人问题。其中公房要发挥带头作用，规定其一律不得出租作为专业批发市场的仓库与经营场所，制定管理政策，对公房非法"住改商""住改仓"行为一经查出立即提前收回。

（二）政策资金保障

1. 完善产业政策保障体系

越秀区相关职能部门要加快对北京路文化核心区需要着重发展的文化旅

游、游憩休闲、文化创意、文化金融、传统手工业与老字号等产业扶持政策的修订，提高扶持政策与产业发展需求的匹配度。研究制定有助于历史文化街区功能置换的产业招商优惠政策、财政补贴政策等。

2. 设立历史文化街区保护专项资金

依据《广州市文物保护规定》和《广州市历史建筑和历史风貌区保护办法》，研究设立越秀区文物保护专项资金、历史建筑和历史风貌区保护专项资金。专项资金用于对文物保护单位（点）、历史街区、历史建筑等历史文化遗存的维护。同时鼓励引导公民、法人和其他组织依法成立文物古迹和历史建筑保护社会基金。

3. 制定鼓励民间资本参与历史文化街区更新改造的政策

在项目运作中，实行政府主导、市场化运作模式，积极导入PPP、PFI等投融资新模式，并制定与之相适应的财政补贴、税收减免等配套优惠政策，充分调动社会力量广泛参与的积极性。同时，制定历史民居业主自主修缮财政补贴等相关优惠政策。

（三）土地需求保障

1. 建立收储土地与公有物业统一管理、经营制度

借鉴国内各历史街区整合利用土地、物业资源的经验做法，将核心区内市区收储的土地，市区属行政事业单位、国有企业闲置和出租经营的物业，通过委托管理、资本注入、协议转让、划拨等方式，交由管委会实行统一管理、经营和改造。

2. 加快低效和闲置存量建设用地的收储与"二次开发"

加强土地的节约集约利用，转变现有土地利用结构，提高存量土地利用效率。重点加强专业市场等低效用地的改造、烂尾楼等闲置用地的盘活，通过"住改商"手段逐步弱化核心区的居住功能，增加文化与商业用地供给。

3. 建立重点项目土地优先供给制度

核心区的用地供应原则上是应保尽保，在此基础上，建立负面清单制度，制定北京路文化核心区优先发展和限制发展的产业与技术目录，在招商

引资和项目落地等方面全面落实，对符合历史文化街区首要功能导向的产业项目，在供地上给予优先考虑。

（四）人才队伍保障

1. 编制重点产业紧缺人才需求目录

有序引进广州市北京路文化核心区平台建设紧缺人才（团队），主要包括高层次文化创意人才，精通文化旅游策划、经营、管理、项目投融资等方面的专业型人才，非物质文化遗产传承人，游憩休闲投资与经营人才等。

2. 制定重点产业紧缺人才（团队）引进配套扶持政策

参照《中共广州市委、市人民政府关于加快吸引培养高层次人才的意见》中的相关规定，适当放宽核心区建设急需的文化旅游、文化创意、游憩休闲、金融等领域的企业家和专业技术人才的评定标准，在安家费、培养资助、住房保障、医疗保障、子女入学、配偶就业等方面给予强有力的扶持。结合历史文化街区更新改造，探索建立高品位、低租金模式的人才公寓，以人性化、便捷化的生活环境吸引和留住人才。

专题研究篇

Special Reports

B.17
乌镇戏剧节举办的成功
经验及对广州的启示

中共广州市委宣传部课题组*

摘　要：	本报告通过介绍实地调研考察乌镇戏剧节基本情况，总结归纳出乌镇戏剧节成功举办的一些经验做法：一是旅游开发提供强力支撑；二是成立专业机构负责运作；三是着力实现多元化传媒整合；四是发挥专业高端名人效应；五是建立官方发布专门平台。同时，针对广州市当前实际情况，借鉴参考乌镇戏剧节及英国爱丁堡国际艺术节经验做法，提出推进广州市演艺展示平台建设的若干建议。
关键词：	乌镇戏剧节　广州艺术节　演艺展示平台

---

* 执笔人：赵晓涛，博士，中共广州市委宣传部副调研员。

为进一步做好广州市文艺人才培养工作,切实提高广州市文艺人才对演艺内容资源、产品价值特别是市场运作的研究把握能力,同时进一步推进国内外名家演艺展示平台建设,充分发挥好广州国家中心城市的文化聚合传播效应,2014年10月30日至11月1日,课题组赴浙江省乌镇学习考察"第二届乌镇戏剧节"。学习观摩开幕大戏水剧场版《青蛇》、韩剧《墙壁中的精灵》、历史剧《万历十五年》,参加《小镇对话》讲座、考察古镇嘉年华和乌镇露天剧场和乌镇大剧院。

(二)乌镇戏剧节基本情况

乌镇戏剧节是由文化乌镇股份有限公司主办,以如诗如画的江南千年水乡古镇——浙江乌镇为活动舞台,以上演世界级精品剧目以及年轻戏剧人的原创作品为主要内容的文化节会活动。戏剧节最初是由华语戏剧界著名人士赖声川、黄磊、孟京辉和文化乌镇股份有限公司董事长陈向宏共同倡议发起的,目的是为爱乌镇、爱戏剧的人提供一个优秀剧目展演平台,特别是为年轻人提供一个自由交流、共同分享的地方,推动戏剧文化繁荣发展。

首届乌镇戏剧节于2013年5月9日开幕,为期11天,以外观具有仿古风格的新建乌镇大剧院为核心,汇集包括西栅历史街区的水剧场以及经过改造的秀水廊小剧场等在内的7家剧场(都在西栅景区从任一地点出发步行七八分钟范围内),6台国际特邀大戏,12部25场公演,120组嘉年华团队带来580场街头演出,12场中外戏剧名家的小镇对话,3场顶尖欧丁戏剧工作坊,共同为观众献上精彩剧目。其间共有200多名中外艺术家、专家和明星莅临,17580名观众入场,183000名游客及当地居民参与,139家媒体聚焦报道,在业界内外引起很大反响(可用"一炮打响"形容),成为当年令人瞩目的一大国内文化事件,为当地文化旅游经济发展创造了新的增长点。首届乌镇戏剧节荣誉主席罗伯特·布鲁斯汀(Robert Brustein)后来在《纽约评论》上给予高度评价:"乌镇戏剧节希望有一天能成为像阿维尼翁或爱丁堡一样的重大国际戏剧事件。照首届的成绩,他们一定能达成。"

首届乌镇戏剧节以"映"为主题,由"国际邀请""青年竞演""古镇嘉年华"三个单元构成。其中"国际邀请"单元是指邀请国内外著名的戏剧家及其代表剧目，让戏剧爱好者欣赏到一流的戏剧表演艺术。"青年竞演"单元是指面向世界各地青年戏剧创作者公开征集候选剧目，为他们提供一个施展艺术才华的平台。该单元特设最佳戏剧奖以及最佳个人表现奖，并配套丰厚奖金（其中最佳戏剧奖奖金为 20 万元，最佳个人表现奖奖金为 6 万元）。"古镇嘉年华"单元是指在乌镇西栅景区内，所有非传统剧场的公共空间进行的综合性文艺表演。"古镇嘉年华"以乌镇西栅街区的木屋、石桥、巷陌甚至乌篷船为舞台，进行小型现场表演，呈现戏剧表演的多元化，同时与观众进行互动，为整个乌镇营造出戏剧艺术狂欢的氛围。嘉年华的演员来自五湖四海，平时可能从事各行各业的工作，出于对戏剧的共同热爱走到一起，来到乌镇，完全投入这场艺术狂欢盛会。首届嘉年华因筹备时间紧张，节目以邀请为主，分为三档：第一档是来自欧洲的艺术家，他们无论艺术水平还是职业精神都非常高，是乌镇嘉年华的标杆，如法国候鸟艺术联盟，有一百多个来自不同国家的剧团和独立艺术家加盟；第二档是技艺娴熟的国内艺术家，还有日本舞踏等小众艺术；第三档是年轻的戏剧人和学生团队。

第二届乌镇戏剧节于 2014 年 10 月 30 日至 11 月 9 日举行，以"化"为主题，共计 17 部中外大戏演出 56 场、12 部"青年竞演"单元、12 场小镇对话、5 场工作坊、300 组嘉年华团队带来 1500 场街头演出，300 多个作品 1000 多名艺术家参与演出。其间 108 位嘉宾出席，150 家媒体共 250 位记者聚焦报道，24419 位入场观摩观众，近 13 万游客参与。剧目类型更加多元，其中 8 部国外剧目都是首次在国内演出，并且艺术水准很高，乌镇戏剧节国际化程度因此得到进一步提升，甚至一些剧目场次出现票务紧张的特别火爆的情况。第二届嘉年华更早开放报名平台，节目以特邀和自荐两种方式相结合（各占一半比例）。

两届乌镇戏剧节的成功举办，使得乌镇这座小城借助戏剧节不仅复活了原有的文化遗迹，成为小城文化复兴的重要节点和依托，而且更加重要的是，坚定了内地与港澳台的戏剧名家和众多戏剧艺术界人士要把乌镇戏剧节打造成中国最好的戏剧节,并努力跻身英国爱丁堡戏剧节、法国阿维尼翁戏剧节等世界一流戏剧节行列的决心。

此外,举办戏剧节前后,乌镇还会举办各类文化活动,为更多有创意的人提供圆梦舞台。戏剧节之后,青年艺术家乌镇驻地"1+1"创作项目让他们有更大的空间成长发挥。2014年11月19~21日,由国家网信办和浙江省人民政府主办的首届世界互联网大会在浙江乌镇举行,今后乌镇将作为世界互联网大会的永久会址。

随着乌镇戏剧节的影响力越来越大,每年举办一届乌镇戏剧节,可以充分吸引那些原本只会到访一两次的游客常来乌镇,成为乌镇的"常客""回头客",从而保持乌镇旅游热度、推动旅游深入开发。加之近年来桐乡全市文化建设不断推进,桐乡市民对戏剧、文化的关注越来越多,使全市文化氛围越发浓厚,为美丽幸福新桐乡注入了更多人文气息。

(三)乌镇戏剧节成功举办的一些经验做法

1. 旅游开发提供强力支撑

乌镇位于长三角上海、杭州、苏州的中间,是中国首批十大历史文化名镇和中国魅力名镇之一,具有原生态的水乡风貌和千年积淀的文化底蕴,素有"中国最后的枕水人家"之誉,2007年入选《中国世界文化遗产预备名单》,2009年获亚太旅游协会(PATA)生态旅游金奖,现为国家5A级景区。由中青旅、桐乡市政府、IDG三方共同持股的乌镇旅游股份有限公司作为乌镇的保护者和开发者,秉承"保护利用历史建筑,重塑历史街区功能""修旧如旧,以存为真"的理念,成功探索出"保护与开发并重,以开发促进保护"的"乌镇模式"并因此获得UNESCO肯定。从2001年乌镇东栅景区开放到2007年西栅景区开放,在政府主导下乌镇旅游股份有限公司进行市场化操作,在2007年形成成熟的乌镇保护开发体系,整体上创建了一个食、宿、游、购、娱完备的世界一流的新型古镇社区。数据显示,乌镇的旅游收入和经济效益快速提升。2013年,乌镇景区共接待游客569万人次,实现门票收入3.73亿元,同比增长8.8%。在保持千年古镇传统整体风貌的同时，乌镇从不拒绝现代社会产物，各种配套设施一应俱全，如善用互联网技术提升服务质量，将二维码门票、全区域免费 WiFi 热点覆盖、网络订房、扫码支付渗透在平常生活中。正如被认为是"乌镇总设计师"的陈向宏所说："没有乌镇 15 年的旅游发展及传统生活下现代化配套设施的完备，这样一个国际化的国家级会议（指首届世界互联网大会）不可能把乌镇作为永久会议地，这是乌镇旅游最大的红利，对乌镇乃至所在城市未来发展影响不可估量"，这句话同样适用于乌镇戏剧节。依靠独特的古镇旅游资源和成熟的乌镇旅游开发作为强力支撑，乌镇戏剧节才有成功举办的坚实基础。

2. 成立专业机构负责运作

为了更好、更专业地运作戏剧节，将乌镇戏剧节打造成为中国高水准和最有影响力的戏剧天堂，同时为这个千年古镇注入新的文化活力，推动本地文化艺术建设，2013 年 2 月作为戏剧节独立运作主体的实体公司文化乌镇股份有限公司正式成立。公司注册资金为 1 亿元，由乌镇旅游股份有限公司总裁、乌镇戏剧节主席陈向宏先生担任董事长，乌镇旅游股份有限公司副总裁陈瑜女士担任文化乌镇股份有限公司总经理，具体负责戏剧节品牌运营、项目拓展和宣传票务等各项有关事务。整个戏剧节开支成本全由公司承担，做好 10 年内甚至 10 年后不依靠演出门票收入实现直接赢利的准备，而是公司从戏剧节带来观众人流所产生的综合经济收入中抽出一部分补贴戏剧节本身开支成本亏空。据悉，首届戏剧节期间乌镇旅游综合经济收入同比增长近 30%，第二届乌镇戏剧节期间乌镇旅游综合经济收入同比增长 27% 左右。目前公司正在尝试运作一些戏剧，考虑到戏剧节现场看戏的人数毕竟有限、戏剧节期间演出的场次同样有限，如果从国外邀请来的几部大戏观众反响好的话，公司就会考虑组织到国内其他城市巡回演出。此外，公司还在打造戏剧孵化基地，田沁鑫导演的话剧《山楂树之恋》和在戏剧节期间首次上演的《东海暴风雨》就是基地孵化项目。公司力求从更高的文化艺术层次定位与乌镇旅游相关的对外交流和文化活动，更好地运作具有文化和艺术内涵的新乌镇形象，形成具有乌镇特色的文化产业链。

3. 坚定品牌运营理念

乌镇旅游开发掌舵人、身兼数职的陈向宏有着明晰的品牌运营理念。他提出眼高才能心高，心高才能手高，这样才会在品牌运营过程中提出更高的要求，而他对乌镇旅游开发从观光到休闲再到文化的定位转变，就体现了他在品牌运营方面的先锋理念。乌镇戏剧节就是乌镇旅游做成高端品牌的一个文化事件营销案例，把原来撒在全国各地做乌镇形象宣传广告的费用开支，集中起来做大打响戏剧节这个高端文化品牌活动，同时在促成乌镇旅游进一步向纵深发展，客观上收到了"一石二鸟""一箭双雕"的显著成效。在陈向宏看来，传统古镇往往偏爱打历史牌，其运营无非有三个要点：编造历史传说、修建古代建筑、讲述当地人历史。当初也有人劝他，乌镇应该以"茅盾故居"作为最大的亮点推出，但被陈向宏断然否决。他决心跳出窠臼，提出打造乌镇独有特色的口号"一样的古镇，不一样的乌镇"，并使戏剧节成为乌镇新的代言形象。陈向宏相信有"内容、概念、环境"三大品牌，乌镇可以实现向文化小镇的全面转型，按照他的发展规划，"文化乌镇"要成为国际表演艺术的一流殿堂、艺术教育普及的实践地、中外文化交流的活跃平台以及文化创意产业的重要基地，戏剧节只是陈向宏打造"文化乌镇"中起到铺垫作用的项目抓手之一，其他还有包括茅盾文学奖永久颁奖地、木心美术馆等在内的文学、美术活动平台同样都是打造"文化乌镇"的项目抓手。

4. 发挥专业高端名人效应

乌镇戏剧节建立了由罗伯特·布鲁斯汀（首届戏剧节荣誉主席）、陈向宏（戏剧节主席）、赖声川（艺术总监）、黄磊（总监制）、孟京辉（艺术顾问）、丁乃竺（总策划）、陈瑜（总执行）7人组成的组委会，并聘请李安、林青霞、宋丹丹、徐帆等担任艺委，聘请田沁鑫、史航等担任评委，为戏剧节成功举办出谋划策、保驾护航。赖声川、黄磊的戏剧工作室已经扎根乌镇，孟京辉、田沁鑫初步选址西栅老街的两幢古建筑作为工作室（分别命名为"在水一方"和"禅茶一戏"）。正是赖声川等众多演艺名家在国际戏剧界的卓越声誉和深广人脉、对乌镇戏剧节的全程参与和全力投入，决定了乌镇戏剧节的高起点、快成长、国际视野和不凡品位，使得戏剧节才举办两届就已获得国际戏剧界普遍认可。

5. 建立官方发布专门平台

由文化乌镇股份有限公司建立乌镇戏剧节官方网站并负责网站运营维护事务，网站及时权威发布戏剧节最新动态、演出剧目排期等，并建立网上购票端口和可供发布、印刷较大规格图片的媒体专区，不仅方便媒体记者发布报道，同时方便外地人士全面了解戏剧节情况、预购戏剧节演出票。由于戏剧节观众以年轻观众为主体，网上预购演出票自然成为观众的主要购票方式，这样就能确保公司提前掌握每场演出基本上座率情况。该网站还与乌镇旅游官网、乌镇旅游预订网建立链接。乌镇戏剧节还开设有微博、微信等网络社交主流媒体账号和豆瓣小站粉丝讨论组，凤凰网、搜狐网等主流门户网站和生活网络互动平台格瓦拉网站都建有乌镇戏剧节专题。此外，中央电视台对于每届乌镇戏剧节开幕式和闭幕式都有报道，央视著名主持人张泉灵应邀主持开幕式和闭幕式。

此外，通过考察发现，外地人士可在抵达乌镇景区入口的游客服务中心内自动售票机上自助取票，也可在票务窗口人工取票，非常灵活便捷；戏剧节期间绝大部分外地人士是通过网络提前预购演出票，并在抵达乌镇景区入口时再取票（凭演出票不用再购景区门票）。

（四）乌镇戏剧节对于广州市演艺展示平台建设的借鉴意义

广州作为综合性的华南最大城市、国家中心城市，建设演艺展示平台有着主打旅游牌的乌镇所不可比拟的一些优势。仅以文化资源而言，广州更加多元、更加丰富。毋庸讳言，不同于拥有很多先天优势的旅游城市，到广州的外地（外国）人多以商务、公务活动为主，国内外名家大师较少驻足广州作长久停留。因此，在广州演艺展示平台建设过程中，作为"他山之石"的外地经验仅可借鉴参考，我们必须从广州实际出发进行引导和策划，探索出一条适合广州的演艺展示平台建设发展道路。

目前，广州常年举办的演艺展示平台主要有一年一度的广州艺术节和广州话剧艺术中心十三号剧院"周末剧场"常年演出的品牌。此外，广州话剧艺术中心依托十三号剧院"周末剧场"，嵌入举办国际戏剧演出季，刚刚尝试举办了两届。这个小剧场演出季比较注重广告宣传，引进剧目质量较高，坚持推行商演售票，培育了一批忠实话剧观众，开拓了话剧演出本土市场。

广州艺术节由市文广新局主办，广州歌舞剧院承办，广州大剧院、广州市文化娱乐协会协办，其活动宗旨定为展示高端艺术精品，开展国际文化交流，实施文化惠民政策，实现政府企业共同办节。

作为一个比较年轻的艺术节，广州艺术节一直走惠民路线，据称举办四年来累计免费派票突破10万张，取得一定的社会效益，并获得了一些观众的口碑。同时我们也清楚地看到，虽然主要由于先天条件差异等客观原因，广州艺术节与创办更晚的乌镇戏剧节不可同日而语、难以简单比较，广州无法复制乌镇戏剧节举办模式。但是毋庸讳言，广州艺术节自身存在诸多不尽如人意之处甚至存在矛盾之处。比如，活动宗旨兼顾展示高端艺术精品和实施文化惠民政策两个方面，而这两个方面并不一致甚至有着内在矛盾冲突，导致广州艺术节举办至今定位不清、面目模糊、缺乏特色、没有个性，搞成面面俱到而又极其平庸的庙会式、拼盘式艺术节（不光是广州艺术节，上海国际艺术节同样存在这一缺陷）；艺术节持续时间过长，以2014年广州艺术节为例，从9月23日持续到11月23日，演出排期时断时续、不够紧凑，造成艺术节整体氛围淡薄；提前大量免费派票，虽有众多普通市民观众对此接触演艺机会表示赞赏，但从长远整体而言并不利于培养市民的文化消费习惯，特别是对原本基础就很薄弱的演艺市场造成较大冲击；不同于乌镇戏剧节的非官方色彩，广州艺术节完全由政府文化部门主导运作，限于时间、精力、人脉见识等种种原因，对演艺内容资源、产品价值特别是市场运作的研究把握能力有所欠缺，基本上未遵循演艺市场规律进行运作；由于缺乏擅长演艺市场策划运作的专业机构和政府文化部门经费投入有限等原因，广州艺术节引入节目质量参差不齐，高端艺术精品相对较少；由于演艺场馆过于分散，导致市民观众对于广州艺术节印象不深，缺乏总体观感，更谈不上产生归属感、认同感、自豪感和强烈的期盼心理；广州艺术节宣传力度明显不够、宣传方式比较单一，更谈不上富有创意的宣传策略，特别是媒体宣传方面主办方给人造成过于强调"免费派票""文化惠民"印象，一些精品节目没有作为艺术节宣传重点提前预热、加以突出。具体以2014年广州艺术节开幕大戏京剧《慈禧与德龄》为例，广州大剧院外面竟然连一张大海报都没有，本地不少媒体也没及时报道这部广获好评的作品，导致当晚演出出现很多空座。

还有其他一些不足，比如没有向市民观众做好观演礼仪规则基本教育等。2014年广州艺术节京剧《慈禧与德龄》演出时，台上演员神色凝重地停顿着，台下手机铃声竟然响了近10秒，降低了同场观众的观演质量；音乐剧《西关小姐》演出时，曾有矿泉水瓶被人从二楼扔下来，引起部分观众骚动；韩国《拌饭》演出时有小孩啼哭，影响观剧效果；话剧《建家小业》演出时，不时响起各式手机铃声和亮起闪光灯拍摄，凡此种种，不一而足。

为充分发挥国家中心城市的文化聚合传播效应，针对广州市实际情况，借鉴参考乌镇戏剧节、英国爱丁堡国际艺术节的经验，笔者在此初步提出推进广州市演艺展示平台建设的若干建议。

1. 重新确立活动责任主体

厘清政府和市场的职责是搞好广州市演艺展示平台建设的前提条件。市场行为和政府行为是两套不同的话语体系和办事规则。多年以来的实践经验教训，使得我们必须承认政府部门牵头亲力开发演艺市场，往往结果不尽如人意、难以取得理想成效，政府部门更适合做的是为演艺展示平台建设提供一些必要服务保障。为此建议政府部门不再亲自"登台""上阵"举办艺术节，改为采用政府采购方式，放手支持由合适的市场主体办节。

2. 着力做好主题创意策划

广州市艺术节举办方应全程围绕年度主题的创意策划和内涵设计，有计划、创造性地展现演出节目之间的有机关联和各自的艺术个性，从而为受众创造直观而深刻的艺术体验。比如第一、二届乌镇戏剧节主题，就分别为"映""化"（第三届乌镇戏剧节主题在第二届乌镇戏剧节闭幕式上发布，确定为"承")。爱丁堡国际艺术节在半个多世纪不断发展壮大的过程中，始终注重艺术节的创意策划，衍生出包括边缘艺术节（多元文化艺术节）、军乐节、国际爵士乐节等在内的七个艺术节，涉及绝大多数当前世界流行表演艺术的内容与形式。

3. 着力加强多元精准传播

艺术节举办方追求的理想效果，是最大限度地吸引受众注意力，充分体验艺术的精致微妙。广州市艺术节应通过把演出节目、演员观众、演艺活动决策者和经纪人、专业资源信息、相关媒体等要素集聚在一起，在剧院、广场和校园等演出现场，将艺术的创新创意集中展示给目标受众，从而在传播主体诉求、受众行为习惯和接受信息方式之间，搭建起直接沟通、精准传播的舞台。还可借鉴爱丁堡国际艺术节（EIF）和乌镇戏剧节做法，引入海报墙、街头秀等创意宣传方式。

与此同时，针对当今全媒体时代艺术节传播的受众特点，广州市艺术节还需要进一步借助传统媒体与新兴媒体的特色整合，才有可能实现传播效果最大化。以爱丁堡国际艺术节的媒体整合为例。其传媒战略可归结为"走出去、引进来"，比如邀请BBC、CNN等跨国媒体，制作并播出专题片；通过各国国际广播电台，面向世界转播音乐会；推出总题为《后台》的系列短片，向观众介绍著名演出的幕后故事。此外，爱丁堡国际艺术节的官方网站是全球信息量最大的艺术节网站，提供10种语言和6种社交媒体支持。媒体部设专人跟踪网站的社交平台，及时回应受众的问题。

4. 着力建构良好活动体验

艺术节以演艺节目的感性形式和理性内容为基础的特点，决定了其举办效果与受众的感官体验、思考体验、行动体验、情感体验和关联体验不可分离。乌镇戏剧节那种随处都有可能遇见、随时都有可能发生一幕幕戏剧场景，让戏剧艺术融入乌镇平常生活这种独特的沟通交流方式，最容易引起受众的共鸣。在爱丁堡国际艺术节上，有不同诉求的参与者都能找到各自所爱，特别是其中的爱丁堡边缘艺术节（多元文化艺术节），占整个爱丁堡国际艺术节活动总量的七成以上，活动场地以城市户外广场为主，是普罗大众狂欢、自由、多元、开放的文化艺术沟通交流平台，为充满创意的小乐队、小剧团提供了自我展示的平台，成为民间艺术团体的一大盛会。广州市艺术节应使受众在主动参与中全面体验艺术生活，进而对艺术节形成品牌信任乃至品牌依赖。

5. 着力实现良好口碑营销

爱丁堡国际艺术节通过一系列追踪式的公众沟通交流，为其二次传播提供了有效支持，一传十、十传百，业内外口口相传，以至其终成正果，培养出了一大批忠实的艺术节"粉丝"。有数据显示，2010年在40万名参与者中只有18%是第一次出席，确保了艺术节的长期、健康和可持续发展。

这里特别值得一提的是，国际著名艺术节一般要推出业界公认的经典剧目或是原创佳作，最理想者为名家作品的首次展示平台（比如2014年乌镇戏剧节开幕大戏《青蛇》就是导演田沁鑫在《青蛇》全国巡演版本基础上，专为乌镇水剧场量身定制、重新打造的），使艺术节及其所属城市广州因此备受外界瞩目、赢得良好口碑。英国爱丁堡艺术节、法国阿维尼翁艺术节等都很重视展演节目的首映数量。以2007年爱丁堡艺术节为例，其中2个节目为世界首映，3个节目为欧洲首映，6个节目为英国首映，这一情况对于形成节会口碑、聚拢"粉丝"人气起到相当大的作用。

广州市艺术节举办方应引导受众在主动参与相关活动的过程中，通过演艺、论坛、交流会、交易现场的丰富感受，形成对于艺术节、艺术创造、艺术体验、艺术价值的某种认同，成为演艺节目和艺术节的自发传播者，将自家经验与他人分享，进而提升艺术节的品牌美誉度、受众忠诚度。

6. 重新理顺各种节会关系

目前广州地面节会活动众多，比如广州国际艺术博览会、中国（广州）国际纪录片节、中国（广州）大学生戏剧节、广州国际灯光节等。这些节会活动以官方部门（机构）举办为主且主办层级、规模不一，但其中也不乏由社会力量举办的，比如由新闻媒体和地产企业联合举办的珠江国际诗歌节，甚至有由一班专业人士自发聚拢起来举办的比如发生艺术节。这些节会活动举办间隔周期长短不一，一般为一年一度，也有间隔周期长的比如四年一度的羊城国际粤剧节、三年一度的广州（美术）展、两年一度的中国音乐金钟奖大赛。以舞台艺术展演为主的除了一年一度的广州艺术节（同期套办国际演艺交易会），还有三年一度的广东省艺术节（由广东省宣传文化部门举办，以广州为活动主会场，将广东现代舞周、广东省大学生优秀话剧作品高校巡演作为活动单元纳入，为进一步加强整体设计，2014年广东省艺术节首次将广东优秀美术作品展纳入）。众多节会之间各自为政、缺乏呼应联动，无法实现效益最大化，为此建议省市文化部门重新审视梳理这些节会活动，进行通盘策划，搞好顶层设计，发挥协同效应。

国外艺术节特别是先锋艺术节基本上是在活动相对容易组织管理的中小市镇举行，大都市反而并不适宜举办具有先锋前卫性质或特色风格特别突出的艺术节（除非是有一块艺术场馆相对集中的比较理想地段，能够做到每年按时举办，比如2010年创立、每年一届的北京南锣鼓巷戏剧节）。国际化大都市如纽约、伦敦文化活动都是以日常商业演出为主（主要是最为通俗大众的音乐剧演出），由常年商业演出活动中自发形成的行业固定组织负责规范演出市场，开展如"托尼奖"评比等有关活动。

有鉴于此，课题组建议广州市政府文化部门专心致力于培育和管理好市内日常商业演出。如果日常商业演出繁荣程度能逐步赶上百老汇，则比举办大型艺术节更能吸引市民游客。日常商业演出方面，建议政府文化部门给予部分补贴，对于合适剧目的运作经费可以考虑给予1/3~2/3资助，运作经费不足部分通过寻求市场渠道解决。有些剧目甚至可以零资助，或者仅免去其场租费用。此外也可探索采取投资入股分成模式，最后赢利按照入股比例分配。至于票务营销方面，完全交由合适市场主体负责，政府部门退出不再介入。

参考文献

张敏、张超、朱晴：《城市艺术节：特色化与国际化双向互动——艺术节公众沟通的 ISC 模式》，《艺术百家》2013 年第 3 期。

B.18 依托《广州大典》深入开展"广州学"研究的对策建议*

广州大学广州发展研究院课题组**

摘　要： "广州学"具有极强的学术价值和社会意义，《广州大典》的出版为"广州学"的当代研究提供了历史视角，也为地方文献的历史诠释提供了当代视角，显现了"广州学"协同创新的学科特质。依托《广州大典》的"广州学"研究，以多学科的"协同创新"和强调现实应用、社会普及为发展前景。两者的相互支撑，需要在研究配套、成果配套和社会配套三个方面予以加强，以求破解"广州学"有名无实、有术无学、有构想无机制、有力量无保障的难题。

关键词： 广州学　广州大典　城市研究

从20世纪90年代开始，世界各国纷纷开展以"首都学"（如伦敦学、首尔学、北京学、东京学等）为中心的地方城市研究。这一学术思潮是与全球战略竞争日益以城市为主体、以文化软实力为核心的趋向相适应的。进入21世纪后，"首都学"的研究思路延伸至各区域中心城市，形成"城市学"研究的热潮。世界范围内不少地方都建立了以当地高校、政府决策部

---

* 本报告系广东省普通高校人文社会科学重点研究基地广州大学广州发展研究院、广东省教育厅"广州学"协同创新发展中心、广州市教育局"广州学"协同创新重大项目的研究成果。

** 执笔人：谭苑芳，博士，广州大学广州发展研究院教授、院长助理。

门和相关智库为主要研究力量的地方"城市学"研究机构,尤其是经济发达、历史文化积淀深厚的城市,更借力于经济优势,促使当地城市研究成为相关领域的显学,为城市形象、城市精神与城市品牌的树立、完善和提升做出了富有社会意义和学术价值的独特贡献。

仅以21世纪以来的国内研究为例,就有北京学、上海学、杭州学、武汉学,甚至温州学、泉州学等相关领域成为学界和社会关注的重要话题。例如"京派""海派"的话题之争,不但成为媒体长期关注的对象,也深刻影响了当地经济、社会和文化的自我认同及发展趋势。这种争论引起的关注、造成的文化影响以及推进城市文化集聚和整合的能量,是不可低估的。

但在这一世界性的学术文化潮流中,作为综合经济实力长期稳居全国第三、在国内外很有影响力的超大型城市,广州城市研究的起步却很晚,研究机构和人员队伍建设至今仍不充分,相关科研成果相较于部分兄弟城市是有差距的。但随着自2005年以来由中共广州市委宣传部组织编撰的《广州大典》(以下简称《大典》)的完成,这一令人遗憾的状况有了改变的可能。《大典》所具有的学术价值和科研数据库的意义,将在未来"广州学"的建立和展开中发挥越来越重要的作用。

一 "广州学"研究的意义与《大典》的"再利用"

2012年,广州市人民政府文史研究馆提出《关于倡导开展"广州学"研究的建议》,广州市市长陈建华做出了"围绕《广州大典》的出版,开展全方位的研究"的重要批示。2014年由广州大学广州发展研究院牵头组织的"广州学协同创新发展中心"成立。而从同年开始,中共广州市委宣传部和广州市社会科学规划领导小组就组织"《大典》与广州历史文化专题研究"的年度课题申报工作,资助相关研究的进行。但相比"广州学"的学术价值和社会意义而言,现有的这些科研力量、举措仍是不足。"广州学"既是当下区域研究、城市学研究的国际潮流和趋势的产物,也是破解当前广州经济、社会、文化发展难题的重要思想出路。

1. "广州学"的提出符合当前国内外城市研究的大趋势

这一点在前文已经有所提及，其关键之处在于，在全球化背景下，城市已经成为国际竞争主体，而城市间竞争又往往"以文化论输赢"。这就需要城市发展不仅依靠经济实力，还需要倚重学术、文化、艺术等软实力因素，前者创造城市发展的物质价值，后者则可以创造一个城市的符号价值。"符号"是文化的核心。

2. "广州学"的提出能成为广州开展国际文化交流和学术交流的重要符号

身处广州而谈论"广州学"，也许会觉得稀松平常。而当"广州学"走向全国、走向国际，就会因其具有浓郁的地方和民族特色而受到关注，最终成为广州的文化符号。譬如英文"Canton"一词虽通指"广东"，但在数百年间其含义都是广州及其周边有限的区域，因此，以"Cantonology"命名"广州学"，可以承接浩瀚的国际研究文献和学术前沿，建立起具有国际视野的"广州学"研究的国际学术交流平台，也会使"广州学"研究成为广州城市的一个国际符号。

3. "广州学"的提出是服务广州经济社会文化发展、培育世界文化名城的重要途径

广州要培育世界文化名城，要义之一就是梳理和继承广州历史文化资源，提升广州城市文化品位，培植广州城市文化精神，而"广州学"研究正可以为此做出巨大贡献。它不仅可以增强广州的城市文化内涵，扩大海内外人士特别是专家学者对广州的关注，增强城市的国际影响力，而且"广州学"研究本身就是提升广州文化软实力和广州培育世界文化名城的组成部分。可以设想，当"广州学"成为一门具有学术影响的"显学"的时候，广州的城市文化价值就会得到充分的彰显，"广州现象"的文化意味就会真正引起人们的注意和广泛研究。

在这一过程中，《大典》的意义需要特别加以重视和强调。这固然是因为《大典》是"广州学"作为一门学科得以建构和可持续发展的文献依据，更重要的是，《大典》中可以生发出许多"广州学"研究的命题、思路与方法。通过对《大典》在历史文化专题和典籍文献学意义之外的"再利用"，

可以为当代广州社会、经济和文化发展以及"广州学"的研究提供智力支持和具有资政意义。

二 依托《大典》展开"广州学"研究的必要性与可能前景

从国际区域与地方学研究来看,缺乏系统完整的地方文献数据库,城市学研究就可能流于碎片化的对策研究,因此即使如温州这样的地级市倡导"温州学",也辑成出版了"温州地方文献丛书"40部48册2000万字,但仅有地方文献数据库显然是不够的,如果对其重视、利用不足,则会导致"城市学"研究缺乏文化立场和历史的温度,让"大典""全书"成为"摆设"。因此,依托和利用《大典》展开"广州学"研究,不仅是"广州学"学科建设的基础,也是《大典》研究得以建立和进行的必需之举。不过,值得指出的是,虽然《大典》在编撰过程中,曾向英、美、法等国18家图书馆、档案馆或私人藏书家征集底本,但在成书的《大典》中,在收录海外广州研究的文献方面还有欠缺,这是"广州学"研究展开的必要材料和国际化取向的基石,应在将来《大典》的续编或新编中加以补充。

现代城市学研究不仅要有现实的问题作为切入点,还应该有大量的历史资源可提供检索、溯源、分析和评判的依据。我们预期在不断完善之中的《大典》可以为此提供重要支撑。因此,也期待结合现实问题与历史视野的"广州学",能够从文化研究的角度来对《大典》进行"再利用"。《大典》(城市历史文献)的"再利用"有两层含义。一是《大典》提供了看待广州的历史视角,使当代广州的现实问题之解决有传统文献作为历史、思想和智力资源。比如广州唐宋时期的"蕃坊"制度对今天广州城市宗教在应对外来宗教、信教人口流动管理、在地化(社区)宗教管理模式等方面,有明显的借鉴意义。二是《大典》提供了诠释地方文献的当代视角。《大典》的选编和研究都可以视为从当代城市研究的视角来看待广州地方文献,将传统史学、史料放置在国家中心城市和世界文化名城的建构视野中加以审视,从中挖掘出有利于当前认识广州、理解广州、塑造广州、引导广州和提升广州的相关内容，进行重新阐释。

应该说，《大典》的现实意义与学术价值尚未得到足够的认识和阐发，主要局限于"历史文化"范围。"广州学"是一门融合历史与现实、理论与应用、思辨与实证为一体的新兴交叉学科，《大典》研究也理应如此。尽管《大典》的编撰所收文献时间下限为1911年，但这些文献不少具有极强的现实意义，经过再阐释，可以为当代广州的社会、经济和文化发展提供有力的支持。如果一味将《大典》视为"文化遗产"，仅进行文献、考据或版本等层面的历史研究，就会失去其内在的丰富性和再利用的可能性。《大典》的"再利用"既是一个学术话题，又是一个富有现实意义的社会问题。它是落实广州市市长陈建华"围绕《广州大典》的出版，展开全方位的研究"批示的基本方法，也是"经世致用""古为今用"学术立场的充分显现。以《大典》为基础的"广州学"研究，应该既有理论的深度，又有现实的广度；既需要历史学、文化学的介入，又需要有社会学、政治学、管理学，甚至体育学、公共关系学、新闻传播学等视角的参与。这就有进行协同和整合的必要。这种整合本身就是一种创新，它使传统地方学或区域研究呈现出综合性、交叉性、理论性与实用性的特色，具备了创新和发展的可能。在这个意义上，广州学的"协同创新"不仅必要，而且必须。

（一）依托《大典》的"广州学"研究，以多学科的"协同创新"为发展前景

普遍来看，中央部委属大学与在地的关系相对弱化，其取向更集中于超越在地的宏观研究，而城市研究大多依托地方高校进行，是国际高教科研界的普遍状况。广州地区的中央部委属高校都设有岭南文化研究基地（如中山大学岭南文化研究院），而"岭南"是远大于"广州"的宏观文化范畴，包括广东、广西、海南、香港、澳门等地；即使是"广府文化"（广州市2012年成立广府文化研究中心），其范围也远大于"广州"的粤语系。

相比而言，研究对象更为清晰明确的狭义"广州学"和《大典》研究，

理应作为广州大学的主要专攻领域之一。广州大学是主要由广州市政府财政支持的地方性大学,"服务荣校"为其办学理念之一,培养对象也以为地方服务的应用性人才为主。以广州大学广州发展研究院为代表,广州大学已经设立众多涉及广州方方面面的学科点和科研机构。这当然是"广州学"和《大典》研究得以围绕广州大学展开的必要前提和有利条件,但在目前体制下,按照行政的方式进行"广州学"学术资源的整合几乎是不可能的。而以专门机构为组织核心,通过"协同创新"项目的建设,依照学科发展规律,发挥课题运作特色,来整合广州大学的"广州学"研究资源,却是一条极为可行的路径。由此,以广州大学广州发展研究院为核心的"广东省广州学协同创新发展中心"应运而生。

作为新设立科研机构,广州学协同创新发展中心除了进行种种具有现实意义和理论意义的研究课题之外,还高度重视和合理辨识当下国内研究广州的种种文献资料,试图通过汇集、归并、辨别和整合等方法,使已有的广州研究成果在学科建设上各安其位,各有归属,以此来建立未来"广州学"研究的学科意识、学科取向和学科标准,提升"广州学"研究之于广州城市发展的资政价值和文化价值。这都离不开对《大典》的充分利用与合理丰富。

(二)依托《大典》的"广州学"研究,以强调"现实应用"和"社会普及"为发展前景

毋庸讳言,《大典》现有的社会影响力不足,仅局限于学术界和文化界,尚未在社会上形成认识、研究《大典》的浓郁氛围。这当然是由《大典》的专业性和学术性所决定的,但其作为大型地方文献丛书的编撰耗资巨大,宏大精深,包罗万象而综罗百代,如果仅为学术研究服务,是不划算的。通过"广州学"的倡导,应该使《大典》的影响力超越学术文化领域,进入普通市民的视野,真正发挥广州文化建设的基石作用。客观来说,《大典》全书520册,普通读者几无购买阅读的可能,因此,在公共图书馆配置之余,应该充分利用信息化、数字化资源,广泛开辟阅读渠道,从而培养

市民意识,使《大典》被羊城,乃至全省、全国认知,而这需要更为精细的策划。

早在2012年,广州就酝酿建设"图书馆之城"。这意味着广州城市建设趋向文化的一面日益突出。《大典》编撰本就以省立中山图书馆为主要单位之一,其传播也应该在专业学术机构的统领下,联合各图书馆、文化馆等群众文化机构展开,使《大典》研究"接地气",在全社会形成"爱广州,学《大典》"的阅读氛围。

《大典》编撰工作刚刚完成。现在开始谋划利用《大典》开展"广州学"的研究,恰逢其时。鉴于《大典》的特殊性和"广州学"的现实意义,二者的结合不但可以引导广州历史文化研究和城市学研究以"经世致用"的立场进入现实语境,为广州社会、经济、文化发展提供典鉴,而且可以通过"广州学"研究,对《大典》展开"再利用",有效地以广州地方高校、政府决策咨询部门和科研机构为主体,整合相关资源,打造富有历史情怀与现实意识的"品牌智库"和协同创新平台。

三 对利用《大典》展开"广州学"研究的几点建议

针对上述广州学和《大典》研究的现状与薄弱之处,可以从以下"三个配套"入手,切实促进广州历史文化名城建设,提高《大典》的利用率和广州学的社会影响力,并以此为契机,提升广州市地方智库建设水平,使《大典》和广州学进入世界视野。

(一)研究配套——"广州学"与《大典》研究应设有配套的专门科研队伍和经费,形成"协同创新"研究的规模和效益

"协同创新"是教育部在高等学校创新能力提升计划中提出的科研组织方式。教育部的文件强调,设立协同创新项目要着眼于服务地方经济社会文化发展,要有鲜明的地方特色。广州市教育局的文件则提出,协同创新项目要着眼于提升广州的文化软实力,推进广州的世界文化名城建设的目标。2014

年，由广州大学广州发展研究院牵头成立的"广东省广州学协同创新发展中心"正是立足于此的专门科研平台。但作为综合性、开放式的研究平台，"广州学协同创新发展中心"仍处在探索期，需要市政府予以大力支持。

通过"协同创新"的组织形式，进行管理机制、科研组织方式和资助管理办法等方面的改革，如增加外聘、双聘、客座研究员，加强与各级政府、企事业单位、社区群众文化组织和中小学及高职高专等教育机构的深度合作，联合兄弟院校开办国际会议和短期讲习班，加强科研队伍的国际化程度，加强对科研人员出国培训与《大典》海外文献收集整理的资助力度等，对广州大学广州发展研究院的科研队伍进行适当优化，改善科研条件，是可以迅速改善"广州学"研究相对落后的面貌的。这也是节约组织成本和科研成本、避免叠床架屋、人浮于事的有效方式。

另外，依托地方高校的科研机构为核心展开"广州学"研究，除了可以打造产学研一体的品牌高校智库之外，还可以通过高等教育的人才培养，设立相关自主招生专业和学科点，鼓励硕（博）士研究生以"广州学"为学位论文选题，培养"广州学"研究的后备力量。目前中共广州市委宣传部和广州市社会科学规划领导小组已经设有"《大典》与广州历史文化研究博士学位论文资助"的年度课题资助项目，但对于"广州学"研究在学科建设、人才培养和科研方面的专项资助尚付阙如，需要政府主管部门予以考虑。

通过完善之后的"广州学"与《大典》协同创新平台来引进和培养人才、举办会议和评奖，制造氛围、形成影响，可以吸引社会各界聚焦广州、关注广州，从而推动"广州"的城市研究与历史文化走向世界。可以说，完善机构、举办活动、扩大影响的递进，是"广州学"和《大典》研究展开与深入的"三阶段"。

（二）成果配套——"广州学"与《大典》研究应着眼未来，突出应用性与丰富性，推进当代著作汇入《大典》

目前《大典》收录的文献基本为民国之前重要著作。可以想见，相当部分的《大典》研究会以传统文献学为方法，如版本考据、校雠辨伪等。

这当然是《大典》的题中之意,但以"广州学"为前景,以岭南文化中"经世致用"精神为取向的研究却不能局限于此,而应该着眼于未来,突出"广州学"和《大典》研究的应用性与丰富性,使其研究成果能够直接或间接为社会所应用。

所谓"应用性",是指"广州学"和《大典》研究要有现实关怀,强调古为今用,围绕当代广州建设世界文化名城的目标进行。即使以历史学为主的《大典》研究,也应该重视传统智慧在当代的应用。这种"发展取向"应是"广州学"建立的价值基础,也是广州大学广州发展研究院一直以来秉持的理念。

所谓"丰富性",是指应以发展的眼光来看待"广州学"和《大典》研究,不断丰富《大典》,使其逐渐超越历史文献范畴,而成为"古今广州研究与地方文化的集成之大系"。

第一,持续推进《大典》的编撰,以"新编""续编"的形式,遴选民国时期、新中国成立后,尤其是改革开放以来海内外的广州研究重要著作收录其中,为广州作为世界文化名城提供合法性论证。

第二,设立"《大典》别录",面向社会各界征集相关著作、文稿,以民间记忆的形式来与主要面向学术界的"《大典》正典"形成相互参照,可以包括回忆录、书信集、家族史以及民间研究成果等。这是发动社会各界参与广州历史文化名城建设的有效途径。

第三,创设"广州影像大典",收录各时期广州文化的图像、视频资料,推动"视觉表达"进入《大典》。随着影像数字化时代的来临,视觉已经成了城市文化表达的重要形式,《大典》可以探索性建立"广州视觉文献数据库",迈出地方文化新集成的第一步。

第四,以《大典》的续编、别录和视觉化表达为契机,设立"广州学奖",分别对广州研究、穗籍文艺、《大典》研究和"视觉广州"(如纪录片、微电影、城市或企业宣传片等)进行定期评奖。利用奖项的杠杆作用,在全社会形成"阅读《大典》、探索广州,知我羊城、爱我岭南"的浓郁氛围,吸引全国乃至全世界人们的目光。

（三）社会配套——"广州学"与《大典》研究应走出书斋，实现地方学术的研究与普及相结合，倡导广州历史文化进入民间

"广州学"是一门应用与理论并重的新兴学科，它以研究广州现实发展问题作为切入点，从横向上涵盖了广州经济、社会、文化、科技、城市建设、生态等各方面研究，从纵向上延伸到广州历史、文化、文献典籍和事件等的深度发掘。而这些恰是广州城市发展中"市民意识"的重要组成部分，相关决策者应予以高度重视。

"市民意识"区别于"公民意识"之处在于，它立足地方城市历史文化与发展前景，是一座城市精神的外在显现。《大典》研究与"广州学"恰可以应对广州"历史文化"和"发展前景"两个方面，二者的结合不仅能够促进地方高校和科研部门的协同创新，更应该以相关科研成果为基础，走出象牙塔，与社区文化建设、中小学国情乡土教育、企事业单位政策学习等相结合，与图书馆、文化馆、博物馆等群众文化机构、中小学和高职高专等教育机构合作，发挥"广州学"立足本土、服务本土、再造本土的作用。通过"广州学"与《大典》研究的社会普及性工作，推动学术进社区、进学校、进工厂、进单位，促使"广州学"真正实现理论与实践、学界与社会、现实与未来的"三结合"。

结合广州自身发展历程与国际学术潮流来看，利用《大典》展开"广州学"的研究大有可为，而其发展的关键在于破解"广州学"有名无实、有术无学、有构想无机制、有力量无保障的难题。

B.19 新媒体与青年思想引导研究报告[*]

——基于广州青年新媒体使用偏好调查的实证分析

黄禧祯　邵小文[**]

摘　要： 广州青年新媒体使用有普遍化与高频化的趋势，新媒体使用需求有生活化与实用性的特征。新媒体已经成为青年人融入社会的一条重要途径。广州青年对新媒体平台发起的活动，参与程度高、"群际差异"明显，参与行为多样化，热衷于团购、交友以及志愿者服务；对待与利用新媒体的态度与行为，总体上较为理性与克制；而对党团组织与政府的官方新媒体平台，关注程度偏低，但需求程度较高。其中，也反映出一些现实问题，即部分青年"新媒体依赖"问题、青年文化受世俗化的影响、少数青年对"网络谣言"偏听偏信，青年工作"新媒体服务"仍需加强。因此，建议共青团在青年工作中明确对青年思想引导的新媒体应用策略。其基本内容是：以进一步推动青年的媒介素养教育为基础；以新媒体条件下先进青年文化建设为核心；以强化青年"新媒体服务"为切入口。

关键词： 新媒体　青年　思想引导

---

[*] 本研究报告是共青团广州市委重点委托课题"新媒体与青年思想引导研究"（课题编号：QYZ-03）的研究成果。

[**] 黄禧祯，广州大学政治与公民教育学院教授，主要研究专业和方向为马克思主义哲学、青年文化研究；邵小文，哲学博士，广州大学政治与公民教育学院讲师，主要研究专业和方向为马克思主义哲学、中国马克思主义解释史。

随着网络信息技术和移动通信技术的发展与普及,"新媒体"迅速而全面地介入人们的生活;新媒体用户持续增长,其中以青年最容易成为新媒体的接受与使用主体。据中国互联网络信息中心(CNNIC)的数据,截至2012年12月底,我国网民规模达5.64亿,互联网普及率为42.1%,手机网民规模为4.20亿,网民中使用手机上网的用户占比由2011年年底的69.3%提升至74.5%;其中,网民的年龄结构在10~39岁的占79.7%;而学生群体的互联网普及率处于最高位(2012年和2013年分别为30.2%与25.1%),其后依次为个体户及自由职业者(18.1%)、企业员工(13.2%)、党政机关事业单位中的职员(4.7%)等。① 新媒体的发展呈现出移动化与融合化的态势,从"人随网走"转变为"网随人走"②,移动互联成为最显著的信息传播趋势。

当今,新媒体不但深深"植入"我国社会的经济、政治、文化以及社会管理等诸多领域,而且广泛"介入"个人的生活、工作以及学习等各个场域。值得关注的是,新媒体催生出日新月异的各种媒介工具与应用平台,以其广大的社会辐射力与极强的社会渗透力,对青年人的思想意识、文化观念以至生活和行为方式,构成复杂而深刻的影响。这也给党和政府的青年工作,尤其是以青年为主要工作对象的共青团工作,带来了极大的挑战,提出了新的要求。准确把握和理解新媒体对青年思想和青年文化的多维影响,必须了解青年群体使用新媒体的情况,了解新媒体在青年自主社会化与融入社会过程中所起到的重要作用,进而探索如何在新媒体语境中以社会主义核心价值观有效引导青年的思想以及青年文化的发展。

因此,我们在2013年7月至2014年7月间,先后两次通过较大规模的广州青年新媒体使用偏好的社会调查,考察不同类型青年群体对新媒体的使用习惯与关注内容的偏好,以此为切入点,分析新媒体对青年群体思想、行

---

① 《中国互联网络发展状况统计报告》,CNNIC官网,2013年1月。
② 唐绪军:《中国新媒体发展报告No.4(2013)》,社会科学文献出版社,2013,第3页。

为的影响，并结合广州共青团工作的实践经验和要求，探讨当前新媒体语境中青年思想引导工作面临的问题及其对策。

一 调查设计与组织实施基本情况

（一）研究目标与基本概念

本次调查以广州青年新媒体使用偏好为考察对象，主要目的如下。

第一，描述和反映当前广州青年使用新媒体的基本状况，并侧重于考察其应用新媒体的主要平台工具和关注的内容偏好。

第二，了解和分析新媒体在广州青年生活中的融入程度，并通过一定的群际比较，考察不同类型青年群体在新媒体应用上的差异。

第三，了解和考察青年群体对新媒体的态度和评价，为进一步研究新媒体对青年群体思想和行为的影响，提供客观的分析依据。

第四，分析和比较四类青年使用新媒体偏好上的差异，为有针对性地开展青年思想引导和宣传教育工作，奠定可靠的基础。

综合国内外学者的研究，我们把"新媒体"界定为：以新兴传播技术为支撑、以网络和手机等为载体的媒体形态，包括即时通信、手机短信、门户网站、虚拟社区、博客/播客、网络购物、电子出版物、网络游戏等。换言之，新媒体指"数字化互动式复合媒体"，即"人人都能创造和发布信息"的互联网与移动通信的媒体。新媒体在技术特征上，显著表现为全球性、交互性、平等性、自媒体性、实时性与虚拟性；在传播的社会属性上，则具有日益明显的"去中心化""碎片化""分众化"等特征。这与青年思想意识的开放性、多元性、个性化、自主性、求新性与理想性，有一定的契合与融通。因而，青年最容易成为新媒体的使用主体，其使用偏好在一定程度上，既能体现新媒体发展的趋势，也会折射出新媒体对青年思想行为产生的影响。

（二）调查对象和调研方法

本次调查以问卷调查与深度访谈相结合。

调查主要采用问卷方法进行数据收集。问卷调查的对象范围为广州市青年，主要针对年龄介于17~35岁之间的人口群体展开调研，不包括在校中学生、年龄超过35岁的中青年等人群，以便使调查对象更为集中，调查结果更具有针对性。

根据目标人群的特征与青年工作针对性的要求，将调查对象划分为四类群体展开抽样调查，即高校学生、城市职业青年（主要包括企事业单位职工、政府机关职员、个体经营业者以及自由职业者等）、农村青年（主要包括增城区、从化区和番禺区等农村地区的务农青年）、进城务工青年（主要包括非广州户籍的异地务工青年）。为此，调查问卷分为高校学生（个人）调查问卷和社会青年（个人）调查问卷两类，其中高校在校学生使用高校学生（个人）调查问卷，后三者使用社会青年（个人）调查问卷。问卷调查的基本分析单位是青年个人。

除定量研究外，本调查还在1年多时间内，通过研究人员深入访谈等定性研究方法以及文献研究方法，补充和丰富研究素材。在总体调查分析的基础上，本次调查选定高校、政府机关、国有企业、共青团组织四类机构，对典型代表单位的青年思想宣传工作的负责人，进行深度访谈（计6个单位6人次），以进一步了解目前新媒体语境中青年思想引导工作的现状与成效。

（三）抽样方案及实施结果

为了进行"群际分析"，并考虑到对象群体的聚集特点以及组织实施的难易程度，调查采用不等概率抽样方法，其中高校在校学生部分设计发放问卷2500份，涵盖广州地区985高校、市属高校和职业院校，类型包括综合性大学和理工科、医科、语言类、艺术类院校等专科性大学；社会青年部分设计发放问卷1500份，分别包括城市职业青年、农村青年和进城务工青年。

最终发放调查问卷3721份，回收问卷3241份，其中完成份数2824份，空白问卷417份，有效问卷2698份，占完成份数的95.5%。针对高校学生群体发放问卷 2221 份，回收 1776 份，其中完成份数 1633 份，空白问卷 143 份，有效问卷 1601 份，占完成份数的 98.0%；针对社会青年群体发放问卷 1500 份，回收 1365 份，其中完成份数 1191 份，空白问卷 174 份，有效问卷 1097 份，占完成份数的 92.1%。在社会青年群体有效问卷中，城市职业青年问卷量占 78.4%，进城务工青年问卷量占 8.5%，农村青年问卷量占 13.1%。

在全部有效问卷中，男性 1192 人，占 44.2%，女性 1506 人，占 55.8%。调查对象的年龄分布为：高校在校学生受访者年龄在 17~20 岁的占 39.4%，21~25 岁的占 55.3%，26~30 岁的占 3.2%，31~35 岁的占 0.6%，超出年龄限制的占 1.5%；社会青年受访者年龄在 17~20 岁的占 7.5%，21~25 岁的占 30.5%，26~30 岁的占 34.8%，31~35 岁的占 21.1%，超出规定年龄限制的占 6%。调查对象的抽选基本符合设计要求。

（四）调查质量控制和评估

为保证调查质量，课题组在调查员培训、调查实施、问卷编码、数据录入、访谈等各个环节均实施了质量控制。对参与实施问卷调查、数据录入、深度访谈的学生调查员，分阶段进行了直接培训。

在调查实施中，采用了调查员自查、调查督导教师复查和抽查的质量控制方法。全部调查结束后，我们又通过分小组核算汇总、督导教师分别单独核算比对和数据校验等方式，对问卷和数据质量进行检验，以保证调查数据的可靠性。

总的来说，本次调查结果基本符合前期调查和研究的预测，实施过程有科学的质量控制，调查的质量是有保障的。

二 调查主要结果

（一）青年群体使用新媒体的现状：普遍化、高频化

调查结果显示，尽管不同类型青年群体的经济独立状况和收入水平有较大的差异，但用于新媒体消费的月支出额，总体上在理性消费的范围内，差

别不是很大,大部分月支出额在50~200元。

高校学生属于经济尚未独立的特殊群体,消费能力有限,支出水平相对低一些,月支出在50元及以下的占45.9%,50~100元的占40.8%,100~200元的占8.4%,200元及以上的占4.4%。

社会青年则是有相对独立经济来源的群体,且由于职业的不同显示出较大的收入水平差异。调查显示,在收入水平方面,城市职业青年和进城务工青年收入水平明显高于农村青年。大部分人的收入主要集中在2000~5000元,也有相当比例在5000元以上的高收入。而农村青年的收入主要在2000元及以下的水平(见表1)。但用于新媒体消费的月支出四类青年群体并没有体现出很大的差距,大部分人每月的花费额度在50~200元之间,200元及以上的也有一定比例(见表2)。

总体而言,新媒体的使用在广州四类青年人的生活中很普及,占有相当大的比重。

表1 广州社会青年的月收入情况

单位:%

类 别	1500元以下	1500~2000元	2000~3000元	3000~5000元	5000元以上
城市职业青年	7.2	6.3	30.8	34.3	18.5
进城务工青年	10.8	16.1	30.1	30.1	12.9
农村青年	31.9	32.6	18.1	6.9	2.1

表2 广州青年用于新媒体消费的月支出情况

单位:%

类 别	50元以下	50~100元	100~200元	200~300元	300元以上
城市职业青年	17.7	30.2	33.4	12.0	5.7
进城务工青年	10.8	26.9	35.5	20.4	6.5
农村青年	27.1	39.6	22.6	5.8	3.5
高校在校学生	45.9	40.8	8.4	4.4	

在新媒体使用的时间和频率方面,调查显示,四类青年群体每日使用新媒体的时间都很长,使用的频率也很高。有86.9%的受访学生、90.2%以

上的城市职业青年和进城务工青年每天都会登录新媒体工具。此外，44.4%的受访学生在校期间利用新媒体的时间在1～3小时之间，3～5小时的有29.2%，达到5小时以上的有15.9%，显示有绝大部分学生课余时间利用新媒体的程度和频率较高。将近50%的城市职业青年与进城务工青年每天频繁登录、使用新媒体时间在3～5小时及其以上。农村青年的使用时间和频率比前三者稍低，但也有50%以上的人每日登录，50.7%的农村青年每日花费1～3小时在新媒体平台上（见图1）。由此可见，新媒体在青年人群的生活中占有相当大的时间比例，对青年人群的生活来说，有相当大的影响力。

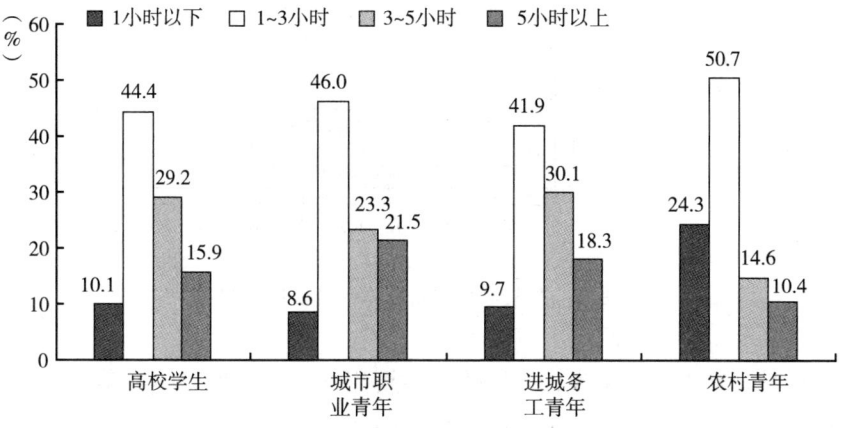

图1　青年群体每日利用新媒体时间

（二）青年群体使用新媒体的主要需求特征：生活化、实用性

调查结果显示，青年群体对新媒体平台和服务十分熟悉，对即时通信工具、移动通信工具、自媒体、博客、电子邮箱、门户网站、社交网站、购物网站、婚恋网站、网络游戏平台等均有利用，并且对新媒体平台和服务的选择倾向上，四类青年并没有呈现较大差别。其中以即时通信工具、移动通信工具和自媒体微博的使用程度为最高，QQ、电子邮箱、微博、微信、门户网站和购物网站在四类别青年的新媒体使用率中均排在前6位。值得注意的

是，曾经占据新媒体使用率前列的博客，本次调查显示经常使用者只有14.6%左右，远低于微博、微信等新兴媒体工具。在对网站平台的访问利用方面，包括门户网站、社交网站、婚恋网站和购物网站等，以购物网站的利用程度为最高，其次是百度贴吧和门户网站，再次是社交网站（见图2～图5）。

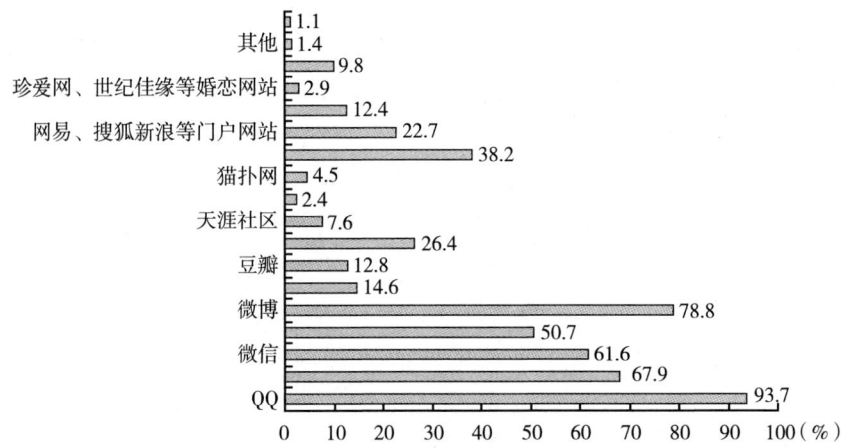

图2 高校学生对新媒体平台使用比例

可见，对青年人来说，新媒体的主要用途在于即时通信、信息的获得、交流和发布以及消费购物等方面。传统的即时通信工具QQ，以及具有存储和收发电子信息功能的电子邮箱的使用率一直居于前列。而微博、微信等近年来新兴的兼具多种功能的自媒体工具，已超过传统的博客、百度贴吧等，获得青年人的青睐。同时，调查结果不难发现：大部分青年对"强国论坛"这样的中文时政社区关注度很低；对网络游戏、婚恋网站以及类似于猫扑网这样的以流行文化为主的互动社区的使用率也不高。

在回答"经常出于哪些需要使用新媒体"这个问题时，大部分学生选择主要为了满足学习、社会实践以及休闲娱乐的需要。而三个类别的社会青年群体的选择中，"工作需要""学习需要""社交需要""休闲娱乐"的首选率均排在前四位，更有40%左右的人把"工作需要"放在了第一位选择。

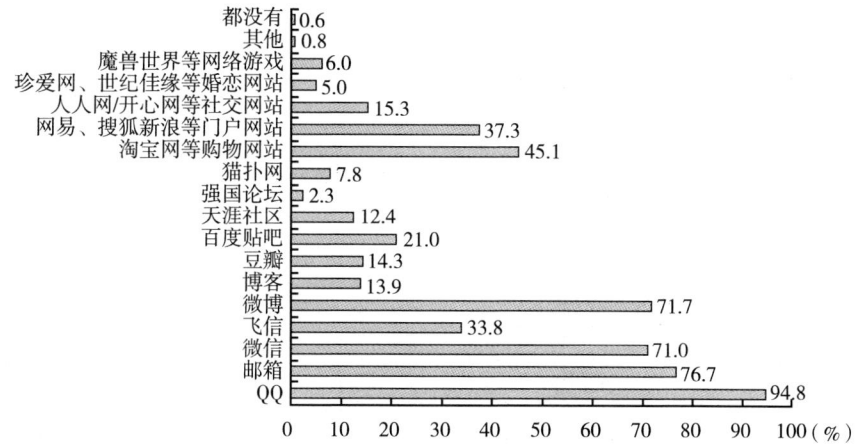

图3 城市职业青年对新媒体平台使用情况

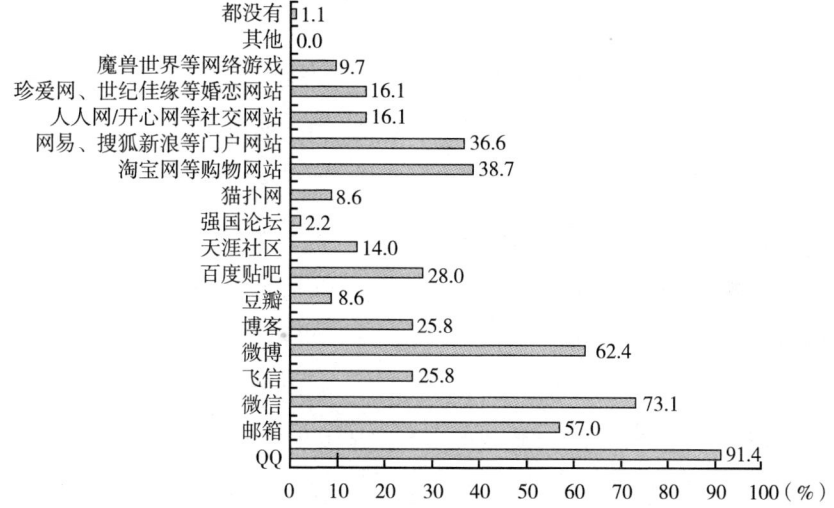

图4 进城务工青年对新媒体平台使用情况

可见大部分青年群体使用媒体首先是出于自己的学习、工作需要，对新媒体平台和服务具有强烈的实用性诉求。

对于"利用新媒体主要关注哪些方面的内容"，高校学生群体的选择中，时政新闻、求职就业、婚恋交友和教育培训类（考研、考公务员等）

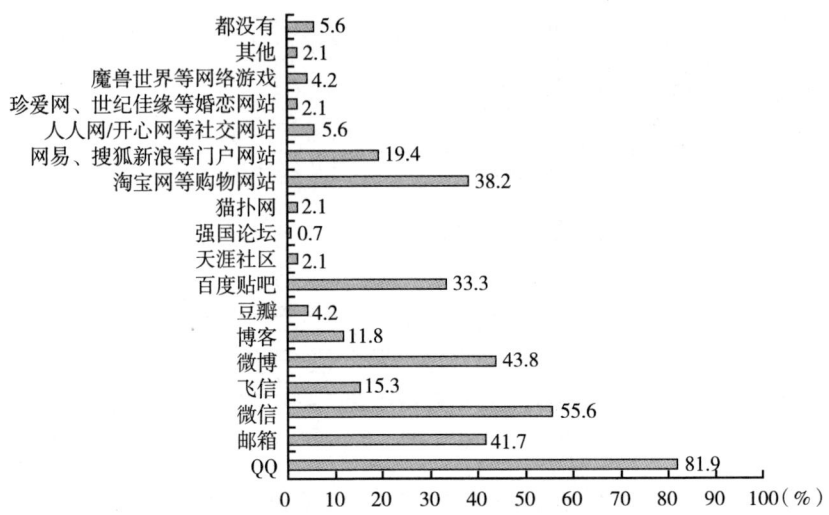

图 5　农村青年对新媒体平台使用情况

信息占据了最受关注的前四位。社会青年给出的选择相对较为分散，但"时政新闻类""生活资讯类""娱乐八卦类""技能培训类"基本排在关注前列。其中"时政新闻类"是最为集中的关注内容，四类别社会青年中多数人一致将其选为首要关注的内容，分别为43%、56.7%、38.7%、46.5%。可见，新媒体已是青年群体获取社会时政新闻信息的重要渠道。此外，高校学生群体有14.4%将"影音游戏类"信息放在第一选择，而城市职业青年和农村青年则分别有14.2%、11.8%的人把"生活资讯类"放在第一选择，仅次于"时政新闻类"，显示出不同青年群体处于求学和工作状态的需求差异。值得注意的是，进城务工青年有10.8%的人把"求职就业类"信息放在第一选择，比其他三类青年对此项内容的需求度都高。

综合而言，新媒体在青年群体的学习、工作、社交、生活中发挥了相当重要的作用，其信息平台的功能也受到高度重视，获取各类信息是各类青年群体利用新媒体的主要用途，且表现出十分明显的生活化和实用性特点。

（三）新媒体在青年社会生活中的融入程度：参与度高但有"群际差异"、形式多样又有一致性、具体使用行为较理性克制

调查结果显示，绝大部分受访青年参加过由新媒体平台发起的各种形式的活动，其中高校学生参与度达79.7%，城市职业青年与进城务工青年则有80%以上参与了各类活动。相比之下，农村青年的参与度最低，有34%的人"从不参与"此类活动，显示出一定的"群际差异"（见图6）。

另外，不同类型青年群体参与新媒体发起活动的形式多种多样，同时在参与的主要活动类型上，又表现出很高的一致性，即参与团购活动、交友活动和志愿者服务三类活动的最多。由此显示出对广州青年来说，新媒体在这三方面的社会生活融入度最高。

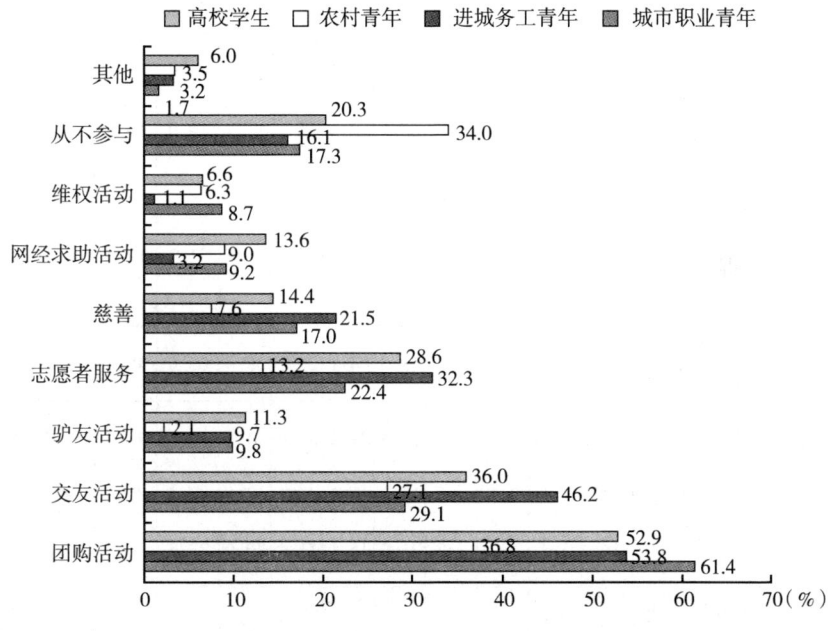

图6 四类青年对新媒体平台发起的活动参与情况

为了更具体地了解新媒体在青年群体生活中的融入程度，以及青年使用新媒体的具体行为偏向，我们还针对不同青年群体生活的具体内容，设

计了若干选项条目,进一步了解在不同青年群体利用新媒体中的具体行为表现。

调查结果显示,大部分受访青年能够较为理性克制地利用新媒体,能够避免高度依赖和过分沉溺于网络世界,尽管大部分受访者也承认有过网络不端行为,但出现的情况很少,只是偶尔为之(见表3)。

表3 四类青年使用网络动因情况调查

单位:%

问题项	经常				偶尔				从不			
	城市职业青年	进城务工青年	农村青年	高校学生	城市职业青年	进城务工青年	农村青年	高校学生	城市职业青年	进城务工青年	农村青年	高校学生
不能使用网络时烦躁不安,想尽办法上网	13.2	24.7	6.9	18.8	60.9	50.5	47.2	61.3	24.9	23.7	44.4	19.3
从网上收集大量信息包括不迫切需求的信息	30.5	25.8	15.3	29.9	45.7	61.3	46.5	57.8	22.3	10.8	38.2	11.6
通过网络查询资料时被其他信息吸引而偏离原目的	19.3	21.5	11.8	29.2	60.3	53.8	52.1	57.5	19.0	19.5	34.7	12.3
上班工作时间玩手机或通过手机上网(学生卷此题为:上课时玩手机或通过手机上网)	12.5	32.3	7.6	29.7	54.3	54.8	45.1	56.7	31.9	12.9	46.5	12.3
第一时间转发各类求助、警示信息而不加分辨	4.0	4.3	2.8	7.8	28.0	44.1	27.1	38.0	66.6	48.4	68.1	53.3
在网络上发起话题或者组织讨论活动	6.8	14.0	4.2	7.2	39.8	31.2	39.6	44.5	52.1	52.7	54.9	47.5
参与网络"人肉"搜索	2.2	1.1	2.1	4.6	13.1	15.1	7.6	17.5	83.3	81.7	89.6	77
传播、浏览他人隐私信息或图片	4.1	3.2	0.7	7.2	21.0	15.1	11.1	20.0	73.6	80.6	86.8	72
花费大量时间在网络游戏尤其是互动升级的游戏中	5.7	6.5	0.7	8.2	18.6	37.6	21.5	29.1	74.6	53.8	76.4	61.5
花费大量时间通过QQ、微博等进行人际交流	29.0	31.2	17.4	29.5	49.4	41.9	45.1	51.1	20.0	25.8	36.8	18.5

续表

问题项	经常				偶尔				从不			
	城市职业青年	进城务工青年	农村青年	高校学生	城市职业青年	进城务工青年	农村青年	高校学生	城市职业青年	进城务工青年	农村青年	高校学生
浏览访问色情网站，或进入成人聊天室等	3.3	1.1	1.4	5.8	13.5	25.8	4.9	20.9	81.7	72.0	93.1	72.3
网络聊天或发表看法时使用不文明的语言或图片	2.8	12.9	0	7.1	25.0	12.9	9.7	30.5	70.2	72.0	89.6	61.3
出门忘带手机或手机没电无法使用时感到不安	27.3	14.9	12.5	24.5	20.1	51.6	55.6	51.8	22.0	33.3	31.3	22.3
用手机偷拍他人	2.1	2.2	0.7	6.7	17.2	10.8	13.2	32.2	79.4	86.0	85.4	61.1
主动脱离网络或手机，如故意断网、关机	4.8	15.1	2.8	9.4	48.3	50.5	39.6	59.3	45.7	33.3	56.9	30.3
乘坐公共交通如地铁、公交时认真观看移动电视节目（学生卷此题为：随意复制、粘贴网上信息拼凑论文、完成作业）	17.2	33.7	4.9	16.7	61.9	62.0	56.3	56.7	19.3	4.3	38.9	25.7

（四）青年对新媒体的认知与评价：有选择的信任，正面评价为主

调查结果显示，面对新媒体平台上发布的各种新闻信息，大部分受访青年能够采取较为理性克制的态度，有高达87.9%的受访学生和85%的社会青年，对这些信息持"有选择性的相信"，他们给出的理由主要可以归结为五种：一是网络信息量庞大，难免有错、假信息；二是一些信息的发布平台不具有权威性；三是出于炒作、博取关注等各种原因，平台有意编撰、发布虚假信息；四是平台的立场、角度等各异，都存有一定片面性；五是"网络信息有真有假，要坚持自己的独立思考和独立判断，不可人云亦云"，更相信自己的理性判断力。也可能是基于这些原因，部分受访人选择了"无法分辨"的选项（见图7）。

新媒体平台的一大特点，是信息发布源的分散性和多元化，在众多信息源中，青年群体更倾向于信任哪个来源呢？调查显示，在从网络上看到的时

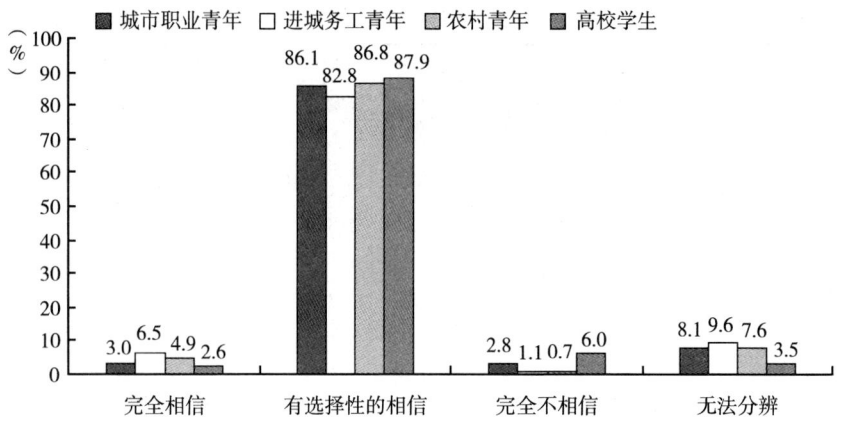

图7 四类青年面对新媒体平台上发布各种新闻信息的态度

政新闻、消息或观点与官方媒体相违背的情况下,超过一半的受访学生(54.5%)和社会青年(54%)首选信任"官方媒体"。值得注意的是,就群际分化来看,农村青年首选"官方媒体"的比例最高,达68.1%,其次是高校学生,而城市职业青年和进城务工青年的此项选择比例没有超过50%,分别为47.8%和46.2%。

此外,有25.8%的受访学生更倾向于信任网络民间媒体(如微博名人),选择此项的城市职业青年和进城务工青年则分别有22.1%和32.3%。少部分受访学生选择海外媒体以及持不确定的态度(各占9.2%),城市职业青年为14.2%和13.3%,进城务工人员为4.3%和12.9%,均远高于农村青年在这两方面的选择率(见图8)。

在进一步解释做出此种选择的理由时,大部分青年认为,总的来说,官方媒体比较权威、谨慎、可靠,而"网络水军"的存在导致民间舆论的真实性大打折扣。选择民间媒体的受访青年则对官方媒体有强烈的不信任感,认为官方媒体和海外媒体有可能出于意识形态、国家利益等原因对信息进行处理,有"隐瞒部分真相"的嫌疑,"政府的公信力缺失"也导致官方媒体不可信;而民间媒体"是站在我们这一边"的,能够"为民众说话",是"为了寻求真相"的,更有说服力。还有少部分受访青年不做出明确选择的

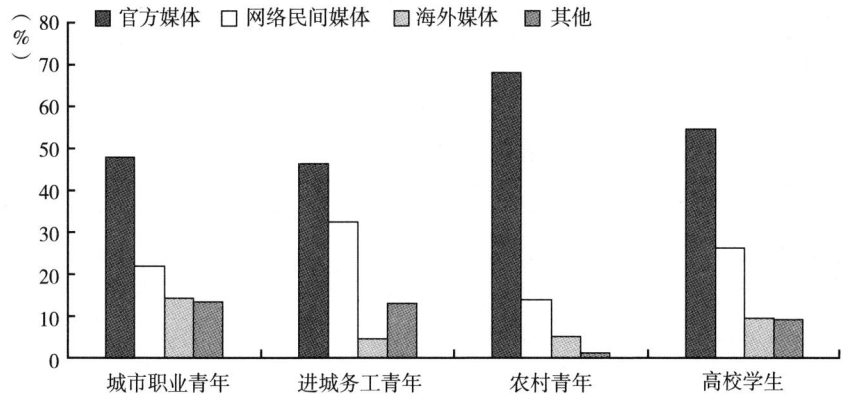

图8 四类青年对媒体信息的信任情况

原因是认为各方"均不可信,要有自己的判断",要保持"中立",应该对各种来源的信息做综合判断,更相信自己的理性分析。

新媒体的显著特点是在社会舆论表达方面的自传播性和便利性,对此广大青年又是如何看待的呢?调查结果显示,受访青年对新媒体在社会舆论表达方面起到的作用主要持积极评价。有63%的受访学生和平均60%的社会青年受访者认为,新媒体"为民众提供了更方便的表达渠道,促进言论自由",一半左右的受访学生(51%)和社会青年受访者(48.5%)肯定了新媒体"传递信息多元化,有助于发掘真相"的作用。当然,也有部分受访青年(11.2%的受访学生和8.9%的社会青年受访者)认识到新媒体会"被利用于散播谣言,扰乱社会舆论环境"。总体来讲,青年群体对新媒体的评价趋于正面肯定,并希望新媒体在传递信息、发掘真相、提供民众表达渠道、促进言论自由等方面发挥积极作用。

以上调查结果也反映了青年群体对新媒体使用时有较为理性克制的态度,并具有一定的分析辨别能力。我们设置了近年来在网络上流传较广、影响较大的一些已经被证伪的谣言,以考察不同青年群体对这些谣言的看法和态度。从调查结果看,大部分受访青年对这些谣言采取的态度是"将信将疑,求证",第二位选择是"不相信,置之不理"。比较来说,前者是积极性态度,包括了怀疑、求实的理性认知过程;后者则是消极性态度,不相信也不理会(见表4)。

表4 四类青年对网络信息的信任情况

单位:%

对网络信息的第一反应		军车进京、北京出事	艾滋病患者用毒针扎人	章子怡被限制出境	羽毛球被奥运会开除	广州一罪犯狱中遭多名黑人奸杀	佛山限购限牌	使用微波炉会致癌
信以为真,转发传播	城市职业青年	3.3	5.9	2.0	2.0	2.8	7.7	8.9
	进城务工青年	2.2	12.9	1.1	3.2	3.2	8.6	8.6
	农村青年	2.1	6.9	1.4	1.4	3.5	9.0	9.0
	高校学生	6.6	10.6	4.4	4.8	6.2	10.7	10.4
将信将疑,求证	城市职业青年	40.8	65.1	31.7	38.0	36.6	58.1	62.7
	进城务工青年	35.5	53.8	22.6	20.4	30.1	41.9	46.2
	农村青年	41.0	54.9	29.2	26.4	33.3	41.0	56.3
	高校学生	45.9	58.5	33.1	38.2	41.7	48.3	57.7
不相信,置之不理	城市职业青年	27.0	17.6	32.3	34.8	24.2	13.0	15.4
	进城务工青年	30.1	15.1	29.0	26.9	19.4	16.1	17.2
	农村青年	19.4	12.5	29.2	30.6	16.0	11.1	9.7
	高校学生	21.9	17.6	30.4	32.2	17.9	15.6	14.4
主动辟谣	城市职业青年	4.2	1.7	1.3	3.1	1.2	0.9	1.3
	进城务工青年	3.2	7.5	11.8	9.7	6.5	5.4	5.4
	农村青年	4.2	2.8	2.1	3.5	0.7	2.8	1.4
	高校学生	1.3	1.5	1.2	3.9	2.0	1.5	2.1
没听说该消息	城市职业青年	24.1	9.3	31.8	21.2	43.2	19.4	10.5
	进城务工青年	29.0	10.8	35.5	39.8	38.7	26.9	21.5
	农村青年	31.9	21.5	35.4	36.8	44.4	33.3	20.8
	高校学生	23.0	10.9	29.7	19.3	30.5	22.5	14.1

值得注意的是,仍然有少数青年对这些谣言"信以为真,转发传播",特别是那些带有政治性的谣言,而能够正确辨别并"主动辟谣"的少之又少,四类青年中唯有进城务工青年表现稍微积极一些,主动辟谣者比例能接近或超过5%,个别谣言的主动辟谣者能达到10%以上,而其他三类青年主动辟谣者比例均在5%以下,总的来说,转发谣言者的比例是主动辟谣者的2~3倍。

此外,我们在设计这一问题时,特意选择了政治、社会生活、娱乐、体育、本地时政、经济和日常生活等几个方面有代表性的谣言为题,结果显示受访青年对上述题目中涉及社会生活和日常生活两方面的谣言"信以为真"的最多。也有相当部分的受访者对这些谣言并不知情,特别是政治、社会事件等方面的谣言,这也从侧面反映出青年群体使用新媒体关注内容的侧重点。最为突出的是农村青年有平均30%以上的人"没听说过"题目中的信息,这应该与其对新媒体的利用率低于其他三类青年群体有关。

(五)对地方政务微博等媒体平台:关注度不高,需求度较高

微博是近年来发展最为迅速的新媒体平台之一,广州地方政府和青年团组织也在全国范围内较早利用微博平台开展工作且取得了一定成效。因此,我们在调查中特意以微博为例,选取了几个具体的广州地方政务微博,了解广大青年群体对微博的使用情况及对地方政务微博的关注程度。

调查结果显示,大部分受访学生所在高校团组织已经开通微博,比例高达79%,而且这些高校团组织微博的运营效果尚可,有35.7%的受访学生表示,所在高校团组织微博"发布回应及时,深受学生欢迎",另有35.8%的受访学生表示,所在高校团组织微博"发布多回复少,提意见无回应"。

在使用微博关注对象的情况方面,大部分受访学生以关注"同学、朋友"和"家人、亲戚"为主,分别达到86.2%和55.5%,"社会名人""偶像明星""老师""媒体单位"四者紧随其后,分别达到46.7%、34.5%、32.5%和32.3%。相比之下,关注各类民间组织、政务组织和商业组织的则不多,分别只有19.1%、12.9%和12.8%。社会青年受访者的选择结果与此相同,排名顺序完全一致,仅比例稍有差异。这一点从随后询问是否关注广州青年团组织的官方微博以及广州市政务微博的回答中也可以看出来。

调查显示,仅有8.2%的受访学生关注广州青年团组织的官方微博,偶

尔关注的占28.3%，而不关注的则高达41.8%。同样的，对广州市政务微博关注情况的调查结果显示，仅有14%的受访学生关注"@中国广州"，在微博上知名度很高、被评为政务微博第一名的"@广州公安"，也仅有19.3%的受访学生表示有关注，不关注的则有39.6%。而在这些开通使用微博的受访学生中，不知道有这些政务微博的仍达25.8%之多。

社会青年受访者的情况也与此类似。调查结果显示，社会青年对广州地方政务微博的关注度并不高，知名度较高的"@广州公安"也只有平均25%的受访者关注。在三类社会青年中，进城务工青年对政务微博的关注度最高，有36.6%的人关注了"@广州共青团"，但农村青年关注的人只有9%。更多的青年是"以上都不关注"或"不知道这些政务微博"，当然也有部分受访者不使用微博，尤其是农村青年群体。

为进一步了解社会青年对政务微博和团组织官方微博的关注偏好，我们设置了"如果广州青年团组织利用新媒体平台发布信息，您更希望获取以下哪类信息"一题。结果显示，除"婚恋交友类"信息外，其他选项的信息类型都有相当高程度的需求，说明青年人希望可以在广州青年团组织的新媒体平台上获取多方面的、实用性的信息（见图9）。

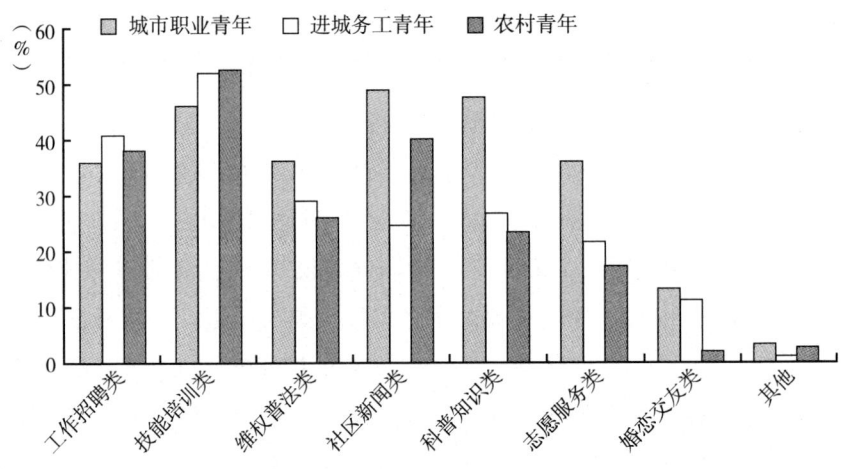

图9 三类青年对共青团组织利用新媒体平台发布信息的选择情况

三 问题分析

以上调查结果表明，广州青年新媒体使用有普遍化与高频化的趋势，新媒体使用需求呈现出生活化与实用性的特征。新媒体已经成为青年人融入社会的一个重要途径，对青年的自主社会化与社会融入，产生重大的影响。广州青年对新媒体平台发起的活动参与程度高、"群际差异"明显，参与行为多样化并热衷于团购、交友以及志愿者服务；总体而言，广州青年对待与利用新媒体的态度与行为，较为理性与克制。然而，调查结果也显示，广州青年对党团组织与政府的官方新媒体平台（如"政务微博"等），关注程度偏低，需求程度较高。

有效运用新媒体对青年思想引导，是我国当前处于全球化、信息化与文化多元化境遇中共青团青年工作的一项时代重任。这就不能仅仅满足在总体上把握青年新媒体应用的一般特点，还要深入分析与揭示青年在新媒体使用偏好的表象中，潜在或明显地反映出来的一些现实问题。

（一）青年正趋向"新媒介化生存"，部分青年（尤其是大学生）出现"新媒体依赖"问题

大众传媒的面世，在人类生活中逐渐建构出一个信息传输与社会关系"投射"的工具性平台，与人们的公共生活与日常生活高度融合，以媒介为中心的生活方式，被称为"媒介化生存"。随着互联网的发展并与现代通信相结合，网络世界日益兴旺，人们在沉迷于"媒介造就新生活""网络创造历史"等种种"神话"的同时，网络伦理困境、网络沉迷与网络成瘾等一系列社会问题，使"媒介化生存"或"网络化生存"对人构成的负面影响，引起了人们的警觉。这就是所谓的"媒介异化"问题。加拿大学者麦克卢汉曾断言："我们塑造了工具，此后工具又塑造了我们"，并且深刻地指出了人与媒介的一对悖论："任何发明或技术都是人体的延伸或自我截除"。[1]

---

[1] 〔加〕马歇尔·麦克卢汉：《理解媒介——论人的延伸》，何道宽译，商务印书馆，2000，第4页、第78页。

"人体的延伸"好理解,如电脑是人脑的延伸;而"自我截除"的隐喻是:一旦过分依赖某种技术(媒介)或者它对人构成极强制约时,人的某一器官的功能就会萎缩,如长期沉溺于多媒体网络世界,可能会造成人的"感性放纵"与"理性麻痹"。这就深刻地揭示出技术(媒介)在人类生活中的正、负两面效应。如果说,网络以其虚拟性、交互性、平等性生成"类似于"现实人际交往的社会属性,使人容易在网上世界中流连忘返的话,当今网络媒体与移动媒体高度结合的"新媒体",加上自媒体性、实时性、便捷性等技术特性,更容易造成"新媒体化生存"的现实。而新媒体上述一系列特性,与我国当代青年在思想意识上的开放性、多元性、个性化、自主性、求新性以及理想性,又有着不同程度的契合与融通,这就不难理解青年人为什么总是喜欢随身携带手提电脑、平板电脑以及智能手机,为什么在公共场合总是看到众多年轻的"低头一族"。

广州青年新媒体使用的普遍化与高频率,从一个侧面说明青年人正迈向"新媒体化生存"。调查显示,尽管不同的青年群体在经济独立与收入水平上差距较大,但用于新媒体的消费,差别并不大,大部分在每月50~200元,超出200元或300元以上的,也有一定比例;大部分青年人熟悉新媒体各种服务,使用起来得心应手,每天登录新媒体;高校学生新媒体使用时长最高,1~3小时占44.4%,3~5小时占29.2%,5小时以上有15.9%,城市职业青年与进城务工青年利用新媒体大部分在3~5小时,只有农村青年稍低。这表明,新媒体使用在青年人的生活中非常普及,占有相当大的比重。

当今青年人对新媒体的青睐,除了青年人追新求变、个性张扬、自主独立的性格驱使之外,还有种种复杂的现实需要,如为了学习、工作与娱乐休闲,生活劳碌、工作繁忙而熟人会面的机会少,"陌生人社会"中对他人的不信任,社会流动异地生存而融入社会的需求等。可见,新媒体在青年的生活中发挥着相当重要的作用,青年"新媒体化生存"有一定的必然性。

问题是,正如人与媒体的悖论一样,青年人在享用着新媒体的便捷好处的同时,也会不知不觉深受其影响。网上流传的"手机控""安卓控""网购控""网恋控"等一系列"控"字的自由组合词汇,颇有意味。这里的"控"不是指人控制媒体,而是媒体控制人,也就是媒体异化。尽管以上的调查,并无数据直接表明青年人普遍出现诸如网络沉迷或"网瘾"等现象,相反,大部分青年的新媒体使用行为较为理性与克制。然而,调查数据也显示,一部分青年尤其是大学生,存在对新媒体使用过度与过于依赖的问题。这里再以调查的三个问题为例:一是不能使用网络时烦躁不安,想尽办法上网的高校学生有18.8%选"经常",61.3%选"偶尔";二是对从网上收集大量信息包括不迫切需求的信息的高校学生,选择"经常"与"偶尔"选项的,分别为29.9%与57.8%;三是对"随意复制、粘贴网上信息拼凑论文、完成作业的高校学生,选择"经常"与"偶尔"选项的,则分别为16.7%与56.7%。而其他青年群体,在第1题中选项大致相当,进城务工青年选答"经常"(24.7%)的,高于大学生的比例。以上几个问题,反映出青年新媒体使用行为的控制力、目的性与道德理性,而在答案中,不难发现其中之"失控"。对于这种情况,在某种意义上可以认为,一部分青年(尤其是大学生),已经出现"新媒体依赖"的征候。

青年"新媒体依赖"问题值得关注。这不仅由于"过度、依赖"最容易导致"沉迷、成瘾",而且还在于长期的依赖,会使青年的思想行为深受新媒体的负面影响。这个问题早已引起人们的重视。在中、外学者对关于"媒介(包括新媒体)依赖"的研究中,已经形成不少有共识性的观点:媒介依赖容易导致人的"浅阅读"心理与习惯,消解与削弱价值判断和逻辑分析能力;媒介依赖容易造成人的"感性放纵"与"理性麻痹";媒介依赖使人不自觉地受到多元庞杂的媒介文化影响,容易导致价值迷失或者不加分析地认同各种流行的"游戏规则";媒介依赖容易使人产生媒介能解决一切问题的虚妄(如相信网上曝光、人肉搜索能解决社会的公平正义问题);媒介依赖容易导致网络群体行为的非理性与失控,等等。因此,共青团的青年工作,应该高度重视与认真思考如何通过思想引导与行为指引,使青年更加理性、健康地使用新媒体,走出"新媒体依赖"的困境。

（二）青年新媒体使用偏好的生活化，反映出受青年文化的世俗化影响

新媒体对青年个体产生的影响，是通过青年文化为中介的。其内在的作用机理是：青年的新媒体使用形成人际的虚拟互动，生成与传播由群体性的兴趣与偏好凝结的、以某种共同价值取向为内核的青年文化，从而对青年个体的思想行为产生潜移默化的影响，并反过来强化青年对新媒体的使用习惯与价值偏好，使个体与群体、媒介与文化形成不断的相互涵化。在今天新媒体日益强盛的"e时代""微时代"，新媒介对青年文化的形塑，引人瞩目。青年媒介文化或网络青年文化，几乎成为以往青年文化或青年亚文化的替代词。我国当前处在社会转型中，新媒体正以其"去中心化""分众化""碎片化"的社会属性，进一步加剧由于社会分层与社会流动而导致的青年代群日益结构离散、多元分化的状况，打碎了以往有着高度统一性与"代际特色"的青年文化，使之趋向族群化、多元化以至碎片化。

探讨新媒介与青年文化的相关性，并非本文的目的。这里仅论及调查中引申出来的一些思考。

或许我们已经注意到，以上调查的一个显著特点就是青年在新媒体使用之目的用途与内容选择上，呈现出生活化与实用性特征。简言之，就是青年新媒体使用偏好的生活化。这其实与青年文化的世俗化有内在的关联。

表面上看，无论新媒体使用偏好的生活化，还是青年文化的世俗化，都无须非议。这正好体现了我国社会在改革开放中的一个发展趋势，即政治生活从"空洞说教"的宏大叙事，转向关注民主民生；文化生活"去政治化"而走向生活化。因而，青年文化从以往的精英化与政治化，转向当下的世俗化与娱乐化，有一定的必然性。再看调查中所显示的青年新媒体使用基本情况：大学生使用新媒体的主要目的，排在前三位的是为了满足学习、社会实践以及休闲娱乐，其他三类社会青年的前四位，是出于工作、学习、社交和休闲的需要；对于使用新媒体的用途，大部分青年选择即时通信、信息获得、交流与发布、消费购物；对于新媒体关注的内容偏向，大学生选择的前

四位是时政新闻、求职就业、婚恋交友和教育培训类（考研、考公务员等），其他青年选择的前四位是时政新闻、生活资讯类、娱乐八卦类、技能培训类；对于参与新媒体发起的活动，不同青年首选前三位是团购、交友和志愿者服务。这些数据既反映出青年新媒体使用偏好的生活化特点，也反映出青年文化世俗化的印迹，但都似乎可以说是充满"正能量"（如关心"时政新闻"等）的、健康向上的。

这里的问题集中在青年文化的世俗化上。稍加分析不难发现，我国当代青年文化走向世俗化的成因，极为复杂。除了上述我国社会的政治与文化生活的主题转换以外，西方外来文化的冲击、商业文化的冲刷、流行性与娱乐性对大众文化的挤占，不断解构或变构青年文化。在这一过程中，青年文化的价值重心在下移到世俗化、生活化、实用化的平台的同时，在不同程度上，又受着利己主义、实惠主义、消费主义、享乐主义的影响，成为品流复杂、形态多样以及变换无定的"新"青年文化。由此，一些青年人的思想行为，浮现出放逐理想、取媚世俗、少年老成、势利市侩、消费至上、娱乐至死的斑点杂色。这或许在青年人中只是少部分。然而，问题的焦点在于，正是由于当代青年文化的世俗化中夹杂着利己主义、实惠主义等低劣因子，这可能会使当今的青年文化，逐渐失去我国传统青年文化那种青春激荡、忧国忧民，有理想、有担当的耀眼光彩，消解这一文化中理想主义、爱国主义、理性主义的优秀传统。一句话，青年文化的世俗化背后隐藏的根本问题是：理想主义消退、功利主义崛起。这才是我们应予以重视的。有学者甚至不无忧虑地认为，以上的情况，预示着传统意义上的"青年文化"正在被当下的"青春文化"所替代："在这里，启蒙中国的激情被消费生活的激情所替代，塑造自我的理想被狂欢体验的梦想所替代，充满乌托精神的'青年文化'，被享乐主义的'青春文化'所替代。"① 可见，当前新媒体语境下的青年工作着力于社会主义核心价值观，引导青年的思想价值以及引领青年文化的健康发展，非常必要，但困难也很大。

---

① 周志强：《这些年我们的精神裂变》，社会科学文献出版社，2013，第26页。

然而，本次调查的一些数据，似乎会反驳我们的观点。比如，说当今青年文化的世俗化容易使青年人缺乏远大理想，关心生活超过关心政治，那么，如何解释调查中大部分青年所关注的新媒体内容，占第一位的是时政新闻呢？其实，对诸如此类的问题，有学者早已作过解释，因为青年人"所关心的'社会政治'往往是与自己切身利益关系密切的日常政治问题（如改革措施、国家政策、社会法规对自身前途的影响）"①。这大概也是调查中大部分青年对"强国论坛"这类网络社区关注度很低、但参与新媒体发起的"团购"却最为踊跃的一个原因吧。这种"个人利益本位"的政治价值取向，固然不应指责，但难道不需要"引导"吗？

（三）少数青年对"网络谣言"偏听偏信

近年来，"网络谣言"成为我国社会高度关注的一个热点。2011年3月全国"两会"期间，一个引人瞩目的现象是：代表委员呼吁我国政府尽快立法，治理"网络水军"问题，惩治不法的"网络推手"②。在2013年中旬，有报纸对即将出版的新媒体蓝皮书系列的《中国新媒体发展报告No.4 (2013)》一书做宣传时，披露了一个惊人的消息：该书一项调查研究的结果表明："微博热点三分之一是谣言"③。因而，本次调查我们也重点考察了青年在新媒体使用中对"网络谣言"的态度与行为。

调查的结果基本是令人满意的。对问卷给出的各种已被证伪的"网络谣言"，大部分受访青年采取的态度是"将信将疑，求证"，其次，是选择"不相信，置之不理"。这反映出大部分青年在新媒体的信息使用上是理性、自律的。这一结论，在我们考察青年在对待新媒体平台的新闻信息的态度时，也得到印证。在该题的回答中，有高达87.9%的大学生与85%的社会

---

① 杨雄：《当代青年文化回溯与思考》，河南人民出版社，1992，第271页。
② 网络水军指受雇于网络公关公司，为他人发帖、回帖与造势的网络人员。他们在各大网站发帖、"绑架"舆论、"炮制"热点新闻、"制发"谣言；网络推手则指那些指挥网络水军、在幕后运作的策划人员。
③ 代丽丽：《微博热点三分之一是谣言》，《北京晚报》2013年6月25日。

职业青年，认为应该"有选择性的相信"；而其中的理由包括：网络信息量庞大，难免有错、假信息；出于炒作、博取关注等各种原因，平台有意编撰、发布虚假信息；网络信息有真有假，要坚持自己的独立思考和独立判断，不可人云亦云等。

然而，调查结果也显示，仍有少数青年对"网络谣言"偏听偏信。各类青年中有近10%不等的人，对"网络谣言"的态度是"信以为真，转发传播"，能够正确辨别并"主动辟谣"的非常之少，甚至转发谣言者的比例是主动辟谣者的2~3倍。稍加分析，还可以发现，少数青年人对"网络谣言"的"偏信"与"偏听"有关。调查显示，凡是关涉个人切身利益的谣言，较容易吸引青年的注意力（偏听），从而容易导致偏信。比如，用"微波炉会致癌""艾滋病患者用毒针扎人""佛山限购限牌"的谣言，选择"相信、转发"或"将信将疑、求证"者的比例，明显高于政治、娱乐、体育方面的谣言。这说明谣言的流传与人的切身利益密切相关，习惯于仅仅从个人利益及立场出发看问题，难免偏听偏信。这或许是共青团的青年工作在对青年思想引导中，应该引起注意的地方问题。

在今天全球化、信息化、多元化的复杂社会中，"网络谣言"的成因与生成机理极为多样与复杂，"网络谣言"在政府民主法制的治理、媒体有社会责任与良心的公共传播与说理，以及公民言行的自觉与自律、自理等共同作用下，或许会得到一定程度的"遏制"，但似乎难以永久消除。对青年来说，要防止被"网络谣言"伤害，根本的办法，要提高自身的媒介素养。这也是共青团的青年工作者应该重视少数青年对"网络谣言"偏听偏信问题的一个理由。

（四）青年工作"新媒体服务"仍需加强

面对网络时代新媒体全面介入我国社会的经济、政治、文化以至整个现实生活，我国青年工作的反应是迅速的。无论党团的青年工作，还是政府的青年社会工作，都很快树立以新媒体吸引青年、维系青年、覆盖青年以及服务青年的意识，展开以转变工作方式为要务的行动。一个显著的表现，是各类面向青年的新媒体官方门户平台，纷纷面世，以播放主流声音、推广公益理念、分析舆情、推行有特色的"微服务",备受好评,影响广泛。比如,综合影响力列全国城市共青团组织第一名的"@广州共青团"新浪官方微博,打出"团务工作新平台、思想引导新平台、服务青年新平台、集思广益新平台、互动交流新平台"的招牌,努力去打造"广州青年的活动根据地""广州青年的心灵加油站""广州青年的生活小 siri""广州青年的议事麦克风""广州青年的知心老友记"等平台,并使其拥有众多粉丝。

然而,本次调查也显示出一个令人颇感意外的信息:广州青年对党团与政府的政务类官方新媒体平台,关注程度不太高,但需求程度却较高。调查显示,大学生对广州青年团组织的官方微博,表示"关注"与"偶尔关注"合计达不到半数;对知名的"@广州公安",表示关注的也仅占 19.3%;几类社会职业青年的情况,也大致相当,对"@广州公安"关注的平均比例约为 25%。值得注意的是,进城务工青年对政务类微博的关注度最高,有 36.6% 的人关注"@广州共青团"。这反映出这类群体异地工作生活对新媒体信息服务有需求。

对"关注度偏低"应作具体分析。这可能受本次调查的取样限制。同时,也可能是"私微"与"官微"本身的区别所致。对"微博关注对象"的调查显示,各类青年关注的序列依次是:同学、朋友、家人、亲戚、名人、偶像明星、老师,而商业组织、媒体单位、政务微博以及民间组织,均位居后列。这反映了新媒体的虚拟交往,与现实的人际交往一样,往往是从熟人世界到陌生人世界,从私人交往到公共交往。此外,正如"微博"兴起挤开了"博客"一样,近年来自媒体性、私密性与便捷性极强的"微信"出现,也使不少青年人从"微博上@"转向"玩微信"。因而,一项关注率的数据,似乎并不能说明什么问题。

不妨说,关注率不高而需求程度高,则值得重视。这里的问题,并不在于后者可能是前者的成因,而在于它从中折射出当前青年工作中所存在的一对矛盾,即新媒体服务的供与需的矛盾。就此而言,青年工作的"新媒体服务",仍需进一步加强。一方面青年人对新媒体服务的需求,呈现出多样化与程度高的趋向。调查结果显示,除"婚恋交友类"信息外,各类社会职业青年的信息服务需求，大致依次为技能培训类、工作招聘类、社区新闻类、维权普法类、科普知识类，其中一些服务项目（如技能培训类）需求的比例，占50%上下。另一方面各类组织的共青团在利用新媒体开展信息服务时，仍存在一些亟待解决的问题。

第一，团干部人数少、流动性大，但服务对象面广而众多，工作压力大，难以提供周全的服务。而有志愿者支持的组织，其新媒体的信息服务则较为健全，满意度也较高。

第二，服务项目较少、服务素质有待提高。调查了解到，各类组织的共青团多数开通了新媒体官方平台，尤其是微博、微信，有一定的粉丝支持；在抽样的高校团组织中，开通微博的比例高达79%，运营效果尚可，有35.7%的大学生表示，其所在高校的团组织微博"发布回应及时，深受学生欢迎"。然而，也有35.8%的大学生对"发布多回复少，提意见无回应"表示不满。目前各类组织的共青团依托新媒体的信息服务，多集中于事务通知、关注舆情以及时政宣传，一些组织的共青团，能够利用新媒体开展组织文化活动①，如慰问、娱乐等，或者制作电子杂志、拍摄"微电影"等。但总体而言，项目相对较少，远未能覆盖青年工作的丰富内容。

第三，团干部的专业素质，有待进一步提高。在访谈中有人提及，在新媒体上对青年人一些带有"敏感性"的提问，受政策水平限制，不知如何应答，由此出现"无回应"现象；制作新媒体发布的视听信息材料，由于受专业信息技术限制，也成为一些青年工作者的难题。

四 对策建议

在新媒体语境中对青年思想引导，是一项庞大的系统工程。对此，共青团中央十分重视，提出了包括依托新媒体的"分类引导"的顶层设计，从

---

① 这里的"组织文化"，是政府的机关文化、企业单位的企业文化以及学校的校园文化等统称。以下出现该术语均为此用法。

决策思路到行动方案，已形成纲要式的指引，由上而下向省、市各级共青团推广；而地方共青团组织，则从各自的实际出发，结合已有的工作体系与实践经验，不断探索与推进这一工作，取得了很大的成效。就广州共青团而言，这方面的创新实践与某些领先经验，尚待进一步总结。以下主要针对本次调查研究的结果与存在的一些问题，提出简要的建议。

我们认为，要适应青年在新媒体境遇中产生的心理、思想与行为的新变化，要有效地以新媒体为依托对青年思想引导，应在青年工作中确立对青年思想引导的新媒体应用策略。这一策略主要有三项基本内容。

（一）以进一步推动青年的媒介素养教育为基础

2010年全国"两会"期间，15名全国政协委员联名提案，要求大力加强未成年人的媒介（网络）素养教育，建议媒介素养教育进学校、进课堂，全面提高中、小学生的网络道德规范和网络应用能力，并建议教育行政部门应该尽快采取措施，将媒介素养教育纳入中小学的正式课程中，通过课程、教材与教学，使素养教育落到实处。强调媒介素养培育"从小抓起"，说明媒介素养教育是人处于信息化时代生存发展的必修课。近年来，社会上的媒介素养教育呼声与实践持续高涨与升温并逐渐推开。尽管目前人们对"媒介素养"和"媒介素养教育"之内涵和构成的理解不尽相同，对不少关键性问题尚未达成共识，但不约而同地把媒介素养教育，看成是我国当代的素质教育的一个重要组成部分，对这一教育重要性和迫切性的认识，已逐步趋于一致。

对青年人以至成年人来说，由于以往媒介素养教育的缺失，当下面临的是"补课"问题。不仅如此，正如美国学者瑞妮·霍布斯所言："媒介素养教育可以化解媒介文化的消极成分""促使人们反思自己同商业文化的关系"。[①] 因而，媒介素养教育，是解决青年人中存在的"新媒体依赖"问题、

---

① 〔美〕瑞妮·霍布斯：《美国媒介素养教育运动中的七大分歧》，《国际新闻界》2003年第1期。

"网络谣言"偏听偏信问题以及网络伦理规范问题的有力措施之一，也是应对世俗化、功利化的青年文化对青年心理、认知与行为所造成的不良影响之基本策略。可见，对青年思想引导的新媒体应用策略来说，媒介素养教育处于基础地位。

在我国，目前媒介素养教育正在逐步纳入国民正规教育体系，在不少高校中，《媒介素养》已经正式成为一门专业课或通识教育课。共青团应进一步推动媒介素养教育。其思路可考虑：一是针对青年服务对象，尤其是社会职业青年，依托普通高校、团校，分类开展媒介素养的培训教育，以及形式多样的实践教育；二是媒介素养教育内容的重点，应放在媒体的伦理价值观与哲学思维层面，帮助青年形成对媒体信息与媒体行为的反思与批判的能力，而非在新媒体应用技术上；三是媒介素养教育的对象，还应包括青年工作者，可采取定期培训、轮训的方式展开，除了思想性的教育内容外，要从青年工作的要求出发，强化青年工作者在新媒体应用方面的功能性素养。

（二）以新媒体条件下先进青年文化建设为核心

新媒体语境中以先进青年文化建设，作为青年思想引导的核心环节，既是在青年中培育与践行社会主义核心价值观的一个基本要求，也是应对当前世俗化与功利化的青年文化挑战的一项根本举措。先进青年文化，是一种发扬优秀的青年文化传统、体现社会主义核心价值观的"红色青年文化"。它本身是社会主义先进文化的组成部分，对帮助青年形成积极的人生态度、良好的道德品质、务实的工作作风、友爱的公共精神以及健康的生活情趣有重大作用。

进入网络时代以来，由于世俗化、功利化的青年文化快速抢占新媒体，以致一度形成"新媒体—世俗化的青年文化"与"传统媒体—社会主流文化（包括先进青年文化）"相对分隔的局面，这使得近年来先进青年文化多以"攻占"或打造新媒体主阵地作为先进青年文化建设的主要任务。开通官方网站、博客、微博、微信，建立QQ群，制作手机报，拍摄"微电影"等，成为一个个工作的热点。而当前的先进青年文化建设，除了巩固好、使用好以及继续开拓新媒体的主阵地之外,还应根据新媒体条件下青年的心理、思想与行为变化的新特点,探索与创新先进青年文化建设的内容、途径与方式。

结合广州共青团的实践经验,可以考虑以下两个要点。

第一,在全社会范围,先进青年文化建设除了继续开展好各种主题教育活动(如"中国梦、我的梦""青春奉献新型城市化"等)之外,要把一些创意好、个性鲜明、特色显著的城市文明风尚引领活动,如"大拇指行动""志愿者活动"等,打造成地方的品牌,广泛吸引青年参与,广泛吸纳社会资源,持续推开,形成一种先进青年文化建设社会化的格局。使这些活动如同当年"微笑的广州"活动一样,在全国产生辐射性的影响。

第二,在机关与企事业组织,按照团中央"分类指导"的指引,根据不同青年群体的文化需求,按照不同组织的管理文化建设的要求,大力开展与深入推进组织文化建设,发挥青年在其中作为重要的主体力量的作用。

(三)以强化青年"新媒体服务"为切入口

青年思想引导属于思想政治教育,其主要的方式是系统的宣传教育。然而,新媒体条件下,青年人本能地排斥空洞的"政治说教"。这不仅要求我们变"灌输"为"互动""对话",积极应用新媒体开展宣传教育,而且要求青年思想引导落到实处,也就是落实到青年的智力开发、特殊利益保护(学习受教育、劳动就业、生活保健、恋爱婚姻、闲暇娱乐)、择业能力培训、娱乐消费指导、恋爱婚姻指导、社会参与提供等一系列青年工作的实务之中。当然,以上的一些工作项目,现在已经被归入政府专业化的青年社会工作。但上述的工作项目,是青年在工作、学习与日常生活中必不可少的,是青年生存发展中实实在在的需要。青年工作理所当然要为青年提供这些服务。这样才能获得他们对共青团组织的认同。同样,青年思想引导只有同青年工作的实务相结合并渗透于其中,才能取得成效。实际上,当前不少共青团组织也是这样做的。因此,在新媒体语境中,强化青年"新媒体服务"就成为青年思想引导的一个切入口。

"新媒体服务"是利用新媒体向青年提供的信息服务。其具体内容，应低不同青年的需求以及不同组织的特点而定。这同样要按照团中央"分类指导"的指引，结合实际来设定，找准切入口。

从强化青年"新媒体服务"角度来说，当前迫切的任务，是解决好各类组织在"新媒体服务"中面临的各种难题，使这一工作体系化、规范化、机制化和制度化。基本思路是：一尽可能配备好、稳定住青年工作的人才队伍；二是根据实际确定好、计划好有针对性的信息服务内容；三是提供与保证新媒体信息服务必需的物资、设备与经费；四是建立新媒体信息服务的监管机制；五是加强与培训青年工作者的理论素养与专业技能，使新媒体信息服务向专业化发展，从而提高服务的质量与水平。

Abstract

Annual Report on Culture Development of Guangzhou in China (2015) is jointly compiled by Guangzhou University and Guangzhou Municipal Party Committee Propaganda Department, Guangzhou Administration of Culture, Radio, Film & TV, Guangzhou Association of Social Science Societies. As one of the Guangzhou Blue Book Series and being involved in the "National Book Series" of Social Science Academic Press, the book is for the national public offering. The report which is composed of six chapters including general report, regional culture development, public culture, culture conservation, culture industry and special reports pooled the latest research achievements of many cultural experts, scholars and researchers from academic groups, universities and government departments. The book is the important reference on analysis and forecast of Guangzhou cultural operation and related topics.

The report pointed out that Guangzhou protection of cultural heritage had made unprecedented progress in 2014, and the full protection system covering relatively complete regulations, financial security and policies had been formed. With "One Belt and One Road" initiatives, Guangzhou launched the projects focusing on the excavation the relic traditions in Maritime Silk Road to promote the development of marine culture and traditional culture. Besides, the brilliant cultural benefiting services had maintained the cultural order and environment in Guangzhou.

In 2015, with the high attention to culture construction from the central to local government and the fully implementation of "One Belt, One Road" strategy, as well as the comprehensive promotion of the rule of law, Guangzhou should increase the intensity of cultivation of Cantonese culture, to highlight the cultural image of Guangzhou City. Then, the construction of Maritime Silk Road would be the important opportunity for Guangzhou to be involved in the cultural communication with the Southeast Asia. Further, the increase of financial investment on cultural and creative industries and the public digital culture construction would be the keys to promote the great development and prosperity of Guangzhou culture.

Contents

B I General Review

B. 1 Analysis of Cultural Development in Guangzhou in 2014
and Its Outlook in 2015

    Research Group of Institute of Guangzhou Development of

    Guangzhou University / 001

  1. *Overall Situation of Culture Development in Guangzhou in 2014* / 002

  2. *Main Problems and Challenges Faced by the Culture*

    Development in Guangzhou in 2014 / 011

  3. *Trend and Countermeasures of Culture Development in*

    Guangzhou in 2015 / 016

Abstract: Guangzhou protection of cultural heritage had made unprecedented progress in 2014, and the full protection system covering relatively complete regulations, financial security and policies had been formed. With "One Belt and One Road" initiatives, Guangzhou launched the projects focusing on the excavation the relic traditions in Maritime Silk Road to promote the development of marine culture and traditional culture. Besides, the brilliant cultural benefiting services had maintained the cultural order and environment in Guangzhou. In 2015, Guangzhou should intensify the efforts to foster the world cultural city and promulgate the corresponding policies and regulations. Then, the construction of Maritime Silk Road would be the important opportunity for Guangzhou to be involved in the cultural communication with the Southeast Asia. Further, the

increase of financial investment on cultural and creative industries and the public digital culture construction would be the keys to promote the great development and prosperity of Guangzhou culture.

Keywords: Guangzhou; Protection of Cultural Heritage; Cultural Construction; Maritime Silk Road

B II Regional Development

B.2 The Analysis and Countermeasures Study of Yuexiu Cultural Development

Research Group of the Propaganda Department of CPC Committee in Yuexiu District, Guangzhou / 023

Abstract: Based on the regional and development orientation of Yuexiu District, both the achievement and issues highlighted in the process of Yuexiu cultural development were analyzed to propose the ideas of cultural impetus on Core Area of Beijing Road construction, public services, economic development and spiritual civilization.

Keywords: Yuexiu District; Culture; Resources; Soft Power

B.3 The Analysis of Liwan Cultural Development in 2014 and Prospects in 2015

The Research Group of Liwan Administration for Culture and Radio and TV and News and Publishing / 036

Abstract: Embracing around the "culture guidance" strategy and relevant arrangement, treating the national culture advanced area creation as the priority, and coring on the improvement of public culture welfare, Liwan district actively promoted the construction of public cultural service system in 2014. Furthermore, according to digging and sorting the historic cultural remains, accompanied by reinforcing the cultural market supervision, Liwan district strengthened the cultural tourism promotion and effectively enhanced the quality and image of urban culture. The implementation of "Opinions on Accelerating the Construction of Modern Public Cultural Service System" would be the focus in 2015 for Liwan District in order to improve the overall competitiveness and influence of urban culture with the implementation of relevant cultural work.

Keywords: Liwan District; Cultural Development; Cultural Construction

B. 4　The Action Program of National Culture Development in Nansha District

Guangzhou Administration for Culture and Radio and TV
and News and Publishing
The Research Group of Guangzhou Academy of Social Science / 045

Abstract: This paper summarized the advantages and disadvantages of Nansha district, then analyzed the overall objectives and basic orientations of national culture development in Nansha, as well as the basic ideas and safeguards measures to prompt the culture development.

Keywords: Nansha District; Culture Development; Cultural Industry

B. 5　The Research Report of Cantonese Culture Branding in Yuexiu District in Guangzhou

Yang Yaming / 064

Abstract: With the combination of regional characteristics and Cantonese cultural branding initiatives, the difficulties and priorities of Cantonese cultural

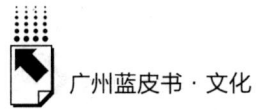

branding in Yuexiu District were discussed in details. In addition, the direction and path of polishing the Cantonese cultural brand was also analyzed.

Keywords: Yuexiu District; Cantonese Cultural; Brand

₿ Ⅲ Public Culture

B. 6 The Research Report of Use of Public Libraries in Guangzhou

    Guangzhou Municipal Bureau of Press and Publication

    Culturephotoelectric Group / 072

Abstract: Questionnaire had been used to collect the information of public libraries used by Guangzhou citizens. According to the statistic results, the utilization rate, degree of satisfaction and distances of public libraries were analyzed. Further, the suggestions on legislation of "Regulations of Public Libraries in Guangzhou" was proposed.

Keywords: Guangzhou; Public Libraries; Satisfaction

B. 7 The Status Quo and Countermeasures of Guangzhou Intangible Cultural Heritage Protection in 2014

    The Research Group of Guangzhou Developmental Academy in

    Guangzhou University / 089

Abstract: In 2014, Guangzhou intangible cultural heritage had gained remarkable achievement as follows: implementation the second intangible cultural heritage census; 52 new intangible cultural heritage inheritors with municipal level and above being identified; the exhibition reflecting the culture benefiting and the marketization being increased; the iconic status of Cantonese Operas being on the horizon; more attention to the intangible cultural heritage adult inheritors school, as well as the various inheritance activities; special subsidies being conducted orderly.

However, some problems in network platform construction and funds use still existed. In order to overcome these difficulties, the research group suggested that consolidating the census results, enriching the website information, conducting various forms of interactive activities, increasing the project grant funding of intangible cultural heritage with more reasonable and scientific use, focusing on the relations between the intangible cultural heritage protection and technology R&D. Last,

Sai Kwan Mansion architectural complex in Liwan should be updated to an iconic cultural and ecological protection zone.

Keywords: Guangzhou; Intangible Cultural Heritage; Culture Benefiting

B. 8　The Status Quo, Problems and Countermeasures of Yuexiu Public Cultural Services System in Guangzhou

Xia Xinnian / 105

Abstract: Starting from the status quo, the new ideas and new methods of Yuexiu public cultural services system construction, the plight and corresponding solutions had been analyzed.

Keywords: Yuexiu District; Public Cultural Services System; Innovation

B. 9　The Study and Suggestions on Strengthening the Protection and Activation of Historic Cultural Heritage in Guangzhou

Gao Xuhong / 112

Abstract: Starting from the status of the protection and activation of historic cultural heritage in Guangzhou, the existing and urgent cruxes were summarized. According to relevant successful cases in and aboard, the countermeasures were proposed to help the government make the appropriate decisions for protection and activation of Guangzhou historic cultural heritage. In details, the gradual improvement and construction of historic cultural heritage protection and activation system should be the first step. Then, other relevant issues including organization establishment of historic heritage, allocation of talents and financial investment had to be accelerated. Third, the incentive mechanism might be explored to assist and support the protectors and activators of historical cultural heritage. Besides, the pilot area and diverse protection models such as encouraging private participation should be attempted. In addition, both planning and practice need to be emphasized to rational use the historical cultural heritage. Last, the propaganda had to be strengthened to fully mobilize the enthusiasm of public protection and activation.

Keywords: Guangzhou; Cultural Heritage; Activation

B.10 The Conservation and Activation of Lingnan Style Cultural Heritage in Liwan District in Guangzhou

The Research Group of Party School of Liwan District Committee of CPC (The Situation Research Center) / 123

Abstract: This paper analyzed the special status and important role of Lingnan Style cultural heritage in Liwan District, as well as the challenges in the process of cultural heritage protection and industrial restructuring, then put forward the strategic thinking and countermeasures of conservation and activation.

Keywords: Liwan; Lingnan Style Cultural Heritage; Conservation

B.11 The Path Exploration of Huadu Ancient Villages Protective Development in Guangzhou

Li Renwu / 140

Abstract: On the basis of the noteworthy and reflective outstanding issues of current protective development of ancient villages, the new ideas of culture integration of culture promotion and industry development had been proposed. Several countermeasures to how to protect and develop the ancient villages with the case study of Huadu Tanbu town in Guangzhou had been recommended.

Keywords: Integration of Culture and Industry; Protective Development; Ancient Villages in Tanbu Town

B Ⅳ Culture Industry

B. 12 The Countermeasures for Acceleration the Integration of Guangzhou Cultural Tourism Industry

The Research Group in Guangzhou Developmental and Reform Commission / 153

Abstract: Based on the survey and study on relevant departments, enterprises and cultural tourism, the current situation and problems of Guangzhou cultural tourism development had been summarized. The work idea of "Government Guidance, Market Operation, Combination Part and Whole, Strengthening the linkage, key breakthrough and steady progress" had been established. Moreover, the suggestions including plan improvement, branding, services supports enhancing, enterprises encouraging and guiding and consumer market fostering, as well as the mechanism innovation were proposed to accelerate the integration of Guangzhou cultural tourism industry.

Keywords: Cultural Tourism; Industry Integration; Guangzhou

B. 13 The Research Report of Cultural and Creative Industry Development in Yuexiu District in Guangzhou

The Research Group of Huanghuagang Science Park CMC in Guangzhou High-tech Zone / 163

Abstract: According to introducing the current situation of Yuexiu cultural and creative industry development, the main initiatives and effectiveness in the development process had been analyzed. Moreover, the corresponding suggestions were recommended to solve the problems.

Keywords: Cultural and Creative Industry; Implementation Path; Yuexiu District

B.14 The Countermeasures of Cultural Resources Industrialization of "Four Regions" in Guangzhou

The Research Group of Zhongkai University of Agriculture and Engineering / 172

Abstract: Cultural industry would be important and under full development in Guangzhou in next 5 – 10 years. This paper depth mined the cultural connotation and assessed the resources types in "Four Regions" of Guangzhou. After analyzing the current development of urban cultural industry, the difficulties and problems in the process of cultural resources industrialization had been discussed. Last, the thoughts and countermeasures for further development of cultural resources industrialization in "Four Regions" in Guangzhou had been put forward.

Keywords: "Four Regions" in Guangzhou; Cultural Resources; Industrialization

B.15 The Research Report of Tourism and Culture Industry Development in Gull Island in Guangzhou

The Joint Research Group of Guangzhou Developmental Academy in Guangzhou University and Panyu Intellectual Association / 187

Abstract: Gull Island whose industrial structure mainly consisting ecological agriculture, agro-product processing industry and cultural recreation industry is the important rural tourism and cultural industry base in Guangzhou suburbs and had the dual advantages of ecological and agricultural policies support to develop the creative and cultural industry. However, the low-end "farmhouse" still dominated the industrial ecology in Gull Island with spontaneous development. The clear and unified industrial planning is urgently needed. In the future, cultural and creative features highlighting, the key areas of cultural and creative industry development establishment, the creative talent training, the creation of "Lingnan Region of Rivers and Lakes" theme and the international cultural tourism branding of "Lingnan Homesickness" would be the focuses of Gull Island development plan.

Keywords: Gull Island; Guangzhou Culture; Creative and Cultural Industry

B. 16 The Strategic Research on Integrated Development of Culture, Business and Tourism in Beijing Road Cultural Core Area in Guangzhou

The Research Group of Guangzhou Developmental Academy in Guangzhou University / 204

Abstract: The basis and existing problems of integrated development of culture, business and tourism in Beijing Road cultural core area had been analyzed to propose the strategic positioning and principles for further development. In addition, the research group discussed the key points of integrated development of culture, business and tourism in Beijing Road cultural core area in details and recommended that the institutional mechanism, policies, funds, land requirements and talents should be guaranteed.

Keywords: Beijing Road; Culture Core Area; Integrated Development of Cultural Business and Tourism

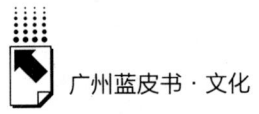

B V Special Reports

B.17 The Successful Experience of Wuzhen Theatre Festival and Its Enlightenment to Guangzhou

The Research Group of Guangzhou Municipal Propaganda Department / 223

Abstract: According to the field research of Wuzhen Theater Festival, the successful experiences had been summarized as follows: first, providing strong support to the tourism development; then, establishing professional institute for operation; third, focusing on the diverse media consolidation; fourth, exerting the high-end celebrity effect; last, formulating official publishing platform. Meanwhile, the experience of Wuzhen Theater Festival and Edinburgh International Arts Festival would provide the reference to the establishment of Guangzhou Performing Display Platform based on actual development.

Keywords: Wuzhen Theater Festival; Guangzhou Arts Festival; Performing Display Platform

B.18 The Countermeasures to Intensive Study of Cantonology Relying on "The Guangzhou Dictionary"

The Research Group of Guangzhou Developmental Academy / 235

Abstract: Cantonology deserves intensive study due to its strong academic value and social significance. The publish of *The Guangzhou Dictionary* provided the historic viewpoint to contemporary study of Cantonology, as well as the contemporary perspective to historic interpretation of local literature and showed the subject characteristic of collaborative innovation of Cantonology. Relying on *The Guangzhou Dictionary*, Cantonology study would combine the multidisciplinary collaborative innovation, practical application and social popularization together for further development. "The Guangzhou Dictionary" and Cantonology might support each other and reinforced in research, results and social support in order to crack the problems like figurehead, no academic background, no mechanism and no guarantee.

Keywords: Cantonology; The Guangzhou Dictionary; Urban Studies

B. 19　The Research Report of New Media and Youth Ideological Guidance
—*An Empirical Analysis Based on the Survey of New Media Preferences of Guangzhou Youth*
　　　　　　　　　　　　　　　　　Huang Xizhen, Shao Xiaowen / 245

Abstract: The new media use in Guangzhou Youth group tends to be popular and highly frequent. New media owns the characteristics of alive and practical which had become one of the important way for young people involving into the society. To the activities launched by new media platform, youth in Guangzhou had great participation enthusiasm but obvious inter-group differences with diverse participation behavior. Youth in Guangzhou keened on group purchasing, making friends and volunteers. They were rational and restrained to the new media utilization in general. In contrast, less concern but high demand on the official new media platform of government and party organizations. Noteworthy, several problems such as new media dependence, affect of secular culture and being partial to Internet rumors still existed which called for the reinforce of new media supervision. Therefore, Communist Youth League should be clearly the application strategy of the youth ideology guidance. In details, treating the further promotion of media literacy education as the basis; coring the youth cultural construction under the new media and regarding the youth new media service perfection as the breakthrough point.

Keywords: New Media; the Youth; Ideology Guidance

法律声明

"皮书系列"(含蓝皮书、绿皮书、黄皮书)之品牌由社会科学文献出版社最早使用并持续至今,现已被中国图书市场所熟知。"皮书系列"的LOGO(　)与"经济蓝皮书""社会蓝皮书"均已在中华人民共和国国家工商行政管理总局商标局登记注册。"皮书系列"图书的注册商标专用权及封面设计、版式设计的著作权均为社会科学文献出版社所有。未经社会科学文献出版社书面授权许可,任何使用与"皮书系列"图书注册商标、封面设计、版式设计相同或者近似的文字、图形或其组合的行为均系侵权行为。

经作者授权,本书的专有出版权及信息网络传播权为社会科学文献出版社享有。未经社会科学文献出版社书面授权许可,任何就本书内容的复制、发行或以数字形式进行网络传播的行为均系侵权行为。

社会科学文献出版社将通过法律途径追究上述侵权行为的法律责任,维护自身合法权益。

欢迎社会各界人士对侵犯社会科学文献出版社上述权利的侵权行为进行举报。电话:010-59367121,电子邮箱:fawubu@ssap.cn。

社会科学文献出版社

权威报告·热点资讯·特色资源

皮书数据库
ANNUAL REPORT(YEARBOOK) DATABASE

当代中国与世界发展高端智库平台

WWW.PISHU.COM.CN

皮书俱乐部会员服务指南

1. 谁能成为皮书俱乐部成员？
- 皮书作者自动成为俱乐部会员
- 购买了皮书产品（纸质书/电子书）的个人用户

2. 会员可以享受的增值服务
- 免费获赠皮书数据库100元充值卡
- 加入皮书俱乐部，免费获赠该纸质图书的电子书
- 免费定期获赠皮书电子期刊
- 优先参与各类皮书学术活动
- 优先享受皮书产品的最新优惠

3. 如何享受增值服务？

（1）免费获赠100元皮书数据库体验卡

第1步 刮开附赠充值的涂层（右下）；
第2步 登录皮书数据库网站（www.pishu.com.cn），注册账号；
第3步 登录并进入"会员中心"—"在线充值"—"充值卡充值"，充值成功后即可使用。

（2）加入皮书俱乐部，凭数据库体验卡获赠该书的电子书

第1步 登录社会科学文献出版社官网（www.ssap.com.cn），注册账号；
第2步 登录并进入"会员中心"—"皮书俱乐部"，提交加入皮书俱乐部申请；
第3步 审核通过后，再次进入皮书俱乐部，填写页面所需图书、体验卡信息即可自动兑换相应电子书。

4. 声明

解释权归社会科学文献出版社所有

皮书俱乐部会员可享受社会科学文献出版社其他相关免费增值服务，有任何疑问，均可与我们联系。

图书销售热线：010-59367070/7028
图书服务QQ：800045692
图书服务邮箱：duzhe@ssap.cn

数据库服务热线：400-008-6695
数据库服务QQ：2475522410
数据库服务邮箱：database@ssap.cn

欢迎登录社会科学文献出版社官网
（www.ssap.com.cn）
和中国皮书网（www.pishu.cn）
了解更多信息

社会科学文献出版社 皮书系列
SOCIAL SCIENCES ACADEMIC PRESS (CHINA)

卡号：938852082343
密码：

子库介绍
Sub-Database Introduction

中国经济发展数据库

涵盖宏观经济、农业经济、工业经济、产业经济、财政金融、交通旅游、商业贸易、劳动经济、企业经济、房地产经济、城市经济、区域经济等领域，为用户实时了解经济运行态势、把握经济发展规律、洞察经济形势、做出经济决策提供参考和依据。

中国社会发展数据库

全面整合国内外有关中国社会发展的统计数据、深度分析报告、专家解读和热点资讯构建而成的专业学术数据库。涉及宗教、社会、人口、政治、外交、法律、文化、教育、体育、文学艺术、医药卫生、资源环境等多个领域。

中国行业发展数据库

以中国国民经济行业分类为依据，跟踪分析国民经济各行业市场运行状况和政策导向，提供行业发展最前沿的资讯，为用户投资、从业及各种经济决策提供理论基础和实践指导。内容涵盖农业，能源与矿产业，交通运输业，制造业，金融业，房地产业，租赁和商务服务业，科学研究，环境和公共设施管理，居民服务业，教育，卫生和社会保障，文化、体育和娱乐业等100余个行业。

中国区域发展数据库

以特定区域内的经济、社会、文化、法治、资源环境等领域的现状与发展情况进行分析和预测。涵盖中部、西部、东北、西北等地区，长三角、珠三角、黄三角、京津冀、环渤海、合肥经济圈、长株潭城市群、关中-天水经济区、海峡经济区等区域经济体和城市圈，北京、上海、浙江、河南、陕西等34个省份及中国台湾地区。

中国文化传媒数据库

包括文化事业、文化产业、宗教、群众文化、图书馆事业、博物馆事业、档案事业、语言文字、文学、历史地理、新闻传播、广播电视、出版事业、艺术、电影、娱乐等多个子库。

世界经济与国际政治数据库

以皮书系列中涉及世界经济与国际政治的研究成果为基础，全面整合国内外有关世界经济与国际政治的统计数据、深度分析报告、专家解读和热点资讯构建而成的专业学术数据库。包括世界经济、世界政治、世界文化、国际社会、国际关系、国际组织、区域发展、国别发展等多个子库。